工业和信息化普通高等教育
"十三五"规划教材立项项目

21世纪会计系列教材
江苏省"十二五"重点专业类建设项目

U0647186

《财务分析 第2版》
学习指导与练习

Learning Guide and Practice Financial Analysis

+ 张莉芳 万如荣 蒋琰 主编

人民邮电出版社
北京

图书在版编目（ＣＩＰ）数据

《财务分析（第2版）》学习指导与练习 / 张莉芳，
万如荣，蒋琰主编. -- 2版. -- 北京 : 人民邮电出版社，
2020.8（2021.7重印）
21世纪会计系列教材
ISBN 978-7-115-53456-9

Ⅰ. ①财… Ⅱ. ①张… ②万… ③蒋… Ⅲ. ①会计分
析－高等学校－教学参考资料 Ⅳ. ①F231.2

中国版本图书馆CIP数据核字(2020)第030618号

内 容 提 要

本书是获江苏省"十二五"高等学校重点专业类建设支持的《财务分析（第2版）》(ISBN：978-7-115-53215-2)
一书的配套学习指导与练习书，旨在通过各种形式的学习技能训练和案例思考与分析，使读者快速准确地
掌握财务分析课程的内容，理解和领会财务分析技术的适用性和局限性，从而对其加以灵活运用。本书共
四篇十二章，每一章均包括知识点回顾、练习题及其参考答案，其中，练习题形式多样，覆盖面广，包括
单项选择题、多项选择题、判断题、名词解释题、简答题、计算分析题和案例分析题等，重点突出，层次
分明。

本书可作为高等院校财经专业相关课程的教材，也可供相关从业人员参考阅读。

◆ 主　　编　张莉芳　万如荣　蒋　琰
　责任编辑　刘向荣
　责任印制　周昇亮
◆ 人民邮电出版社出版发行　　北京市丰台区成寿寺路 11 号
　邮编　100164　电子邮件　315@ptpress.com.cn
　网址　https://www.ptpress.com.cn
　固安县铭成印刷有限公司印刷
◆ 开本：787×1092　1/16
　印张：15.25　　　　　　　　　　2020 年 8 月第 2 版
　字数：415 千字　　　　　　　　2021 年 7 月河北第 3 次印刷

定价：49.80 元

读者服务热线：(010)81055256　印装质量热线：(010)81055316
反盗版热线：(010)81055315
广告经营许可证：京东市监广登字 20170147 号

前 言

　　本书是万如荣、张莉芳、蒋琰主编的《财务分析（第2版）》〔ISBN：978-7-115-53215-2〕一书的配套学习指导与练习书，由编写《财务分析（第2版）》一书的原班人马结合财务分析课程的特点、本书的具体内容以及新修订的企业会计准则和财务报表项目的调整编写。

　　本书的编写特点如下。

　　第一，内容完整，重点突出。本书每一章均包括知识点回顾、练习题及其参考答案等模块。其中，练习题部分包括单项选择题、多项选择题、判断题、名词解释题、简答题、计算分析题和案例分析题等，通过对各种题型的全面练习有助于读者巩固并掌握财务分析课程的核心知识点。

　　第二，展示清晰，便于学习。在知识点回顾部分，编者对《财务分析（第2版）》书中的重要知识点重新进行了脉络梳理，并以图表的方式呈现，力求简练，清晰明了。这样既可以凸显内容之间的内在关联，又可以避免形式单调，同时帮助读者把握课程整体框架和具体内容。

　　第三，与时俱进，分析全面。本书体现了企业会计准则的最新修订内容以及财务报表项目的调整。书中的每一个案例均具有较强的代表性和时效性，是编者多年来在财务分析领域积累的知识和经验的总结。

　　本书在第1版的基础上进行了修改、增补，张莉芳、万如荣、蒋琰担任主编，张莉芳负责全书的修改、总纂和定稿，并编写了第4章和第7章。万如荣负责第1章、第2章、第3章、第8章的编写，蒋琰负责第9章的编写，许超文负责第5章和第6章的编写，王永杰负责第10章的编写，肖凯负责第11章、第12章的编写。

　　由于编者水平有限，书中不妥之处在所难免，恳请广大读者批评指正。

编者

2020年6月

目 录

基础篇

财务分析基础　第1章

知识点回顾

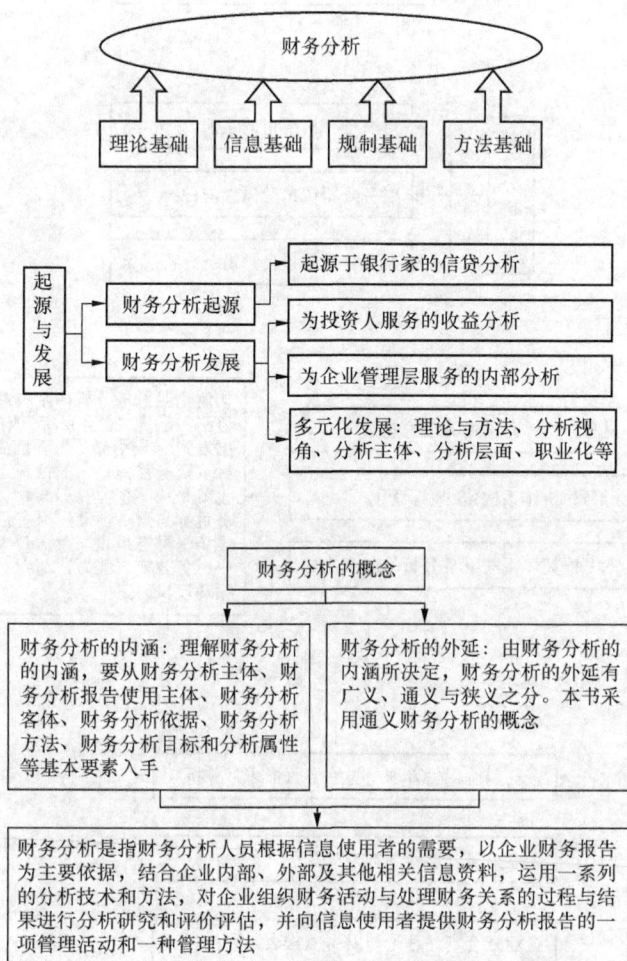

财务分析

理论基础　信息基础　规制基础　方法基础

起源与发展

财务分析起源 → 起源于银行家的信贷分析

财务分析发展 → 为投资人服务的收益分析

→ 为企业管理层服务的内部分析

→ 多元化发展：理论与方法、分析视角、分析主体、分析层面、职业化等

财务分析的概念

财务分析的内涵：理解财务分析的内涵，要从财务分析主体、财务分析报告使用主体、财务分析客体、财务分析依据、财务分析方法、财务分析目标和分析属性等基本要素入手

财务分析的外延：由财务分析的内涵所决定，财务分析的外延有广义、通义与狭义之分。本书采用通义财务分析的概念

财务分析是指财务分析人员根据信息使用者的需要，以企业财务报告为主要依据，结合企业内部、外部及其他相关信息资料，运用一系列的分析技术和方法，对企业组织财务活动与处理财务关系的过程与结果进行分析研究和评价评估，并向信息使用者提供财务分析报告的一项管理活动和一种管理方法

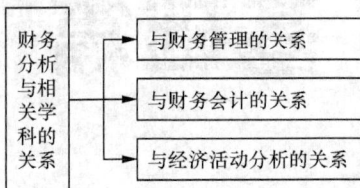

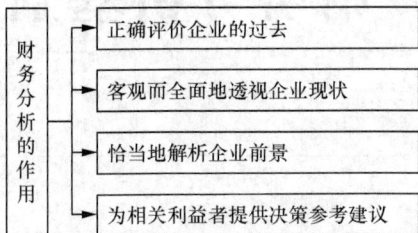

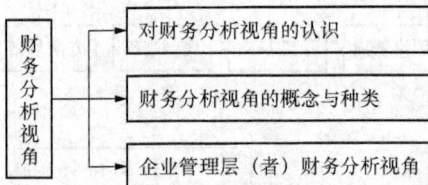

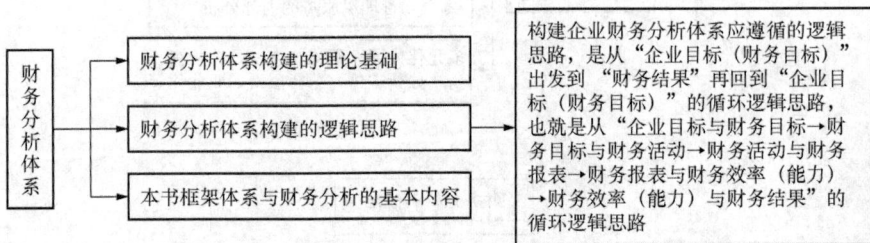

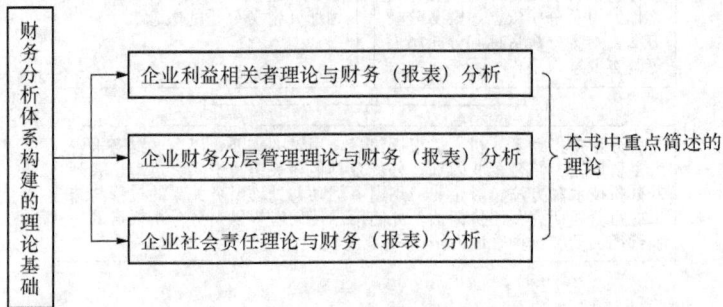

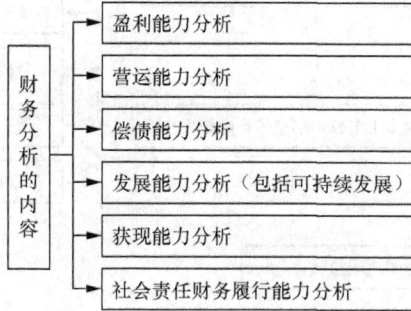

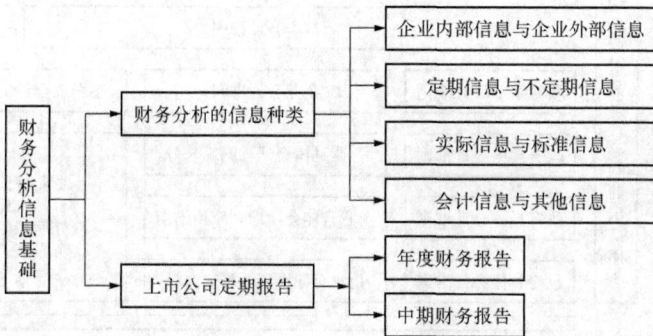

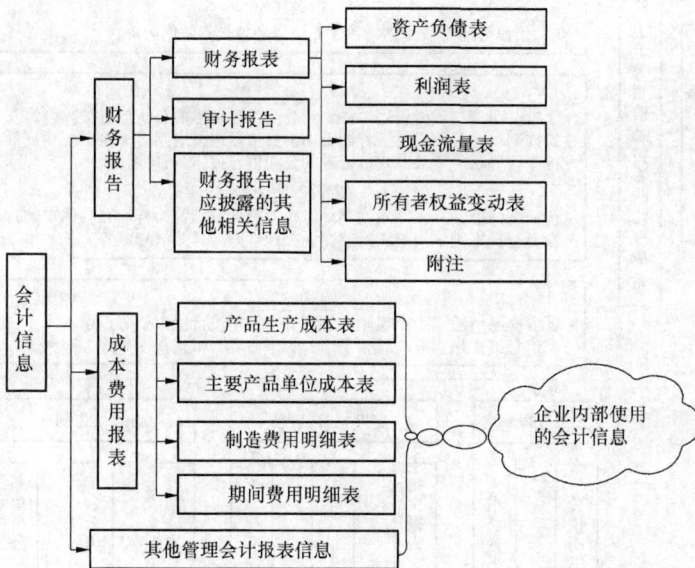

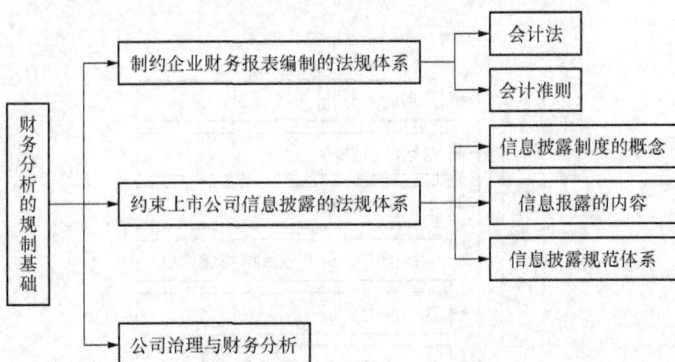

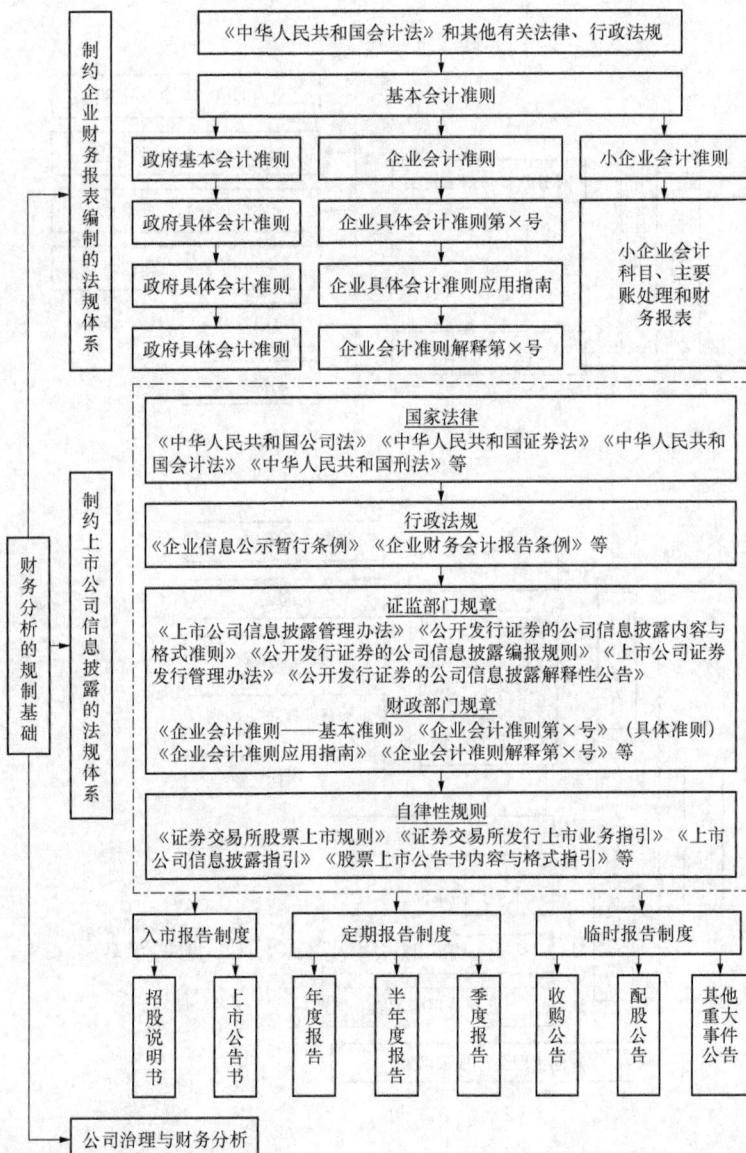

财务分析的方法
- 水平分析法
- 垂直分析法
- 趋势分析法
  - 定基趋势分析
  - 环比趋势分析
- 比率分析法
  - 单一财务报表比率
  - 财务报表间比率
- 比较分析法
- 因素分析法
  - 连环替代法
  - 差额计算法

财务分析报告
- 财务分析报告应用价值
  - 评价经营业绩和经济责任
  - 进行财务预测和财务决策
  - 进行财务预警和风险防范
  - 进行价值评价和风险规避
- 财务分析报告的类型
  - 内部分析报告与外部分析报告；内部管理者视角的分析报告、投资者视角的分析报告、债权人视角的分析报告；综合分析报告、专题分析报告、项目分析报告、简要分析报告；定期分析报告与不定期分析报告
- 财务分析报告的内容
  - 概要段、陈述与说明段、分析段、评价与结论段、建议段
- 财务分析报告的格式
  - 标题、落款、摘要、目录、正文、参考文献、附件
- 财务分析报告撰写要求
  - 一般要求：弄清财务分析报告的阅读和使用对象；掌握财务分析报告阅读和使用对象的信息需求与偏好；把准分析范围和分析侧重点；财务分析报告撰写前应有清晰的分析思路和框架；关注宏观经济环境变化，捕捉、搜集同行业竞争对手资料；通晓企业所处行业背景与变化趋势；财务分析报告一定要与公司经营业务紧密结合；准确理解企业发展的方针政策和规制；从企业战略与结构层面、制度与文化的高度来审视企业存在的或分析发现的问题、分析结论与政策建议；建立健全财务分析报告常态化工作机制。
  - 具体要求：注重时效、及时报告；报告清楚、文字简练；数据可靠，证据可信；信息积累，职责明确；数据说话，分析到位；突出重点、兼顾一般；客观公正、观点鲜明；结论准确，建议可行

练习题

一、单项选择题

1. 财务分析始于西方银行家对贷款者的（　　）分析。

　　A. 税务　　　　　　　B. 信用　　　　　　　C. 投资　　　　　　　D. 管理

2. 至 20 世纪初，（　　）分析法已经出现并被贷款人所接受。

　　A. 比较　　　　　　　B. 趋势　　　　　　　C. 比率　　　　　　　D. 垂直

3. 起初的财务分析只是用于企业外部利益相关者根据各自的要求所进行的（　　）。逐渐地，企业在接受以银行为主体的信用分析与咨询的过程中认识到财务分析的重要性，并开始由被动接受分析逐步转变为主动进行自我分析。

　　A. 内部分析　　　　　B. 外部分析　　　　　C. 静态分析　　　　　D. 动态分析

4. 财务分析的对象是（　　）。

　　A. 财务报表　　　　　B. 财务报告　　　　　C. 财务活动　　　　　D. 财务活动及财务关系

5. 简言之，财务分析主体无论是谁，财务分析的目的都是向信息使用者提供（　　）。

　　A. 财务分析报告　　　B. 财务报表　　　　　C. 财务报告　　　　　D. 财务情况说明书

6. 从外延上来说，狭义的财务分析通常是指生产经营企业的事后财务分析，特别是对（　　）的分析。

　　A. 财务活动　　　　　B. 财务报表　　　　　C. 财务报告　　　　　D. 财务关系

7. 通义的财务分析即一般人通常意义上的财务分析，是指与生产经营企业（主要是工商企业与各种服务企业）直接相关的（　　）财务分析。

　　A. 宏观　　　　　　　B. 事前　　　　　　　C. 微观　　　　　　　D. 事后

8. 掌握财务分析技能，并根据信息使用者的需要实施财务分析的人员为（　　）。

　　A. 财务主体　　　　　B. 理财主体　　　　　C. 财务分析主体　　　D. 会计主体

9. 构建企业财务分析体系应遵循的逻辑思路，是从"企业目标（财务目标）"出发到"（　　）"再回到"企业目标（财务目标）"的循环逻辑思路。

　　A. 财务关系　　　　　B. 财务能力　　　　　C. 财务过程　　　　　D. 财务结果

10. 财务分析基础除理论基础、信息基础、方法基础外，还应当包括（　　）基础。

　　A. 规制　　　　　　　B. 业务　　　　　　　C. 战略　　　　　　　D. 框架

11. （　　）是财务报告的核心内容，也是财务报告的最重要的构成内容。

　　A. 财务报表附注　　　B. 资产负债表　　　　C. 利润表　　　　　　D. 财务报表

12. 从财务分析的信息基础来看，财务分析通常是以（　　）为基础而进行分析的。

　　A. 外部信息　　　　　B. 不定期信息　　　　C. 定期信息　　　　　D. 实际信息

13. （　　）包括基本财务报表和其他应当在财务报告中披露的相关信息和资料，如报表附注、审计报告等。

　　A. 定期报告　　　　　B. 会计报告　　　　　C. 财务报告　　　　　D. 财务分析报告

14. （　　）分析法，是将企业报告期财务状况的信息（特别指会计报表信息资料）与反映企业前期或历史某一时期财务状况的信息进行对比，研究企业各项经营业绩或财务状况的发展变动情况的一种财务分析方法。该方法所进行的对比，一般不是指单项指标或单个项目的对比，而是对反映某方面情况的报表的全面、综合对比分析，尤其在会计报表分析中应用较多，故此方法又归为会计报表分析方法。

　　A. 水平　　　　　　　B. 垂直　　　　　　　C. 趋势　　　　　　　D. 比较

15. （　　）分析法是通过计算报表中各项目占总体的比重或结构，反映报表中的项目与总体关系情况及其变动情况的基本财务分析方法。

    A. 水平　　　　　　　B. 垂直　　　　　　　C. 趋势　　　　　　　D. 比较

16. （　　）分析法是财务分析中的最基本、最重要的分析方法。它是将某些彼此存在关联的项目加以对比，通过计算比率，从而确定经济活动变动程度的分析方法。

    A. 比较　　　　　　　B. 因素　　　　　　　C. 比率　　　　　　　D. 趋势

17. （　　）分析法是主要通过对财务报表的各组成项目金额、性质的分析，还原企业对应的实际经营活动和理财活动，并根据各项目自身特征和管理要求，在结合企业具体经营环境和经营战略的基础上对各项目的具体质量进行评价，进而对企业整体财务状况质量做出判断。

    A. 项目质量　　　　　B. 资产质量　　　　　C. 现金流量质量　　　D. 利润质量

18. （　　）分析法是依据分析指标与其影响因素之间的关系，按照一定的程序和方法，确定各因素对分析指标差异影响程度的一种技术方法。此分析法是一种常用的定量分析方法，通常以指标分解等方法为基础。

    A. 分解　　　　　　　B. 差额计算　　　　　C. 连环替代　　　　　D. 因素

19. （　　）分析法是财务报表分析中最常用的一种基本方法。它是通过比对发现规律性的东西并找出预备比对对象差别的一种分析法，其主要作用在于揭示指标间客观存在的差距，并为进一步分析指明方向。

    A. 比较　　　　　　　B. 比率　　　　　　　C. 因素　　　　　　　D. 垂直

20. （　　）是财务分析的最主要、最基本的依据。如果没有它，财务分析则无从谈起。

    A. 理论基础　　　　　B. 规制基础　　　　　C. 基本方法　　　　　D. 信息基础

21. （　　）分析法根据其分析特点可分为连环替代法（或连锁替代法）和差额计算法（或差额分析法）。

    A. 分解　　　　　　　B. 比率　　　　　　　C. 分层　　　　　　　D. 因素

22. 按照（　　）划分，财务分析报告可分为综合分析报告、专题分析报告、项目分析报告和简单分析报告等。

    A. 分析报告内容的不同　　　　　　　　B. 分析报告时间的不同

    C. 分析视角不同或阅读者的不同　　　　D. 分析主体是否为企业内部人员

23. 财务分析主体从事财务分析工作，根据财务分析信息使用者特征进而辨识其需求特征、内容且能满足其信息需求，而所采取的分析角度、观察点或立场，称为（　　）。

    A. 财务分析报告内容　　　　　　　　　B. 财务分析视角

    C. 财务分析立场　　　　　　　　　　　D. 财务分析出发点

24. 将财务分析视角分为价值分析视角、收入分析视角、利润分析视角、成本费用分析视角等类型的分类标准是（　　）。

    A. 财务分析内容　　　　　　　　　　　B. 管理方式

    C. 财务分析信息使用主体　　　　　　　D. 财务管理对象

25. 企业管理层视角的财务分析是利益相关者财务分析的（　　）。

    A. 焦点　　　　　　　B. 中心　　　　　　　C. 核心　　　　　　　D. 关键

二、多项选择题

1. 理解财务分析的内涵，要从（　　）等基本要素入手。

    A. 分析主体与使用主体　　　　　　B. 分析客体　　　　　　C. 分析依据

    D．分析方法   E．分析目标

2．财务分析具有（　　）等基本作用。

    A．正确评价企业过去   B．客观而全面地透视企业现状

    C．恰当地解析企业前景   D．为相关利益者提供参考建议

    E．了解企业会计信息

3．做好财务分析必备的基础是（　　）。

    A．规制   B．理论   C．战略

    D．信息   E．方法

4．根据信息的来源不同，财务分析信息可以分为（　　）信息。

    A．企业内部   B．企业外部   C．企业实际

    D．企业标准   E．企业会计

5．根据取得时间的确定性程度不同，财务分析信息可以分为（　　）信息。

    A．不定期   B．市场   C．定期

    D．标准   E．会计

6．除企业财务报告和内部成本费用报表所提供的信息外，进行财务分析还需要其他信息，主要指（　　）等信息。

    A．政策   B．市场   C．行业

    D．标准   E．预算

7．财务报表附注是对在（　　）等报表中列示项目的文字描述或明细资料，以及对未能在这些报表中列示项目的说明等。

    A．资产负债表   B．利润表   C．统计报表

    D．现金流量表   E．所有者权益变动表

8．规范企业财务报表编制的法规体系主要包括（　　）体系。

    A．政策规范   B．市场规范   C．会计规范

    D．预算规范   E．约束上市公司信息披露的法规

9．制约企业财务报表编制的会计规范体系中的企业会计准则体系主要由（　　）等构成。

    A．会计法   B．企业会计基本准则

    C．企业具体会计准则   D．企业会计准则应用指南

    E．企业会计准则解释

10．约束上市公司信息披露的法规体系主要由（　　）等构成。

    A．国家法律   B．行政法规   C．部门规章

    D．自律性规则   E．报告制度

11．约束上市公司信息披露的法规体系中的信息披露报告制度主要由（　　）等披露报告制度构成。

    A．入市报告制度   B．定期报告制度   C．临时报告制度

    D．自律性报告制度   E．法律报告制度

12．常用的财务分析方法有（　　）等。

    A．水平分析与垂直分析法   B．比率分析与比较分析

    C．趋势分析   D．项目质量分析

    E．因素分析

13. 在应用连环替代法的过程中必须注意（　　）等问题。
    A. 因素分解的相关性　　　　B. 分析前提的假设性
    C. 因素替代的顺序性　　　　D. 顺序替代的连环性
    E. 替代步骤的合理性

14. 从不同角度来看，财务分析信息的种类至少包括（　　）等方面。
    A. 企业内部信息与企业外部信息　　B. 定期信息和不定期信息
    C. 实际信息与标准信息　　　　　　D. 绝对信息与预算信息
    E. 会计信息与其他信息

15. 财务分析报告的应用价值包括（　　）。
    A. 评价经营业绩和经济责任　　　　B. 进行财务预测和财务决策
    C. 进行财务预警和风险防范　　　　D. 进行价值评价和风险规避
    E. 财务危机预警

16. 财务分析报告按照财务分析主体是否为企业内部人员划分，分为（　　）。
    A. 全面分析报告　B. 专题分析报告　C. 内部分析报告
    D. 定期分析报告　E. 外部分析报告

17. 财务分析报告按照分析报告的内容的不同划分，分为（　　）。
    A. 综合分析报告　B. 专题分析报告　C. 项目分析报告
    D. 定期分析报告　E. 简要分析报告

18. 财务分析报告按照分析报告的时间的不同划分，分为（　　）。
    A. 综合分析报告　B. 专题分析报告　C. 项目分析报告
    D. 定期分析报告　E. 不定期分析报告

19. 一般来说，财务分析报告均应包含（　　）。
    A. 概要段　　　　B. 陈述与说明段　C. 分析段
    D. 评价与结论段　E. 建议段

20. 财务分析报告的格式或结构，主要包括（　　）等方面构成。
    A. 标题　　　　　B. 摘要　　　　　C. 目录
    D. 正文　　　　　E. 落款与附件

三、判断题

1. 就财务分析起源与发展来说，财务分析的"触角"从为贷款银行服务的信用分析，逐渐延伸至为投资者服务的收益分析和为经营者服务的企业内部管理分析。（　　）

2. 财务报表分析的对象是财务报表，财务报告分析的对象是财务报告，财务分析的对象是财务报表及财务报告。（　　）

3. 财务分析主体和财务分析报告使用主体，可以是同一个单位或个人，也可以是不同的单位或个人；社会中介机构既可以是财务分析主体，也可以是财务分析报告使用主体，或两者兼而有之。（　　）

4. 财务分析的外延是由它的内涵所决定的。财务分析有广义、通义与狭义之分。（　　）

5. 不同利益主体的财务分析内容各有侧重和差异，财务信息使用者所要求的信息大部分都是面向未来的。不同信息使用者的目的不同，他们所要求得到的信息也不尽相同，其所需信息的深度和广度也不同。（　　）

6. 企业财务报表中包括使用者需要的所有信息。（　　）

7．作为一项决策咨询与支持性管理活动，财务分析在企业管理中对企业管理主体起着服务于管理的功能和作用。因此，财务分析无论是一项管理活动，还是一种管理方法，其属性都属于企业管理范畴。（　　）

8．针对不同的财务分析报告使用主体，财务分析主体进行财务分析的分析内容是一样的。（　　）

9．通义的财务分析是指直接与财务活动及其所形成经济关系利益攸关方所进行的财务分析，其范围主要包括国务院国有资产监督管理委员会（简称"国资委"）与国有资产经营公司的财务分析、一般生产经营企业的财务分析、财税部门的财务分析、银行等债权人的财务分析、企业内部财务部门的财务分析和企业内部核算单位的财务分析等。（　　）

10．通过财务分析报告为利益相关者提供决策参考建议，是财务分析最重要的作用。（　　）

11．现行的中国上市公司信息披露规范体系主要由证券发行信息披露制度和持续性信息披露制度（定期报告制度和临时报告制度等）两个方面所组成。（　　）

12．上市公司临时报告制度包括收购公告制度、股价严重波动原因公告制度和其他重大事件公告制度。（　　）

13．会计准则是调整我国经济活动中会计关系的法律总规范，是会计法律规范体系的最高层次，是制定其他会计法规的基本依据，也是指导会计工作的最高准则。它可以说是规范会计工作的"宪法"。（　　）

14．上市公司中期财务报告包括月度财务报告、季度财务报告、半年度财务报告，也包括年初至本中期期末的财务报告。（　　）

15．比较分析法是财务分析的最基本、最重要的分析方法。（　　）

16．比率分析法是财务报表分析中最常用的一种基本方法。（　　）

17．因素分析法是一种常用的定量分析方法，通常是以指标分解等方法为基础的。（　　）

18．在各影响因素之间不是连乘的情况下，运用差额计算法必须慎重。（　　）

19．使用因素分析法进行财务分析时，在除式关系中，应当先替代分子，后替代分母。（　　）

20．如果对同一指标的分析采用不同的替代顺序，则各个因素变动影响的总和就不会等于指标变动的总差异，而且各因素变动影响程度会随着替代顺序的不同而不同。（　　）

四、名词解释题

1．财务分析

2．财务分析主体

3．财务分析报告的使用主体

4．财务分析视角

5．获现能力

6．社会责任财务履行能力

7．财务效率（能力）

8．实际信息

9．标准信息

10．财务报表附注

11．信息披露制度

12．水平分析法

13．垂直分析法

14．趋势分析法

15．比率分析法

16．比较分析法

17．项目质量分析法

18．因素分析法

19．财务分析报告

五、简答题

1．支撑财务分析"大厦"的基础有哪几个？

2．简述财务分析内涵的基本要素。

3．简述财务分析与财务管理的区别。

4．简述财务分析与财务会计的关系。

5．企业财务分析具有哪些作用？

6．简述企业管理层（者）视角财务分析的主要内容。

7．构建企业财务分析体系的逻辑思路是什么？

8．简述财务分析的信息种类。

9．简述现行的中国上市公司信息披露规范体系的组成内容。

10．简述财务分析常用的基本分析方法。

11．简述运用比较分析法时应当注意的事项。

12．简述运用连环替代法时应当注意的事项。

13．简述连环替代法中的一般替代的顺序。

14．简述因素分析法中的差额计算法的注意事项。

15．企业综合财务分析报告应包括哪些基本内容？它一般应具备哪些基本的格式？

16．为撰写一份好的财务报告，财务分析人员一般应注意哪几个方面（或一般要求）？

17．撰写财务报告时，财务分析人员应把握哪几点具体要求？

六、计算分析题

1．南宜云锦织造有限责任公司 20×8 年和 20×9 年的有关总资产产值率、产品销售率、销售息税前利润率和总资产报酬率的数据如表 1-1 所示。

表 1-1　　　　　　　　　南宜云锦织造有限责任公司的财务指标　　　　　　　　单位：%

指标	20×9 年	20×8 年
总资产产值率	84	86
产品销售率	98	94
销售息税前利润率	32	24
总资产报酬率	26.34	19.40

已知总资产报酬率=总资产产值率×产品销售率×销售息税前利润率。要求：运用连环替代法和差额分析法分别分析各因素变动对总资产报酬率的影响程度（计算结果精确到小数点后两位）。

2．天创股份有限公司 20×8 年和 20×9 年的普通股权益报酬率的相关资料如表 1-2 所示。

表 1-2   天创股份有限公司普通股权益报酬率计算表

项目	20×9 年	20×8 年
净利润（万元）	66 000	57 000
优先股股利（万元）	5 000	4 000
普通股权益平均数（万元）	400 000	380 000
普通股权益报酬率（%）	15.25	13.95

普通股权益报酬率＝（净利润−优先股股利）÷普通股权益平均数×100%。要求：运用差额分析法计算分析因素变动对普通股权益报酬率的影响。

3. 东南公司 20×8 年和 20×9 年的有关产量、单位变动成本、固定总成本和产品总成本资料如表 1-3 所示。

表 1-3   东南公司产品及成本资料表

项目	20×8 年	20×9 年
产品产量（件）	1 400	1 500
单位变动成本（万元）	25	24
固定总成本（万元）	18 000	20 000
产品总成本（万元）	53 000	56 000

已知：产品总成本＝产品产量×单位变动成本＋固定总成本。要求：运用差额计算法分析各因素对产品总成本的影响。

练习题答案

一、单项选择题

1	2	3	4	5	6	7	8	9	10
B	C	B	D	A	B	C	C	D	A
11	12	13	14	15	16	17	18	19	20
D	D	C	A	B	C	A	D	A	D
21	22	23	24	25					
D	A	B	D	A					

二、多项选择题

1	2	3	4	5	6	7	8	9	10
ABCDE	ABCD	ABDE	AB	AC	ABC	ABDE	CE	BCDE	ABCDE
11	12	13	14	15	16	17	18	19	20
ABC	ABCDE	ABCDE	ABCE	ABCD	CE	ABCE	DE	ABCDE	ABCDE

三、判断题

1	2	3	4	5	6	7	8	9	10
×	×	√	√	√	×	√	×	×	√
11	12	13	14	15	16	17	18	19	20
√	×	√	√	×	×	√	×	√	×

1. 改正：将"债权人"改为"投资人"。

2. 改正：将"财务报表及财务报告"改为"财务活动及财务关系"。

6. 改正：将"包括"改为"并不包括"。

8. 改正：将"一样的"改为"不一样的"。

9．改正：将"通义的财务分析"改为"广义的财务分析"。

12．改正：将"股价严重波动原因公告制度"改为"配股公告制度"。

13．改正：将"会计准则"改为"会计法"。

15．改正：将"比较分析法"改为"比率分析法"。

16．改正：将"比率分析法"改为"比较分析法"。

20．改正：将"就不会等于"改为"仍会等于"；将"而且"改为"但是"。

四、名词解释题

1．财务分析是财务分析人员根据信息使用者的需要，以企业财务报告为主要依据，结合企业内部、外部及其他相关信息资料，运用一系列分析技术和方法，对企业组织财务活动与处理财务关系的过程与结果进行分析研究和评价评估，并向信息使用者提供财务分析报告的一项管理活动和一种管理方法。

2．财务分析主体即财务分析人员（简称分析主体），是指掌握财务分析技能并根据信息使用者的需要实施财务分析的人员。

3．财务分析报告的使用主体，是指以财务分析报告为依据组织财务活动、处理财务关系，进行相关决策的单位或个人。

4．财务分析视角，是指财务分析主体根据财务分析信息使用者对财务信息的需求，所采取的分析角度、观察点或立场。

5．获现能力，是指企业获取现金流量的能力。

6．社会责任财务履行能力，是企业基于整个社会利益考虑，就企业行为对社会的影响、企业与社会关系的和谐共处等方面，从财务角度履行社会责任的能力。反映企业社会责任财务履行能力的效率指标主要有单位收入研发费、单位收入材料消耗量、环保投资率、社会贡献率、社会积累率等。

7．财务效率（能力），是财务资源投入与产出的比率关系以及由此派生出的其他比率关系。通常可通过盈利能力、营运能力、偿债能力、发展能力、获现能力和社会责任履行能力等方面来反映。

8．实际信息，是指反映各项经济指标实际完成情况的信息。

9．标准信息，是指作为评价标准的信息。

10．财务报表附注，是资产负债表、利润表、现金流量表和所有者（股东）权益变动表等报表中列示的项目的文字描述或明细资料，以及对未能在这些报表中列示的项目的说明（包括使用会计政策的说明）等。

11．信息披露制度，也称公示制度或公开披露制度，是上市公司为保障投资者利益、接受社会公众的监督而依照法律规定必须将其自身的财务变化、经营状况等信息和资料向证券管理部门和证券交易所报告，并向社会公开或公告，以使投资者充分了解情况的制度。

12．水平分析法，是将企业报告期财务状况的信息（特别指会计报表信息资料）与反映企业前期或历史某一时期财务状况的信息进行对比，研究企业各项经营业绩或财务状况的发展变动情况的一种财务分析方法。

13．垂直分析法，是通过计算报表中各项目占总体的比重，反映报表中的项目与总体之间的关系情况及其变动情况的基本财务分析方法。

14．趋势分析法，是根据企业连续几年或几个时期的分析资料，通过计算指数或完成率，确定分析期各有关项目的变动情况和趋势的一种财务分析方法。

15．比率分析法，是指将某些彼此存在关联的项目加以对比，通过计算比率，据以确定经济活动变动程度的分析方法。

16. 比较分析法，是通过比较实际数与基数，发现规律并找出实际数与基数之间的差别的一种分析法。

17. 项目质量分析法，是主要通过对财务报表的各组成项目金额、性质的分析，还原企业对应的实际经营活动和理财活动，并根据各项目自身特征和管理要求，在结合企业具体经营环境和经营战略的基础上对各项目的具体质量进行评价，进而对企业整体财务状况质量做出判断的一种分析法。

18. 因素分析法，是依据分析指标与其影响因素之间的关系，按照一定的程序和方法，确定各因素对分析指标影响程度的一种技术方法。

19. 财务分析报告，是财务分析人员依据特定财务主体的一定会计期间的财务报表（或报告）以及其他相关资料，运用一系列财务分析方法，对该财务主体的财务活动表现和财务计划（或预算）执行情况等，从特定的财务分析视角，进行分析与评价而形成的总结性书面文件。

五、简答题

1. 答：财务分析的理论基础、信息基础、规制基础和方法基础。

2. 答：财务分析主体、财务分析报告信息使用主体、财务分析客体、财务分析依据、财务分析方法、财务分析目标和财务分析属性。

3. 答：（1）研究问题的侧重点不同；（2）采用的方式、方法不同；（3）形成的研究结果不同；（4）运用主体（或服务对象）不同。

4. 答：（1）财务分析与财务会计的交叉点在于"财务报表"和"财务活动"。

① 财务活动的过程和结果的信息是通过财务报表概括、总结和呈现的。

② 财务报表是财务会计学对会计要素进行确认、计量、记录和报告的一项重要内容，是财务会计工作的最终成果，也是狭义财务分析的客体和依据。

（2）财务分析与财务会计相辅相成，互为补充。

① 财务分析以财务会计提供的报表资料为主要依据。财务分析结果正确与否，很大程度上取决于财务会计所提供的信息的正确程度。

② 财务分析中的财务报表分析或会计分析以会计原则、会计政策选择为依据。从某种程度上说，财务报表分析或会计分析也是财务会计的一部分。

③ 财务分析还包括对管理会计资料、其他业务核算资料和市场信息资料的分析。财务会计中的财务报表分析或会计分析，以及依据财务会计资料进行的分析并不是财务分析的全部含义。

5. 答：

（1）正确评价企业过去；

（2）客观而全面地透视企业现状；

（3）恰当地解析企业前景；

（4）为相关利益者提供决策参考建议。

6. 答：财务报表信息质量分析、财务能力分析（特别注重盈利能力和发展能力分析）、社会责任财务履行能力分析、企业业绩综合评析、企业前景预测与企业估价等。

7. 答：构建企业财务分析体系应遵循的逻辑思路是从"企业目标（财务目标）"出发到"财务结果"再回到"企业目标（财务目标）"的循环逻辑思路，也就是"企业目标与财务目标→财务目标与财务活动→财务活动与财务报表→财务报表与财务效率（能力）→财务效率（能力）与财务结果"的循环逻辑思路。

8. 答：

（1）企业内部信息和企业外部信息；

（2）定期信息和不定期信息；

（3）实际信息与标准信息；

（4）会计信息与其他信息。

9. 答：

（1）证券发行信息披露制度；

（2）持续性信息披露制度（定期报告制度和临时报告制度等）。

10. 答：水平分析法、垂直分析法、趋势分析法、比率分析法、比较分析法、项目质量分析法、因素分析法等。

11. 答：

（1）要注意指标内容、范围和计算方法的一致性；

（2）要注意会计计量标准、会计政策和会计处理方法的一致性；

（3）要注意时间单位和长度的一致性。

12. 答：

（1）要注意因素分解的相关性问题；

（2）要注意分析前提的假设性；

（3）要注意因素替代的顺序性；

（4）要注意顺序替代的连环性。

13. 答：一般替代的顺序是：

（1）先替代数量因素，后替代质量因素；

（2）先替代用实物量、劳动量表示的因素，后替代用价值量表示的因素；

（3）先替代主要因素、原始因素，后替代次要因素、派生因素；

（4）在除式关系中，先替代分子，后替代分母。

14. 答：

（1）应用连环替代法应注意的问题，在应用差额计算法时同样需要注意；

（2）并非所有连环替代法都可按一般差额计算法进行简化；

（3）特别是在各影响因素之间不是连乘的情况下，对差额计算法的运用必须慎重。

15. 答：

（1）企业综合财务分析报告应包括的基本内容有：概要段、陈述与说明段、分析段、评价与结论段和建议段。

（2）财务分析报告一般应具备的基本格式主要有标题、摘要、目录、正文、落款、附件等。

16. 答：

（1）弄清楚财务分析报告的阅读和使用对象；

（2）掌握财务分析报告阅读和使用对象的信息需求与偏好，把准分析范围和分析侧重点；

（3）财务分析报告撰写前应有清晰的分析思路和框架；

（4）关注宏观经济环境变化，捕捉、搜集同行业竞争对手资料，通晓企业所处行业背景与变化趋势；

（5）财务分析报告一定要与公司经营业务紧密结合；

（6）准确理解企业发展的方针、政策和规制；

（7）从企业战略与结构层面、制度与文化的高度来审视企业存在的或经分析发现的问题、分析结论与政策建议；

（8）建立健全财务分析报告常态化工作机制。

17．答：

（1）注重时效、及时报告；

（2）报告清楚、文字简练；

（3）数据可靠，证据可信；

（4）信息积累，职责明确；

（5）数据说话，分析到位；

（6）突出重点、兼顾一般；

（7）客观公正、观点鲜明；

（8）结论准确，建议可行。

六、计算分析题

1．解：分别从连环替代法和差额分析法两个方面进行解析。

（1）连环替代法下，相关计算分析如下。

① 根据连环替代法的程度和题中对总资产报酬率的因素分解式，可得出以下结果。

实际指标体系：84%×98%×32%=26.34%

基期指标体系：86%×94%×24%=19.40%

② 分析对象是：26.34%−19.40%=6.94%

③ 基于基期指标体系的因素连环顺序替代，并计算每次替代后的结果。

基期指标体系：86%×94%×24%=19.40%

替代第一因素（总资产产值率）：84%×94%×24%=18.95%

替代第二因素（产品销售率）：84%×98%×24%=19.76%

替代第三因素（销售息税前利润率）：84%×98%×32%=26.34%

④ 确定各因素对总资产报酬率的影响程度。

总资产产值率的影响：18.95%−19.40%=−0.45%

产品销售率的影响：19.76%−18.95%=0.81%

销售息税前利润率：26.34%−19.76%=6.58%

⑤ 检验分析结果：−0.45%+0.81%+6.58%=6.94%

（2）差额分析法下，相关计算分析如下。

① 确定分析对象：26.34%−19.40%=6.94%

② 因素分析（差额计算分析）如下。

总资产产值率的影响：(84%−86%)×94%×24%=−0.45%

产品销售率的影响：84%×(98%−94%)×24%=0.81%

销售息税前利润率：84%×98%×(32%−24%)=6.58%

检验分析结果：−0.45%+0.81%+6.58%=6.94%

2．解：净利润−优先股股利=归属于普通股股东享有的净利润。这样，普通股权益报酬率就剩下两个影响因子了，即归属于普通股股东享有的净利润和普通股权益平均数。

确定分析对象：15.25%−13.95%=1.3%

归属于普通股股享有的净利润对普通股权益报酬率的影响程度如下。

$$[(66\ 000-5\ 000)-(57\ 000-4\ 000)]\div380\ 000\times100\%=8\ 000\div380\ 000\times100\%$$
$$=2.1\%$$

普通股权益平均额对普通股权益报酬率的影响程度如下。

$$61\ 000\times[1\div400\ 000-1\div380\ 000]\times100\%=8\ 000\times[1\div400\ 000-1\div380\ 000]\times100\%$$
$$=15.25\%-16.05\%$$
$$=-0.8\%$$

检验结果：2.1%+(−0.8%)=1.3%

3．解：

分析对象：56 000−53 000=3 000（万元）

产品产量变动的影响：(1 500−1 400)×25=2 500（万元）

单位变动成本的影响：1 500×(24−25)=−1 500（万元）

固定总成本的影响：20 000−18 000=2 000（万元）

结果验证：2 500−1 500+2 000=3 000（万元）

财务分析框架与战略导航 | 第2章

知识点回顾

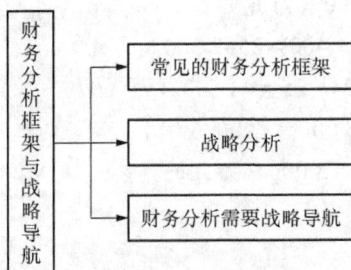

财务分析框架与战略导航
- 常见的财务分析框架
- 战略分析
- 财务分析需要战略导航

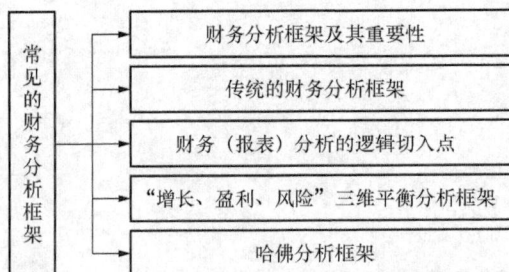

常见的财务分析框架
- 财务分析框架及其重要性
- 传统的财务分析框架
- 财务（报表）分析的逻辑切入点
- "增长、盈利、风险"三维平衡分析框架
- 哈佛分析框架

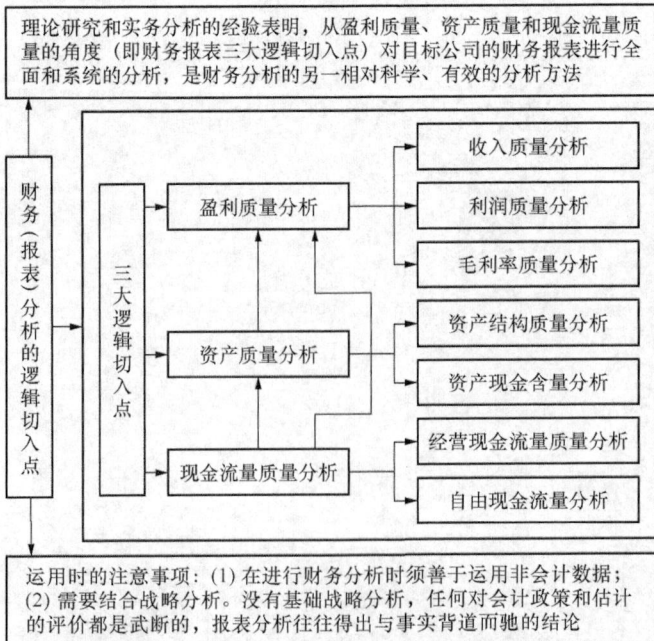

理论研究和实务分析的经验表明，从盈利质量、资产质量和现金流量质量的角度（即财务报表三大逻辑切入点）对目标公司的财务报表进行全面和系统的分析，是财务分析的另一相对科学、有效的分析方法

财务（报表）分析的逻辑切入点 — 三大逻辑切入点
- 盈利质量分析
  - 收入质量分析
  - 利润质量分析
  - 毛利率质量分析
- 资产质量分析
  - 资产结构质量分析
  - 资产现金含量分析
- 现金流量质量分析
  - 经营现金流量质量分析
  - 自由现金流量分析

运用时的注意事项：(1) 在进行财务分析时须善于运用非会计数据；(2) 需要结合战略分析。没有基础战略分析，任何对会计政策和估计的评价都是武断的，报表分析往往得出与事实背道而驰的结论

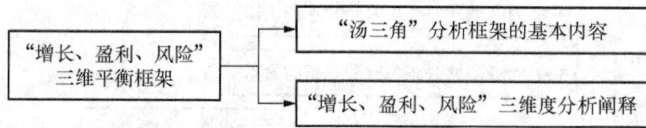

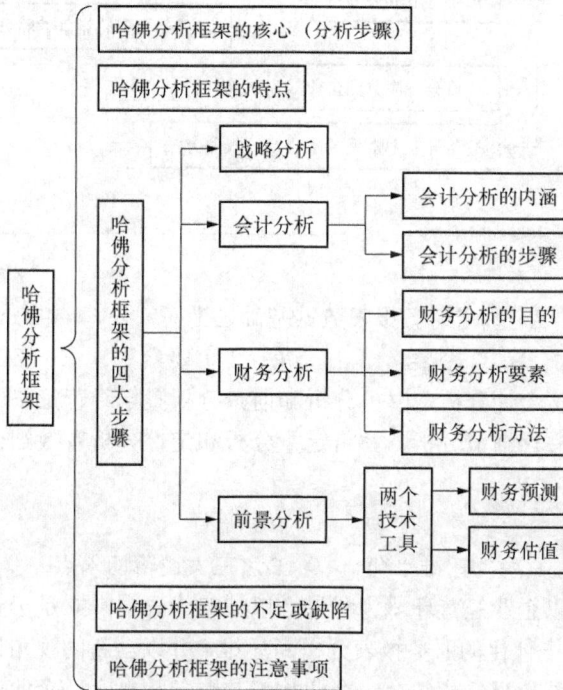

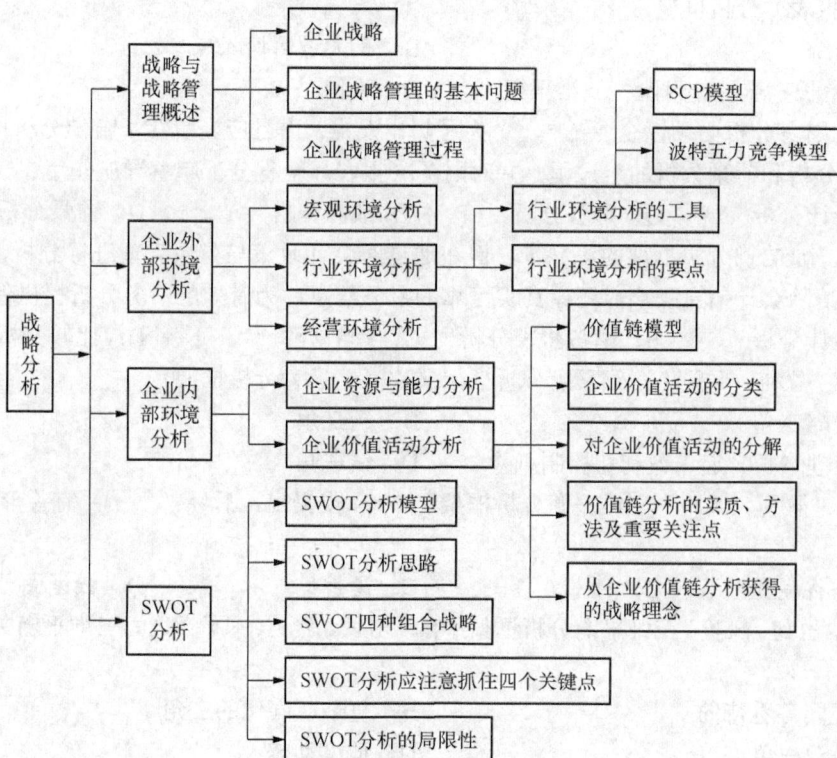

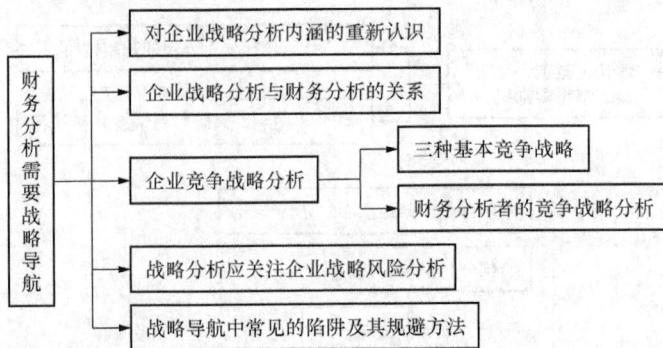

```
                    ┌─────────────────────────────┐
                    │  对企业战略分析内涵的重新认识  │
                    └─────────────────────────────┘
┌───┐               ┌─────────────────────────────┐
│财 │               │  企业战略分析与财务分析的关系  │
│务 │               └─────────────────────────────┘
│分 │               ┌──────────────────┐   ┌──────────────────┐
│析 │               │               ├──→│   三种基本竞争战略  │
│需 │───┐           │  企业竞争战略分析  │   └──────────────────┘
│要 │   │           │               ├──→│ 财务分析者的竞争战略分析│
│战 │   │           └──────────────────┘   └──────────────────┘
│略 │   │           ┌─────────────────────────────┐
│导 │   │           │ 战略分析应关注企业战略风险分析  │
│航 │   │           └─────────────────────────────┘
└───┘               ┌─────────────────────────────┐
                    │ 战略导航中常见的陷阱及其规避方法│
                    └─────────────────────────────┘
```

练习题

一、单项选择题

1. 传统的财务分析框架是基于财务报表数据基础之上对（   ）的分析。

    A. 4个要素 　　　　B. 2个要素 　　　　C. 3个要素 　　　　D. 5个要素

2. （   ）分析框架将会计分析、财务分析和前景分析置于经营策略（或战略）分析的前提之下，在宏观视野的统领下进行细节分析，并将定量分析和定性分析有效结合，从而把握好财务（报表）分析的方向。

    A. 传统 　　　　　　　　　　　　B. 哈佛

    C. "增长、盈利、风险"三维平衡 　　D. 三大逻辑切入点

3. （   ）分析框架以企业经营环境为背景，以战略为导向，立足于企业经营活动，树立"环境-战略-行为-过程-结果"一体化的财务报表分析新思维，并以全新的视角诠释企业经营理念与财务理念的关系，从而构建内外部视角相结合、企业战略与财务相融合、企业业务与企业财务连为一体的企业财务（报表）分析框架。

    A. 传统 　　　　　　　　　　　　B. 三大逻辑切入点

    C. "增长、盈利、风险"三维平衡 　　D. 哈佛

4. 合理的财务分析必须以企业（   ）为逻辑出发点，而且应当贯穿于哈佛分析框架指引的会计分析、财务分析和前景分析的全过程，并对财务（报表）全程分析起着导航作用。

    A. 会计分析 　　　B. 财务分析 　　　C. 战略分析 　　　　D. 前景分析

5. （   ）是哈佛分析框架的第二步，旨在通过对会计政策与盈余管理进行分析，评估企业财务报表质量，消除会计信息噪声，还原真实可靠的财务信息，为有效的财务分析提供保证。

    A. 会计分析 　　　B. 财务报表分析 　C. 趋势分析 　　　　D. 比较分析

6. "增长、盈利、风险"三维平衡分析框架又称（   ）分析框架。

    A. 战略三角 　　　　　　　　　　B. 汤三角

    C. 管理增长、追求盈利和控制风险 　D. 钱三角

7. "增长、盈利、风险"三维平衡分析框架于2004年提出，后经（   ）完善形成"汤三角"分析框架。

    A. 汤谷良和杜菲 　B. 杜菲 　　　　　C. 汤谷良 　　　　　D. 钱爱民

8. "增长、盈利、风险"三维平衡分析框架中的"增长、盈利、风险"之间三维平衡关系是（   ）平衡关系。

    A. 要同等看待的 　　　　　　　　B. 复杂、固化的三角

    C. 等边三角 　　　　　　　　　　D. 适度动态

9. 从现有理论研究和实务分析的经验来看，盈利质量、资产质量和现金流量质量是系统、有效地分析财务报表的（　　）。

    A. 三大抓手　　　　B. 突破点　　　　C. 核心　　　　D. 三大逻辑切入点

10. 从财务（报表）分析的逻辑切入点来看，（　　）质量分析用于利润表分析。

    A. 盈利　　　　B. 现金流量　　　　C. 资产　　　　D. 成本

11. （　　）作为企业目标和策略的组合，涉及企业的远景、使命、命题等全局规划与方针及定位问题。它是企业经营发展的统领性、全局性、长期性的谋略、方案和对策。

    A. 预算　　　　B. 计划　　　　C. 规划　　　　D. 战略

12. 动态条件下的企业战略的内容包括三点：企业的战略承诺、企业的战略决策和企业的战略（　　）。

    A. 行动　　　　B. 规划　　　　C. 计划　　　　D. 预算

13. 企业战略的核心问题是（　　）。

    A. 经营发展方向的确定和策略的选择　　　　B. 经营项目的确定和行动的决策

    C. 经营项目的确定和策略的选择　　　　D. 经营项目的确定和战略的规划

14. 战略的中心问题是（　　）。

    A. 企业的盈利与自然演化　　　　B. 企业的成长与自然演化

    C. 企业的成长与人为演化　　　　D. 企业的运营与自然演化

15. 所谓战略管理过程，又称（　　）。

    A. 战略管理层次　　B. 战略管理结构　　C. 战略管理程序　　D. 战略管理行动

16. 企业整个战略管理过程的起点是战略（　　）。

    A. 制定　　　　B. 分析　　　　C. 实施　　　　D. 选择

17. 战略制定也称（　　）。

    A. 战略目标设定　　B. 战略落地　　C. 战略决策　　D. 战略评价

18. 战略实施即（　　）。

    A. 战略调整　　　　B. 战略落地　　　　C. 战略决策　　　　D. 战略评价

19. 战略管理过程（或程序）的三个核心领域是战略分析、战略选择（或制定）和（　　）。

    A. 战略调整　　　　B. 战略实施　　　　C. 战略决策　　　　D. 战略评价

20. （　　）是战略外部环境分析的经典工具，用于分析公司所处的宏观环境对战略的影响。

    A. PEST 分析　　　　B. SLEPT 分析　　　　C. STEEPLE 分析　　　　D. PESTLE/PESTEL 分析

21. 行业环境分析的动态工具是（　　）。

    A. 五力竞争模型　　　　　　　　B. 价值链分析模型

    C. SWOT 分析模型　　　　　　　D. SCP 模型

22. 对企业资源与能力进行分析的一个常用工具是（　　）。

    A. 价值链分析模型　　　　　　　B. 五力竞争模型

    C. SWOT 分析模型　　　　　　　D. SCP 模型

23. 价值活动可分为基本活动和（　　）。

    A. 生产经营活动　　B. 投资活动　　C. 筹资活动　　D. 支持活动

24. 企业价值链分析模型是一种典型的（　　）。

    A. 成本收益分析模型　　　　　　B. 价值创造分析模型

    C. 投入产生分析模型　　　　　　D. "结构-行业-行为" 分析模型

25. 公司战略分析中，连接公司内外部环境的桥梁是（　　）。

    A. 五力分析　　　　B. 价值链分析　　　　C. SWOT 分析　　　　D. SCP 分析

26. 基于财务分析需要的管理层角度的战略分析的关键内容是，企业战略制定与选择的适当性分析和（　　）。

    A. 战略目标确定的效率性分析　　　　　　B. 战略控制的效率性分析

    C. 战略调整的效率性分析　　　　　　　　D. 战略实施的效率性分析

27. 企业战略分析对财务分析起着（　　）。

    A. 导航作用　　　　B. 促进作用　　　　C. 监督作用　　　　D. 协调作用

28. 集中化战略一般是中小企业采用的战略，可分为集中成本领先战略和（　　）。

    A. 集中市场领先战略　　　　　　　　　　B. 集中技术领先战略

    C. 集中差异战略　　　　　　　　　　　　D. 集中成本差异战略

29. 通过分析企业内部资源与外部环境的关系范围和关系强度、企业内部资源与能力的相互匹配程度、企业的战略共识三个角度来构建企业（　　）。

    A. 战略风险分析框架　　　　　　　　　　B. 战略决策风险分析框架

    C. 战略执行风险分析框架　　　　　　　　D. 战略制定风险分析框架

30. 企业战略行为是企业与战略管理相关的一种组织行为，包括战略决策行为和（　　）。

    A. 战略调整行为　　B. 战略实施行为　　C. 战略执行行为　　D. 战略评价行为

二、多项选择题

1. 传统的财务分析框架的内核是"4个要素"分析，其所借助的分析方法有（　　）。

    A. 比率分析法　　B. 结构分析法　　C. 趋势分析法

    D. 比较分析法　　E. 因素分析法

2. 依据哈佛分析框架分析企业财务（报表）时要经过（　　）4个步骤。

    A. 战略分析　　B. 会计分析　　C. 财务分析

    D. 前景分析　　E. 财务预警分析

3. （　　）属于哈佛分析框架中会计分析具有的分析步骤。

    A. 确定关键会计政策　　　　　　　　B. 评价会计灵活性和评价会计政策

    C. 评价披露质量　　　　　　　　　　D. 确定潜在的危险信号

    E. 消除会计扭曲

4. 前景分析是哈佛分析框架中的最后一步，着重预测公司未来。（　　）是前景分析中常用的两个技术工具。

    A. 财务预测　　B. 趋势分析　　C. 估价

    D. 因素分析　　E. 预算分析

5. "汤三角"分析框架的"增长"维度分析，应将"有质量的适度增长"作为评价标准。这体现为（　　）两个层面。

    A. 经营性资产的质量　　　　　　　　B. 增长速度

    C. 增长有效性　　　　　　　　　　　D. 实际增长与可持续增长的偏离程度

    E. 未来财务状况发展趋势

6. 从现有理论研究和实务分析的经验来看，（　　）是系统、有效地分析财务报表的三大逻辑切入点。

    A. 战略分析　　　　B. 商业模式分析　　　　C. 资产质量

D. 现金流量质量　　　E. 盈利质量

7. 按照财务（报表）分析的三大逻辑切入点框架，盈利质量分析可以从（　　　）等角度进行分析。

A. 收入质量　　　　B. 利润质量　　　　C. 毛利率

D. 费用率　　　　　E. 利润现金含量

8. 按照财务（报表）分析的三大逻辑切入点框架，资产质量分析可以从（　　　）等角度进行分析。

A. 资产预期效用与实际效用的吻合程度　　B. 资产的流动性

C. 资产结构　　　　D. 资产现金含量　　　E. 资产增长率

9. 按照财务（报表）分析的三大逻辑切入点框架，现金质量分析可以从（　　　）等角度进行分析。

A. 经营性现金流量　　B. 自由现金流量　　C. 现金流量结构

D. 现金流程的合理性　E. 现金流量的速度

10. 比较常见的有代表性的财务分析框架主要是（　　　）。

A. 财务报表分析逻辑切入点（或称框架）　B. "增长、盈利、风险"三维平衡分析框架

C. 哈佛分析框架　　　　　　　　　　　　D. 企业战略风险分析框架

E. 价值链分析框架

11. 企业战略的特征有（　　　）。

A. 全局性　　　　　B. 长远性　　　　　C. 纲领性

D. 应变性　　　　　E. 竞争性和风险性

12. 企业战略的层次包括（　　　）。

A. 公司战略　　　　B. 业务单位战略　　C. 职能战略

D. 财务战略　　　　E. 市场营销战略

13. 企业战略管理的基本问题就是（　　　）。

A. 要明确企业现在在做什么　　　　　　　B. 确定企业将来要做什么

C. 应当如何去做　　D. 他是谁　　　　　E. 从哪里来

14. 一个规范的、全面的战略管理过程包括（　　　）。

A. 战略分析　　　　B. 战略制定　　　　C. 战略实施

D. 战略控制　　　　E. 战略评价和战略调整

15. 影响企业生产经营活动的外部环境因素分析包括（　　　）。

A. 宏观环境分析　　B. 行业环境分析　　C. 经营环境分析

D. 生态环境分析　　E. 社会文化环境和科学技术环境分析

16. 行业环境分析的要点主要包括（　　　）。

A. 行业特征分析　　B. 行业生命周期分析

C. 行业市场结构分析　D. 行业盈利能力分析

E. 行业成本结构分析、行业与区域政策分析

17. 行业环境分析的工具主要有（　　　）。

A. 价值链分析模型　　　　　　　　B. 五力竞争模型

C. SWOT 分析模型　　　　　　　　D. SCP 模型

E. PESTLE/PESTEL 分析模型

18. 经营环境分析包括（　　　）。
    A. 竞争者环境分析　　　　　　　B. 融资者分析
    C. 消费者分析　　　　　　　　　D. 劳动力市场状况分析
    E. 产业内战略群组分析

19. 对竞争对手的分析内容包括（　　　）。
    A. 竞争对手的未来目标　　　　　B. 假设
    C. 现行战略　　D. 潜在能力　　　E. 战略群组

20. 企业的资源主要包括（　　　）。
    A. 有形资源　　　B. 无形资源　　　C. 组织资源
    D. 人力资源　　　E. 自然资源

21. 企业能力主要由（　　　）等组成。
    A. 研发能力　　　B. 生产管理能力　　C. 营销能力
    D. 财务能力　　　E. 组织管理能力

22. 能够建立企业核心竞争力的资源主要是建立（　　　）。
    A. 持久的资源　　B. 不可替代资源　　C. 不可模仿资源
    D. 稀缺资源　　　E. 竞争优势的资源

23. SWOT 分析的一般步骤是（　　　）。
    A. 确认当前的战略是什么
    B. 确认企业外部环境的变化
    C. 根据企业资源组合情况，确认企业的关键能力和关键限制
    D. 运用适当的方式方法给企业的 SWOT 相关要素打分评价
    E. 将结果在 SWOT 分析表（或图）上定位和进行战略分析

24. 从最广泛的意义上，波特归纳总结了具有内部一致性的基本战略，即（　　　）。
    A. 竞争战略　　　B. 成本领先战略　　C. 差异化战略
    D. 集中化战略　　E. 集中差异化战略

25. 企业战略分析与财务分析的关系是（　　　）。
    A. 企业战略分析对财务分析起着促进和协调作用
    B. 财务分析是战略分析的重要起点
    C. 战略分析是财务分析的重要起点
    D. 企业战略分析对财务分析起着导航作用
    E. 财务分析不能脱离或忽视战略分析

26. 影响企业竞争优势主要的关键因素是（　　　）。
    A. 建立竞争优势需要多长时间
    B. 能够获得的优势有多大
    C. 竞争对手做出有力反应需要多长时间
    D. 建立竞争优势需要多少资源投入
    E. 建立竞争优势需要多少成本

27. 行业特征的一般影响因素是（　　　）。
    A. 竞争特征　　　B. 需求特征　　　C. 技术特征
    D. 增长特征　　　E. 盈利特征

28. 影响市场结构的因素主要有（　　　）。
    A．市场集中度　　B．进入壁垒　　C．产品差异程度
    D．替代品威胁　　E．潜在的竞争者
29. 竞争环境分析包括（　　　）。
    A．竞争对手分析　　　　　　　　B．产业内战略群组分析
    C．市场集中度分析　　　　　　　D．市场占有率分析
    E．市场壁垒分析
30. 市场结构的基本类型主要有（　　　）。
    A．完全竞争市场　　B．垄断竞争市场　　C．寡头垄断市场
    D．寡头竞争市场　　E．完全垄断市场

三、判断题

1. 财务分析框架的建构是财务分析学科存在的基础，也是指导和推动财务分析所对应的实践的发展依据。　　　　　　　　　　　　　　　　　　　　　　　　　　　（　　）

2. 传统的财务分析框架的内核是"四要素"分析。　　　　　　　　　　　　（　　）

3. 在现代财务分析框架下，主要以财务比率为分析工具。这就导致分析人员明显地偏爱量化财务分析，同时也就相对地忽视了非财务性的定性分析。　　　　　　　　　　　　（　　）

4. 比较常见的有代表性的财务分析框架除了"三张财务报表逻辑切入点""增长、盈利、风险"三维平衡分析框架外，还有企业战略风险分析框架。　　　　　　　　　　　　（　　）

5. 合理的财务分析必须以企业战略分析为逻辑出发点，而且战略分析应贯穿于哈佛分析框架指引的会计分析（即财务报表分析）、财务分析和前景分析的全过程，对财务分析全程起着导航作用。
　　　　　　　　　　　　　　　　　　　　　　　　　　　　　　　　　　（　　）

6. 财务分析人员在进行会计分析时，首先应当关注、确认并评价企业用于衡量成功要素及风险的会计政策及估计。　　　　　　　　　　　　　　　　　　　　　　　　　（　　）

7. 上市公司财务报告主要由审计报告和财务报表构成，不包括其他信息披露。　（　　）

8. 企业良好的财务状况质量未必最终体现为可持续增长。　　　　　　　　　（　　）

9. 盈利质量、资产质量和现金流量质量是相互关联的。　　　　　　　　　　（　　）

10. 分析盈利结构和现金流量结构，有助于评估企业的退出壁垒和经营风险。　（　　）

11. 广义上，战略、规划、计划都是对未来的筹划；管理职能上，它们都可归于"计划"范畴。
　　　　　　　　　　　　　　　　　　　　　　　　　　　　　　　　　　（　　）

12. 狭义上，战略、规划、计划既有联系，又有区别。战略是规划和计划的灵魂，规划和计划必须体现既定的战略。战略是计划的基础，计划又是规划的基础。　　　　　　　　（　　）

13. 战略管理就是研究如何让人愉快高效地做事。　　　　　　　　　　　　（　　）

14. 实施企业战略管理之前必须确定企业的使命，在此基础之上明确企业的愿景，然后形成企业的战略目标，进行战略管理。　　　　　　　　　　　　　　　　　　　　　　（　　）

15. 战略管理过程（或程序）的三个核心领域是战略分析、战略选择（或制定）和战略实施。
　　　　　　　　　　　　　　　　　　　　　　　　　　　　　　　　　　（　　）

16. 所谓行业（或产业），是指其具有主要共同特征的一大批企业或企业群体。　（　　）

17. 波特五力竞争模型的基本思路是：市场结构决定企业在市场中的行为，而企业行为又决定市场运行在各个方面的经营绩效。　　　　　　　　　　　　　　　　　　　　　（　　）

18. 产业吸引力的大小取决于企业竞争结构；企业在产业中的位势取决于产业外竞争结构，即

五种竞争力量的相互作用，即"波特五力竞争模型"。 （　　）

19. 产业链分析模型分析属于外部环境分析中的微观环境分析，主要用来分析本行业的公司竞争格局以及本行业与其他行业之间的关系。 （　　）

20. 行业环境，主要是指影响企业获取必要资源或者确保经营活动顺利开展的因素。 （　　）

21. 只有处于同一个战略组群的企业才是真正的竞争对手。 （　　）

22. 竞争者分析可以从消费细分、消费动机以及消费者未满足的需求等战略问题展开分析。 （　　）

23. 对于融资者状况的考察主要包括对抵押条件、支付记录、贷款条件和贷款额度等的考察。 （　　）

24. 企业资源是指企业协调、配置各种资源的技能。 （　　）

25. 对企业的每一种资源都应当从可得性、为企业带来的价值、优势的持久性和可替代性四个方面进行竞争优势的分析。 （　　）

26. 战略分析的重点是识别哪些资源可以形成企业的核心竞争力。 （　　）

27. 企业占有的稀缺资源越多，越能满足顾客的独特需要，从而越有可能建立企业的竞争力。 （　　）

28. 所谓价值链，是指企业进行设计、生产、营销、交货以及对产品起辅助作用的各种活动的集合。 （　　）

29. 支持活动是指生产经营的实质性活动，一般可以分为内部后勤、生产经营、外部后勤、市场营销和服务五种活动。 （　　）

30. 企业价值链分析模型吸纳入了系统论的分析思想，是一种典型的成本收益分析模型。 （　　）

31. 产业链最初是企业为了在复杂的制程程序中分清各环节或步骤的"利润率"而采用的一种会计分析方法，旨在确定哪个步骤可以削减成本或提高产品的功能特性。 （　　）

32. 支持活动中的采购管理是指采购企业所需投入品的职能，而不是被采购的投入品本身。 （　　）

33. 领导的决策技术不属于支持活动中的技术开发。 （　　）

34. 分解分离企业活动应遵循具有不同的经济性、对产品差异化产生很大的潜在影响、在成本中所占比例很大或所占比例在上升等三项基本原则。 （　　）

35. 价值链分析的关键是要将企业资源有效地组织起来，生产出最终顾客认为有价值的产品或服务，从而提高企业竞争优势，为企业创造价值。 （　　）

36. 价值链实质是企业为了满足长期的市场目标以及整个业务链条、利益链条上的共同利益而进行的战略协作与协同。 （　　）

37. 价值链分析法的基本点是企业战略必须使其内部能力（优势和劣势）与外部环境（机遇和威胁）相适应，以获取经营的成功。 （　　）

38. SWOT 分析的基本要点在于公司战略必须使其内部能力（优势和劣势）与外部环境（机遇和威胁）相适应。 （　　）

39. 集中化战略的实现途径是有效从事价值链活动和完善价值链。 （　　）

40. 企业财务分析者不仅要重视企业绩效、企业绩效与战略的关系分析，更要重视对企业战略风险的分析。 （　　）

41. 对企业目标的清晰理解和认识是制定战略的核心问题。 （　　）

42．市场环境分析既是行业（产业）环境分析的补充，又是经营环境分析的重要构成内容。

（　　）

43．一般来说，在一个产业中仅有几个群组，它们采用特征完全不同的战略。　　（　　）

四、名词解释题

1．企业财务分析框架

2．哈佛分析框架

3．会计分析

4．"增长、盈利、风险"三维平衡分析框架

5．财务（报表）分析的逻辑切入点

6．企业战略

7．战略管理过程（战略管理程序，战略管理应用程序）

8．战略实施（战略落地）

9．PEST 分析

10．行业（或产业）

11．行业环境

12．SCP 模型

13．波特五力竞争模型

14．行业生命周期

15．经营环境

16．直接竞争对手

17．战略群组

18．组织资源

19．企业能力

20．核心竞争力

21．价值链

22．价值链分析模型

23．SWOT 分析

24．成本领先战略

25．差异化战略

26．集中化战略

五、简答题

1．认识"框架"有哪几个要点？

2．财务分析框架的重要性体现在哪些方面？

3．传统的财务分析框架有哪些特征？

4．传统财务分析框架的不足有哪几点？

5．较为常见的财务（报表）分析框架主要有哪些？

6．哈佛分析框架的主要内容是什么？

7．哈佛分析框架中的会计分析涉及哪些步骤？

8．哈佛分析框架中的战略分析的目的是什么？

9．哈佛分析框架的特点是什么？

10. 哈佛分析框架的不足是什么？

11. 使用哈佛分析框架应当注意哪几点？

12. "汤三角"分析框架有哪些基本内容？

13. 财务报表分析的三大逻辑切入点是什么？

14. 运用财务报表分析的三大逻辑切入点分析框架时应注意哪些事项？

15. 简述企业战略具有的特征。

16. 简述动态条件下的企业战略的内容。

17. 简述战略构成要素。

18. 简述企业战略的层次。

19. 简述企业战略与策略（战术）的关系。

20. 简述战略与规划、计划的关系。

21. 简述企业战略管理必须回答的 6 个基本问题。

22. 简述一个规范的、全面的战略管理过程所包括的内容。

23. 简述宏观环境因素分析所涵盖的关键因素。

24. 简述波特五力竞争模型中的"五力"内容。

25. 简述波特五力竞争模型的局限性。

26. 简述行业环境分析的要点。

27. 评价行业的特征时需要考虑哪些影响因素？

28. 经营环境分析主要包括哪些方面的分析？

29. 简述竞争环境分析包括的内容。

30. 简述竞争对手分析的内容。

31. 简述识别战略群组应考虑的变量。

32. 简述对企业的每一种资源进行竞争价值分析的内容。

33. 简述企业价值活动的分类。

34. 简述价值链分析的注意事项。

35. 简述 SWOT 分析的一般步骤。

36. 简述 SWOT 分析 4 种组合战略。

37. 简述 SWOT 分析的关键点。

38. 简述企业战略分析与财务分析的关系。

39. 简述成本领先战略的实现途径。

40. 简述差异化战略的实现途径。

41. 简述集中化战略的实现途径。

42. 简述成本领先战略的风险。

43. 简述差异化战略的风险。

44. 简述集中化战略的风险。

45. 简述财务分析人员在进行竞争战略分析时应主要关注的问题。

46. 简述人们在进行竞争战略的效率性分析时应特别关注的问题。

47. 简述企业战略风险分析框架的内容。

48. 简述企业在制定战略导航时，应当注意的问题。

六、案例分析题

1．练习运用三张财务报表逻辑切入点进行案例分析

美国三大汽车公司，即通用（GM）汽车公司（简称"通用汽车"）、福特（Ford）汽车公司（简称"福特汽车"）和戴姆勒克莱斯勒（Daimler-Chrysler，以下简称"戴克汽车"）属于传统的制造行业，是"旧经济"的典型代表，而微软公司（简称"微软"）则属于高新技术行业，是"新经济"的典型代表。20 世纪 90 年代是西方发达国家经济较繁荣的 10 年，但还是有不少企业破产倒闭。在这一时期，三大汽车公司处于成熟阶段，企业竞争异常激烈，销售收入和经营利润的成长性较低，经营风险较高。而微软公司这一时期正处于高速成长阶段或呈现逐渐向成熟阶段过渡的端倪，竞争虽然日趋激烈，但销售收入和经营利润仍然高速增长，经营风险相对较低。

2006 年三大汽车公司合计的销售收入和资产余额分别为 5 676 亿美元和 7 156 亿美元，分别是微软（Microsoft）的 11.1 倍和 11.3 倍。三大汽车公司的员工总数高达 91 万人，是微软的 12.9 倍。但截至 2006 年年末，三大汽车公司的股票市值只有 946 亿美元，仅相当于微软 2 932 亿美元股票市值的 32%。三大汽车巨头为何还赶不上一家软件公司？如何诠释这种现象？

【资产与负债情况】

微软和三大汽车公司 2001 年至 2006 年的现金性资产（现金及现金等价物和随时可以变现的有价证券投资之和）及其占资产总额的比例如表 2-1 所示。

表 2-1　　　　　　　　微软和三大汽车公司的现金性资产及其占资产总额的比例

		2001 年	2002 年	2003 年	2004 年	2005 年	2006 年
微软公司	现金性资产（亿美元）	529	627	728	487	433	335
	占资产总额比例（%）	78.2	78.8	77.1	68.7	63.6	53.0
通用汽车	现金资产（亿美元）	350	276	476	494	354	241
	占资产总额比例（%）	10.9	7.5	10.6	10.2	7.4	12.9
福特汽车	现金性资产（亿美元）	247	321	344	300	402	503
	占资产总额比例（%）	8.9	10.8	11.0	10.0	14.6	18.1
戴克汽车	现金性资产（亿美元）	145	124	143	117	126	131
	占资产总额比例（%）	7.0	6.6	8.9	6.4	6.3	6.9

表 2-2 列示了微软和三大汽车公司应收款项的余额及其占资产总额的比例。

表 2-2　　　　　　　　应收款项的余额及占资产总额的比例

会计年度	微软公司		通用汽车		福特汽车		戴克汽车	
	应收款项（亿美元）	比例（%）	应收款项（亿美元）	比例（%）	应收款项（亿美元）	比例（%）	应收款项（亿欧元）	比例（%）
2001	51	7.5	998	30.6	1 102	39.9	495	23.9
2002	52	6.4	1 346	36.5	970	32.9	521	27.8
2003	59	6.3	1 748	39.9	1 100	35.4	526	29.5
2004	72	10.2	1 996	41.6	1 125	37.6	568	31.1
2005	93	13.4	1 808	38.0	1 114	40.3	611	30.3
2006	113	17.9	139*	7.5	1 108	39.8	523	27.5

*2006 年，通用汽车将其从事金融保险业务的子公司 GMAC 出售，GMAC 的报表不再纳入合并报表范围，故应收款项大幅下降。

针对上述 4 家公司财务状况，有 6 点需要补充说明。（1）从对外公布的财务报表可以看出，三

大汽车公司比较大的资产项目是金融资产。在这些金融资产中，三大汽车公司下属的金融和保险部门的应收款项（对汽车经销商的债权）高居榜首。（2）三大汽车公司的固定资产占资产总额的比例较高，属于典型的资本密集型行业，而微软的固定资产所占比重则微不足道，属于典型的以知识为基础的行业。2006年，通用汽车、福特汽车和戴克汽车固定资产占资产总额的比例分别为32.3%、24.5%和37.4%，而微软的固定资产占资产总额的比例仅为6.9%。（3）包括2005年在内的前5个会计年度，三大汽车公司的净资产均明显大于微软的净资产。2006年会计年度结束时，三大汽车公司的资产总额为7 156亿美元，净资产合计为362亿美元，而微软的总资产为632亿美元，净资产为311亿美元。（4）根据《商业周刊》对2007年全球100大品牌价值的评比，微软的品牌价值高达587亿美元（2006年为569亿美元），仅次于可口可乐（653亿美元），远高于戴克汽车旗下的"奔驰"品牌（236亿美元）。（5）2006年微软负债率仅为50.8%，而三大汽车公司负债率高达94.9%。三大汽车公司2006年之前的5年里负债率均超过90%。微软的负债率相对较低，其负债主要是递延收入。微软2006年会计年度递延收入余额高达126亿美元，约占全部负债的40%。若剔除这一因素（其中蕴含的利润超过100亿美元），微软的负债率约为30%。（6）2004年7月20日，微软宣布了760亿美元的一揽子现金分红计划，包括在2004年一次性派发320亿美元的特别现金股利，在2005年和2006年又分别净回购了171亿美元和208亿美元的股票。

【盈利情况】

美国20世纪90年代经历了一段被美联储前主席格林斯潘称为"非理性繁荣"的时期。2000年3月，以网络和电信概念股为代表的高科技泡沫开始破裂，其对宏观经济的负面影响在2001年体现得淋漓尽致，加上当年其他重大事件的影响，2001年美国的经济陷入了低谷。面对如此不利的宏观经济环境，微软的销售收入仍然比1999年和2000年分别增长了23%和13%，而三大汽车公司在遭遇逆境的2001年，销售收入迅速滑落，通用汽车、福特汽车和戴克汽车的销售收入分别比2000年下降了3%、6%和4%。

2002年至2006年，微软（其会计年度结束于每年的6月30日）共计实现了530亿美元的净利润，而三大汽车公司实现的净利润为−103亿美元。2004年，三大汽车公司当年合计的净利润为99亿美元，微软为90亿美元。三大汽车公司2014年投入的人力资源（雇员人数）是微软的17倍，投入的财务资源（资产总额）是微软的12倍，但这些资源为股东创造的产出（净利润）只比微软的多出约18%。微软的人均净利润（人力资源投入产出比）高达158 895美元，是三大汽车公司人均净利润（9 312美元）的17倍。微软的总资产回报率（财务资源投入产出比）为9.54%，是三大汽车公司总资产回报率（0.94%）的10倍。

微软与三大汽车公司1999年至2006年的定基趋势报表如表2-3所示。表2-3的编制方法是：以4家公司1999年的销售收入为基数，分别将2000年至2006年的销售收入除以1999年的销售收入。表2-3中列示的戴克汽车公司销售收入是以欧元计量的原始报表数据。这是出于剔除汇率变动对销售收入变动趋势的不利影响的考虑。

表2-3 微软与三大汽车公司销售收入趋势表

		1999年	2000年	2001年	2002年	2003年	2004年	2005年	2006年
微软公司	亿美元	230	253	284	322	368	398	443	511
	趋势比（%）	100	110	123	140	160	173	193	222
通用汽车	亿美元	1 690	1 739	1 691	1 773	1 855	1 935	1 926	2 073
	趋势比（%）	100	103	100	105	110	115	114	123

续表

		1999 年	2000 年	2001 年	2002 年	2003 年	2004 年	2005 年	2006 年
福特汽车	亿美元	1 601	1 698	1 609	1 623	1 642	1 709	1 771	1 601
	趋势比(%)	100	106	100	101	103	107	111	100
戴克汽车	亿欧元	1 482	1 603	1 540	1 474	1 364	1 421	1 498	1 516
	趋势比(%)	100	108	104	99	92	96	101	102

1999 年至 2006 年，三大汽车公司与微软净利润趋势变动情况通过表 2-4 呈现，旨在揭示其成长性和波动性。

表 2-4　　　　　　　　　　微软与三大汽车公司净利润趋势报表

		1999 年	2000 年	2001 年	2002 年	2003 年	2004 年	2005 年	2006 年
微软公司	亿美元	94	73	78	95	90	122	126	141
	趋势比(%)	100	78	83	101	96	130	134	150
通用汽车	亿美元	60	45	6	17	38	28	−106	−21
	趋势比(%)	100	75	10	28	63	47	−176	−35
福特汽车	亿美元	72	35	−55	−10	5	35	20	−124
	趋势比(%)	100	49	−76	−14	7	49	28	−172
戴克汽车	亿欧元	57	79	−7	47	4	25	28	32
	趋势比(%)	100	139	−12	82	7	44	49	56

需要说明的是，2000 年，微软销售收入较 1999 年增长了 10%，当年确认了 48.04 亿美元的投资减值损失。2000 年，微软的研究开发和广告促销费用比 1999 年增加了 13.66 亿美元，研究开发和广告促销费用分别比 1999 年增加了 16% 和 18%，远高于 10% 的收入增幅。

表 2-5 所示为三大汽车公司与微软的毛利率数据。

表 2-5　　　　　　　　　　三大汽车公司与微软毛利率的比较表

会计年度	通用汽车 (%)	福特汽车 (%)	戴克汽车 (%)	微软公司 (%)
2001	9.2	1.8	16.1	86.3
2002	7.8	6.8	18.8	81.6
2003	8.0	6.2	19.4	81.2
2004	6.9	7.7	19.3	81.8
2005	2.7	5.8	17.9	84.4
2006	4.8	−3.9	17.1	79.1*

*2006 会计年度，微软对 Xbox 游戏机业务确认了 10.57 亿美元的减值损失，并计入销售成本。若剔除这一因素，微软当年的毛利率为 61.1%。

针对表 2-5 的数据，需要说明以下 3 点。(1)通用汽车和福特汽车毛利率的计算只涵盖汽车制造和销售业务，剔除了金融和保险业务。(2)戴克汽车由于提供的分部报告资料不太详细，无法剔除金融和保险业务，故直接以合并报表上的销售收入与销售成本作为毛利率的计算基础。(3)微软的销售收入全部来自软件的开发和销售业务。

针对微软公司，还有 3 点需要补充说明。(1)销售成本主要包括复制费用、包装费用和运输费用，它们在总的成本费用中所占比例不大，广告促销和研究开发费用才是微软的重要成本费用项目。(2)2006 年(包含 2006 年)之前的 10 年，微软的广告促销和研究开发费用合计为 186 亿美元，是销售成本的 1.94 倍。（3）2006 年（包含 2006 年）之前的 10 年，微软每年从销售收入中拿出 20% 至 25%用于广告促销，15%至 20%用于研究开发活动。然而三大汽车公司在广告促销和研究开发的投入占销售收入的比例只有 10%左右。

【现金流量情况】

2001 年至 2006 年微软与三大汽车公司经营性现金净流量如表 2-6 所示。

表 2-6   经营性现金流量比较表

会计年度	微软公司（亿美元）	通用汽车（亿美元）	福特汽车（亿美元）	戴克汽车（亿欧元）
2001	145	122	219	155
2002	158	84	178	180
2003	146	−23	208	165
2004	166	94	150	111
2005	144	−168	146	124
2006	178	−118	96	140

2001 年至 2006 年三大汽车公司与微软经营性现金流量占销售收入的比例如表 2-7 所示。

表 2-7   经营性现金流量占销售收入比例表

会计年度	微软公司（%）	通用汽车（%）	福特汽车（%）	戴克汽车（%）
2001	51.06	7.21	13.61	10.06
2002	49.07	4.73	10.97	12.21
2003	39.67	−1.24	12.67	12.10
2004	41.71	4.86	8.78	7.81
2005	32.51	−8.72	8.24	9.23
2006	34.83	−5.69	6.00	9.23

2001 年至 2006 年三大汽车公司与微软的自由现金流量及其与还本付息的对比情况如表 2-8 所示。

表 2-8   自由现金流量与还本付息的比较

	通用汽车（亿美元）	福特汽车（亿美元）	戴克汽车（亿欧元）	微软公司（亿美元）
2001				
自由现金流量	43.48	154.79	65.88	137.39
利息费用	83.17	108.16	13.17	— *
负债总额	3 027.05	2 687.57	1 684.06	154.66
2002				
自由现金流量	16.11	110.01	108.71	149.06
利息费用	75.03	88.01	10.40	— *
负债总额	3 622.39	2 896.32	1 523.23	168.20
2003				
自由现金流量	−94.21	119.39	98.82	135.17
利息费用	94.64	76.43	34.46	— *
负债总额	4 239.16	2 990.72	1 437.87	195.43
2004				
自由现金流量	16.03	165.71	46.74	157.93
利息费用	119.80	70.71	18.33	— *
负债总额	4 525.61	2 861.06	1 493.50	227.00

	通用汽车（亿美元）	福特汽车（亿美元）	戴克汽车（亿欧元）	微软公司（亿美元）
2005				
自由现金流量	−250.35	84.30	57.73	128.26
利息费用	157.68	76.43	11.12	— *
负债总额	4 614.83	2 630.62	1 651.83	294.93
2006				
自由现金流量	−196.92	27.61	77.48	155.32
利息费用	169.45	87.83	9.13	— *
负债总额	1 916.33	2 820.19	1 558.67	320.74

*微软没有银行贷款，故利息支出为零，其负债主要由不需付息的递延收入和应付账款组成。

特别需要说明以下两点。（1）2006 会计年度末，微软的负债主要由递延收入（126.46 亿美元）、应付账款（32.47 亿美元）、应付税款（10.40 亿美元）和应计报酬（23.25 亿美元）组成，这 4 项负债约占负债总额的 60%。（2）追溯 2006 年（包括 2006 年）前 10 年，通用汽车的股价除在少数交易日"跑赢"大势（道琼斯指数）外，大部分交易日的股价均落后于股票市场的整体走势。2001 年至 2006 年，三大汽车公司的股价走势与股票市场整体走势的背离呈扩大趋势。相反地，微软的股价表现均明显优于股票市场的整体走势，尤其是 2000 年其股票价格的涨幅是道琼斯指数涨幅的 8 倍多。

要求：运用盈利质量、资产质量和现金流量质量的逻辑框架分析回答下列问题。

（1）三大汽车公司与微软何者退出门槛的机会成本高？为什么？

（2）三大汽车公司与微软何者的财务弹性大？为什么？

（3）三大汽车公司与微软的应收款项金额以及应收款项占资产总额的比例高低情况如何？这意味着什么？

（4）分析微软与三大汽车公司的资产质量时，是否应考虑未在资产负债表上体现的"软资产"？

（5）分析说明三大汽车公司的财务风险与微软的财务风险哪个高？理由是什么？

（6）请指出资产的现金含量高低与企业财务弹性、资产质量的关系，判断三大汽车公司与微软的资产质量如何？

（7）判断三大汽车公司与微软公司的收入质量、利润质量，并说明判断的理由。

（8）判断三大汽车公司与微软公司的毛利率质量，并说明判断的理由。

（9）考虑销售规模并从销售收入的含金量状况的角度，判断三大汽车公司与微软的"造血功能"。

（10）分析并判断三大汽车公司与微软公司的还本付息和支付股利的能力。

2. 练习运用波特五力竞争模型进行案例分析

由于全球金融危机，计算机制造行业进行了行业内的分析。统计数据表明，该行业内市场占有率前 5 名的企业为 A、B、C、D 和 E，市场占有率分别为 29%、25%、21%、15% 和 10%。其中，E 公司为了制定自身的发展战略，采用著名的波特五力竞争模型对行业的竞争结构进行了分析，其分析的内容如下。

首先，计算机制造行业属于技术和资本双重密集型的行业，其竞争者既包括国外的著名品牌，也包括国内的著名品牌。行业的新进入者分别来自国内、国外两个方面。对于国外的进入者，政府制定了一系列的政策对该行业进行保护，但由于中国国内市场巨大，新进入者不断增加。

其次，在现有的行业竞争者中，各个企业所提供的产品差异性越来越小，顾客在购买时选择也变得越来越多。

再次，计算机制造行业更新换代极快，市场上出现了更高性能的同类产品，新产品的价格略高于市场上已有的传统产品。

最后，E公司的产品的原料供应商集中在少数几家，而且这些原材料没有替代品。

E公司的管理层不仅运用波特五力竞争模型对自身进行分析，还对其内部和外部因素进行了分析。

E公司认识到，在当前状况下，自身具有强大的研发能力。这是计算机制造行业最关键的竞争力。这种能力与其先进的生产设备的支持是分不开的。E公司现有的产品在市场上的认可度很好，性能和质量都处于上游水平。目前，对于高科技行业，政府有着相当大的政策扶持，也为其提供了宽松的金融环境。这些都为计算机制造业的不断前进和发展增加了动力。

虽然整体来看E公司的发展良好，但其管理层清醒地认识到目前公司内部管理尚不完善，很多内部政策实施不利，造成员工的积极性有所懈怠，更因其销售渠道的问题，造成生产出的产品有一定程度的积压，销售的不利转而在财务上体现为流动资金的紧张。由于原材料只由少数几家供应商提供，现在由于某些问题，一些供应商不再提供原材料，而购买商也不断拖延货款，E公司管理层十分苦恼。

要求：结合上述材料回答以下问题。

（1）请回答E公司面临的情况分别是波特五力竞争模型中的哪几个方面，并说明各个因素对该行业竞争强度的影响。

（2）根据E公司内外部因素情况，运用SWOT方法进行分析。

（3）E公司应选择何种战略？

练习题答案

一、单项选择题

1	2	3	4	5	6	7	8	9	10
A	B	D	C	A	B	C	D	D	A
11	12	13	14	15	16	17	18	19	20
D	A	A	B	C	B	A	B	B	A
21	22	23	24	25	26	27	28	29	30
D	B	D	A	C	D	A	C	A	C

二、多项选择题

1	2	3	4	5	6	7	8	9	10
ABC	ABCD	ABCDE	AC	BC	CDE	ABC	CD	AB	ABC
11	12	13	14	15	16	17	18	19	20
ABCDE	ABC	ABC	ABC	ABC	ABCDE	BD	ABCD	ABCD	ABCD
21	22	23	24	25	26	27	28	29	30
ABCDE	ABCDE	ABCDE	BCD	CDE	ABC	ABCDE	ABC	AB	ABCE

三、判断题

1	2	3	4	5	6	7	8	9	10
√	√	×	×	√	√	×	×	√	×
11	12	13	14	15	16	17	18	19	20
√	×	×	×	√	×	×	×	×	×
21	22	23	24	25	26	27	28	29	30
√	×	√	×	×	×	√	×	×	√

续表

31	32	33	34	35	36	37	38	39	40
×	√	×	×	√	√	×	×	×	√

41	42	43
×	×	√

3．改正：将"在现代财务分析框架下"改为"在传统的财务分析框架下"。

4．改正：将"企业战略风险分析框架"改为"哈佛分析框架"。

7．改正：将"不包括其他信息披露"改为"还包括其他信息披露"。

8．改正：将"未必"改为"必然"。

10．改正：将"分析盈利结构和现金流量结构"改为"分析资产结构"。

12．改正：将"战略是计划的基础，计划又是规划的基础"改为"战略是规划的基础，规划又是计划的基础"。

13．改正：将"让人愉快高效地做事"改为"让人愉快高效地做正确的事"。

14．改正：将"使命"改为"愿景"，将"愿景"改为"使命"。

16．改正：将"其具有主要共同特征"改为"其产品或服务具有主要共同特征"。

17．改正：将"五力竞争模型"改为"SCP模型"。

18．改正：将"产业外竞争结构"改为"产业内竞争结构"。

19．改正：将"产业链分析模型"改为"波特五力竞争模型"。

20．改正：将"行业环境"改为"经营环境"。

22．改正：将"竞争者"改为"消费者"。

24．改正：将"企业资源"改为"组织资源"。

25．改正：将"竞争优势"改为"竞争价值"。

27．改正：将"竞争力"改为"核心竞争力"。

28．改正：将"各种活动"改为"各种相互依存的活动"。

29．改正：将"支持活动"改为"基本活动"。

31．改正：将"产业链"改为"价值链"。

33．改正：将"不属于"改为"属于"。

34．改正：将"分解分离企业活动"改为"分解分离企业价值活动"。

37．改正：将"价值链分析法"改为"SWOT分析法"。

38．改正：将"基本要点"改为"核心要点"。

39．改正：将"集中化战略"改为"成本领先战略"。

41．改正：将"目标"改为"使命"。

42．改正：将"市场环境分析"改为"竞争（者）环境分析"。

四、名词解释题

1．企业财务分析框架，是以发现企业价值及创造价值为目标，以战略分析为起点，并将战略分析贯穿于企业价值信息真实性分析、价值驱动因素与价值源泉分析、企业前景分析等过程中，以帮助财务分析信息使用主体透视企业财务活动过程及结果，指引财务分析信息使用主体认知企业价值及创造价值所依据的基本分析架构、分析路径，或整套分析规则与大体分析方案。

2．美国哈佛大学克蕾沙·G.帕利普（Krishna G.Palepu）、维克多·L.伯纳德（Victor L.Bernard）和密歇根大学的保罗·M.希利（Paul M.Healy）3位教授在其著作《经营分析与评价——有效利用财务报表》一书中，提出了一个不同于传统财务（报表）分析的分析框架，即哈佛分析框架。该框架的核心是阅读和分析企业财务（报表），有 4 个步骤，基本顺序是："战略分析→会计分析→财务分析→前景分析"。也就是说，先分析企业的战略及其定位，然后进行会计分析，评估企业财务报表的会计数据及其质量，再进行财务分析，评价企业的经营绩效，最后进行前景分析，诊断企业未来发展前景。

3. 会计分析，是指根据会计核算提供的会计信息，应用一定的分析方法，对企业的经营过程及其经营成果进行定量和定性的分析。企业财务分析框架中的会计分析，其目的是判断公司的会计信息质量，评价公司会计反映其实际业务的程度，即评价公司会计所反映的财务状况与经营成果的真实程度。

4. "增长、盈利、风险"三维平衡分析框架源于阿尔弗洛德·拉帕波特（Alfred Rappaport，1986）自由现金流量贴现模型及卡普兰（Copeland 等，2002）公司价值评估与衡量思想，由汤谷良和杜菲于 2004 年提出，经汤谷良教授完善形成"汤三角"分析框架，后经钱爱民教授改进和拓展形成"财务状况质量"三维平衡理论分析框架。该框架由增长、盈利和风险 3 个分析维度构成动态适度平衡关系。如果这个平衡关系失衡，就表明公司将陷入困境。

5. 黄世忠教授在《财务与会计·综合版》2007 年第 10 期上发表了《财务报表分析的逻辑框架——基于微软和三大汽车公司的案例分析》一文，阐述了财务报表分析的逻辑切入点，即盈利质量、资产质量和现金质量三大报表分析的逻辑切入点或框架。三大报表分析的逻辑切入点表明，利润表分析的逻辑切入点是盈利质量分析，资产负债表分析的逻辑切入点是资产质量分析，而现金流量表分析的逻辑切入点则是现金流量质量分析。

6. 企业战略，是指企业经营发展的统领性、全局性、长期性的谋略、方案和对策，是企业目标和策略的组合。它涉及企业的远景、使命、命题等全局规划和方针及定位问题。

7. 战略管理过程，又称战略管理程序（或称战略管理应用程序），是指导企业应用战略管理工具、方法的具体过程或程序。

8. 战略实施即战略落地，是指将企业战略规划变成现实的管理过程。

9. PEST 分析是战略外部环境分析的经典工具，用于分析公司所处的宏观环境对战略的影响。PEST 分析主要是对公司所处的政治环境、法律环境、经济环境、社会文化环境和科学技术环境等方面的变化及行业所造成的影响进行归纳总结和研究。

10. 行业（或产业），是指其产品或服务具有主要共同特征的一大批企业或企业群体。

11. 行业环境是指对处于同一行业内的企业都会发生影响的环境因素的集合。

12. 20 世纪 30 年代，美国哈佛大学产业经济学权威乔·S.贝恩（Joe S. Bain）、谢勒（Scherer）等人建立了"结构-行为-绩效"模型，简称 SCP 模型（Structure-Conduct-Performance Model）。该模型的基本思路是：市场结构决定企业在市场中的行为，而企业行为又决定市场运行在各个方面的经营绩效。SCP 模型分析行业或者企业在受到外部冲击时可能面临的战略调整及行业变化。它从特定行业结构、企业行为和经营业绩 3 个角度来分析外部冲击的影响，提供了一个既能深入分析具体环节，又有系统分析逻辑体系的产业分析框架。

13. 波特五力竞争模型，是迈克尔·波特在其经典著作《竞争战略》提出的行业结构分析模型。该模型认为，五大竞争驱动力（新进入者的威胁、替代产品或服务的威胁、供应商的议价能力、客户的议价能力和行业现有的竞争状况）决定了企业的盈利能力，并指出公司战略的核心应在于选择正确的行业及行业中最具有吸引力的竞争位置。

14. 行业生命周期，是指一个行业或者行业内部的某个环节一般会遵循 4 个发展阶段，即投入期或起步期、成长期、成熟期和衰退期。判断行业所处生命周期阶段的主要指标有市场份额、需求增长率、产品品种、竞争者数量等。

15．经营环境，主要是指影响企业获取必要资源或者确保经营活动顺利开展的因素。其中最为重要的经营环境包括竞争环境、融资状况、劳动力市场等。经营环境比宏观环境和行业环境更容易被企业影响和控制，也更有利于企业主动应对其中的机会和威胁。

16．直接竞争对手，是指那些向相同的消费者销售基本相同的产品或者提供基本相同的服务的竞争者。

17．战略群组，是指某一个产业中在某一战略方面采用相同或相似战略，或具有相同战略特征的各公司组成的集团。

18．组织资源，是指企业协调、配置各种资源的技能。它主要体现在企业的规章制度、组织结构和控制系统之中。

19．企业能力，是指企业配置资源，发挥其生产和竞争作用的能力。它来源于企业有形资源、无形资源、人力资源和组织资源的整合，是企业各种资源有机结合的结果。企业能力主要由研发能力、生产管理能力、营销能力、财务能力和组织管理能力等组成。

20．核心竞争力，是指能为企业带来相对于竞争对手的竞争优势的资源和能力。

21．价值链是指企业进行设计、生产、营销、交货以及对产品起辅助作用的各种相互依存的活动的集合。

22．价值链分析模型是对企业资源与能力进行分析的一个常用工具，其原理由美国哈佛商学院著名战略管理学家迈克尔·波特教授提出。波特认为，企业的每项生产经营活动都是其创造价值的经济活动。企业的生产经营活动可以分成基本活动（即主体活动）和支持活动两大类。企业所有的互不相同但又相互关联的生产经营活动，便构成了创造价值的一个动态过程，即价值链。企业价值链分析模型是一种典型的成本收益分析模型。企业在进行价值分析之后，应该根据价值链的一般模型构造具有企业自身特色的价值链，以增强自己的竞争实力。同时，企业应将自身的价值链与竞争对手的价值链进行比较，寻找竞争优势。价值链分析的关键是将企业资源有效地组织起来，生产出最终顾客认为有价值的产品或服务，从而提高企业竞争优势，为企业创造价值。

23．SWOT 分析由哈佛商学院的肯尼·R.安德鲁斯（Kenneth R.Andrews）于 1971 年在其所著的《公司总体战略概念》一书中首次提出。他认为，战略是一个企业"能够做的（can do）"和"可能做的（might do）"的有机匹配，其中，企业"能够做的"取决于组织的优势和劣势，"可能做的"取决于环境的机遇与威胁。SWOT 是首字母构成的缩写词，分别代表优势（Strengths）、劣势（Weaknesses）、机遇（Opportunities）、威胁（Threats），即通过全面分析公司自身有哪些优势、劣势、可能的机遇以及面临的威胁，制定出有效、灵活的战略。

24．成本领先战略，是指企业通过在内部加强成本控制，在研究开发、生产、销售、服务和广告等领域把成本降到最低限度，以促使自身成为产业中的成本领先者的战略。按照波特的思想，成本领先战略应该体现为产品相对于竞争对手而言的低价格。但是，成本领先战略并不意味着仅仅获得短期成本优势或者仅仅是削减成本。它是一个"可持续成本领先"的概念，即企业通过其低成本地位来获得持久的竞争优势。

25．差异化战略，是指向顾客提供的产品和服务在产业范围内独具特色。这种特色可以给产品带来额外的加价。如果一个企业的产品或服务的溢出价格超过因其独特性所增加的成本，那么该企业将获得竞争优势。

26．集中化战略，是指企业针对某一特定购买群体、产品细分市场或区域市场，采用成本领先或产品差异化来获取竞争优势的战略。集中化战略一般是中小企业采用的战略，可分为集中成本领先战略和集中差异战略。

五、简答题

1. 答：（1）"框架"（高夫曼）是人们用来阐释外在客观世界的心理模式。所有我们对现实生活经验的归纳、结构与阐释都依赖于一定的框架。框架能使我们确定、理解、归纳、指称事件和信息。

（2）"框架"是人们将社会真实转换为主观思想的重要凭据，是人们对事物的主观解释与思考结构，是帮助人们解释并了解周围世界的大体方案，即将个人生活经验转变为进行认知时所依据的一套规则。

（3）人们借助"框架"建立了观察事物的基础架构，由此来处理和分析外在世界层出不穷的社会事件。

2. 答：（1）财务分析框架是指导财务分析实践的指针。

（2）财务分析框架是为进行企业财务分析所搭建起来的一座顺利前行的"桥梁"。

（3）财务分析框架，是指财务分析内在的知识结构和知识体系的整体架构，通常由财务分析所涉及的一系列基本概念、基本问题和基本原理构成。

（4）财务分析框架的建构是财务分析学科存在的基础，也是指导和推动财务分析实践向前发展的依据。

3. 答：（1）基于财务报表数据的"四个要素"分析，也就是对偿债能力、资产营运能力、盈利能力和发展能力所搭建的分析框架。

（2）分析工具是四类财务比率，即债务比率、资产周转比率、收益比率和成长比率。

（3）"四个要素"分析所借助的分析方法，主要有比率分析法、结构分析法和趋势分析法。

4. 答：（1）随意性强，彼此之间缺乏逻辑关系，没有整合成一种系统的、全面的分析体系，其直接的后果往往是使财务分析人员过分关注分析的细枝末节，而忽视了以宏观的、整体的层面来对企业经营活动进行综合分析。

（2）主要以财务比率为分析工具，偏爱财务性的量化分析，相对忽视非财务性的定性分析。

（3）传统财务分析框架指导下的财务分析通常是细节性的、分裂性的、微观性的以及结果性的，分析结果通常无法与企业战略大视野相契合，即无法在一个比较高的层次上对企业整体未来发展的趋势和风险做出准确的预测。

5. 答：除了传统的分析框架外，较为常见的财务（报表）分析框架主要有：哈佛分析框架、"增长、盈利、风险"三维平衡分析框架、财务（报表）三大逻辑切入点框架。

6. 答：哈佛分析框架的主要内容即哈佛分析框架的核心（或分析步骤），也就是阅读和分析企业财务（报表）具有 4 个基本步骤或顺序，即"战略分析→会计分析→财务分析→前景分析"。也就是说，先分析企业的战略及其定位，然后进行会计分析，评估企业财务报表的会计数据及其质量，再进行财务分析，评价企业的经营绩效，最后进行前景分析，诊断企业未来发展前景。

7. 答：共有 6 个步骤：

（1）确定关键会计政策；

（2）评价会计灵活性；

（3）评价会计政策；

（4）评价披露质量；

（5）确定潜在的危险信号；

（6）消除会计扭曲。

8. 答：（1）确定企业主要的利润动因和经营风险，以及定性评估公司的盈利能力。

（2）通过战略分析可以对公司的经营环境进行定性的了解，为后续的会计分析和财务分析确立牢固基础。

（3）通过战略分析，还可以辨识影响公司盈利状况的主要因素和主要风险，从而评估公司当前业绩的可持续性并对未来业绩做出合理预测。

9. 答：（1）将会计分析、财务分析和前景分析置于战略（或经营策略）分析的前提之下，以宏观视野统领各步骤的细节分析。

（2）将定量分析与定性分析有效结合，较好地把握财务（报表）分析的方向。

（3）完全超越传统的"报表结构介绍—报表项目分析—财务比率分析"的分析体例。

（4）展示了"环境-战略-行为-过程-结果"一体化的企业财务（报表）分析的思维与理念。

（5）构建起内外部视角相结合、企业战略与财务相融合、企业业务与企业财务连为一体的分析框架。

10. 答：（1）战略分析首先超脱于财务分析，生硬地将经营与财务分裂开来，从而容易忽略战略分析必须建立在对企业自身资源和实力有准确认识的基础上的基本常识。

（2）此框架未能说明该框架中的各个层面的财务比率分析要如何整合成一个有机整体，并最终用于预测和评估企业，故并没有完全超越现有框架的局限性。

（3）哈佛分析框架本质上只是想将经营策略分析与财务分析生硬地黏合在一起，构成一个表面上看似更具综合性以及视野开阔的分析框架，而并没有想到要将战略分析、经营策略分析等与财务分析有效融合成一个有机整体。

11. 答：（1）四个步骤要结合使用，不能人为地割裂开来。

（2）使用哈佛分析框架必须有效吸收其他财务分析框架的精髓。

（3）恰当使用哈佛分析框架，需要熟悉与具体环境相关的各种有用的理论，考虑与具体环境相关的各种制约因素等。

12. 答：（1）要实现立足股东价值持续、稳健提升的公司和谐发展目标，必然要求公司完成"管理增长、追求盈利和控制风险"的战略三维度任务。

（2）只有完成对增长、盈利和风险的三重管理任务，公司才能走得更稳、更远，价值目标才能直接得以保证，因此，利润不应是制定战略所关注的唯一核心。

（3）围绕包括增长、盈利、风险控制在内的每一个顶点引申出一条因果关系链的执行途径，即通过前导性、过程性指标与结果性指标的结合，以及非财务指标与财务指标的结合，确定与战略顶点相对应的关键成功因素（KSF）并设置关键业绩指标。①管理增长是从战略的角度规划企业的增长速度，既要确保必要的战略增长速度，又要防范超速发展引起的"速度陷阱"，保持公司速度与耐力的平衡；②追求盈利是立足股东、确保公司运营、规模增长对股东盈利的持续支撑；③风险管理是从制度上保障企业的控制力，尤其是保障现金营运的安全有效。

（4）从价值管理的角度来讲，资产负债表、利润表和现金流量表三张报表本身构成的"平衡器"是从宏观层面、战略视角平衡管理的一个绝好平台。①资产负债表通过揭示企业的资产、负债与所有者权益及其结构来反映企业资产规模与资本结构，展现了公司"规模"和财务"风险"。②利润表反映收入"规模"和"盈利"水平。③现金流量表则考察利润表中盈利的质量，获得和配置现金资源的能力和状态，是测算自由现金流量的最基础型报表，既显示"盈利"的内在质量和持续能力，也是现金流"风险"的主要"显示器"。

（5）战略三角强调的是增长、盈利与风险之间的平衡关系。这种关系是动态适度平衡关系。这并不意味着三者要被同等看待。这三者之间是简单、固化的三角关系，但不是等边三角的关系。

（6）追求"盈利"是企业价值创造的根本途径，但没有质量的"盈利"、没有管理的"增长"和没有控制的"风险"都是相对危险的。①企业良好的财务状况质量必然最终体现为能够保持"有质量的适度增长"，即实现在保持适当的负债水平进而控制财务风险的基础上的可持续增长。这种增长应以企业的盈利能力和自我积累实力为基础，更重要的是以一定的盈利质量和资产质量作为保证。②企业能否在其发展过程中长期保持"增长、盈利、风险"3个维度的动态平衡，是判断其财务状况健康与否的重要标准，是能否实现可持续发展的重要保障，是企业价值创造能力不断提升的关键所在。

13．答：盈利质量、资产质量和现金流量质量。

14．答：（1）必须善于运用非会计数据。

（2）需要结合战略分析。没有基础战略分析，任何对会计政策和估计的评价都是武断的，报表分析往往得出与事实背道而驰的结论。

15．答：

（1）全局性。

（2）长远性。

（3）纲领性。

（4）应变性。

（5）竞争性。

（6）风险性。

16．答：

（1）企业的战略承诺。

（2）企业的战略决策。

（3）企业的战略行动。

17．答：

（1）有愿景。

（2）具有可持续性。

（3）具有有效的战略传递流程。

（4）具有与获取竞争优势有关的资源。

（5）充分利用企业与环境之间的联系。

18．答：

（1）总体战略（公司战略）。

（2）业务单位战略（经营战略或简称竞争战略，其实还应包括合作战略）。

（3）职能战略。

19．答：

（1）战略与策略（战术）主要是全局与局部、目的与手段的关系。

① 战略是企业最终目标及对达到目标的手段和途径的总体谋划，是关于企业全局性、长远性、根本性的重大决策。

② 策略（战术）是指为达到战略目标所采取的具体行动，是为实现战略任务而采取的手段。它具有局部性和暂时性等特征。

（2）一般而言，先有战略，后有策略（战术），战略高于策略（战术）并统驭和指导策略（战术）

的实施，而策略（战术）必须服从和支持战略的要求。

20．答：

（1）广义上，战略、规划、计划都是对未来的筹划；管理的职能上，战略、规划、计划都可归于"计划"范畴。国外也往往采用广义的计划概念，只是按时间区分为短期计划（1年以下）、中期计划（3～5年）和长期计划（5年以上）。

（2）狭义上，战略、规划、计划既有联系，又有区别。

① 战略是规划和计划的灵魂，规划和计划必须体现既定的战略。

② 战略是规划的基础，规划又是计划的基础。

（3）应当先有战略，再有规划，再订计划，使其成为可以布置、可以检查的具体行动方案。从这个意义上来讲，规划和计划是战略的继续、深入和细化。

① 从实施范围来看，企业战略是全面的；企业规划和计划可以是全面的，也可以是局部的。

② 从实施的时间来看，企业战略是长期的；企业规划一般是中期的，也可以是长期的；企业计划是短期的。

③ 从实施的内容来看，企业战略是原则性的，包括许多事先难以确定的因素；企业规划是轮廓性的或粗线条的；企业计划是细线条的，具有具体性、稳定性和可操作性，是一种明确而细致的行动安排，其所包含的不确定因素相应也少得多。

④ 从实施的方法来看，企业战略以定性为主，企业规划是定性和定量并重的，企业计划则以定量为主。

21．答：

（1）战略管理的3个大问题。①"我是谁？"，即"我们的企业是一个什么样的企业？它将是一个什么样的企业？它应当成为一个什么样的企业？"也就是说，企业战略必须确定企业的使命和目标，确定企业所承担的责任和角色，明确企业的现状和前途。②"到哪儿去？"，即"我们的企业要实现什么样的目标？"也就是企业经营管理活动的预期成果。③"如何去？"，即"怎样实现企业的目标？"也就是寻求实现企业战略目标的途径和方式。回答了这个问题，也就明确了企业在市场中确立竞争优势，在市场竞争中取胜的战略措施。

（2）战略管理的3个小问题。①"企业的业务是什么？"，回答这一问题，需要引发企业对现状的思考，明确企业目前进入了哪些业务领域，业务性质如何。清楚地认识目前的状况是制定企业战略的出发点，一个不知道自身当前处于什么地位以及正在做什么的企业是很难确定其未来的方向的。②"企业的业务应该是什么？"，回答这个问题，需要说明企业未来要做什么事、要进入哪些业务领域，从而引发对目标的思考。一个不清楚自身未来应处于什么地位以及该做什么的企业，是很难确定其前进的路线和具体时间安排的。③"为什么？"，回答这一问题，需要说明企业对当前业务与目标业务认知的根据是什么，从而引发对企业存在理由，即企业使命的思考。对企业使命的清晰理解和认识是制定战略的核心问题。

22．答：

（1）战略分析。

（2）战略制定。

（3）战略选择。

（4）战略实施。

（5）战略控制。

（6）战略评价。

（7）战略调整。

23．答：

（1）政治因素（Political Factors）。

（2）经济因素（Economic Factors）。

（3）社会文化因素（Social-Cultural Factors）。

（4）技术因素（Technological Factors）。

（5）自然因素（Natural Factors）。

（6）生态因素（Ecological Factors）。

（7）人口因素（Population Factors）。

（8）法律因素（Legal Factors）。

（9）全球化因素（Globalization Factors）。

24．答：

（1）新进入者的威胁。

（2）替代产品或服务的威胁。

（3）供应商的议价能力。

（4）客户的议价能力。

（5）行业内部现有的竞争状况（现有竞争者之间的竞争）。

25．答：

（1）基于该模型分析的企业，可以制定企业战略来处理分析结果。此模型只不过是一种理想模型。

（2）任何企业在制定战略时掌握的整个行业的信息都不完全。因此，战略制定者了解整个行业（包括所有潜在的进入者和替代产品）的信息的模型假设与现实不符。

（3）该分析模型基本上是静态的。然而，现实的竞争环境始终处在变化之中，其变化速度比模型所显示的要快得多。

（4）该模型能够确定行业的盈利能力，但是对于非营利机构，有关获利能力的假设可能是错误的。

（5）分析特定行业企业的关键成功因素时，该模型过于强调企业所在行业的吸引力和企业在该行业的相对竞争地位，认为这是企业成功的最关键要素。由此，产生的问题是：企业成功究竟是行业结构与行业吸引力使然，还是企业自身准确定位与持续努力的结果？

（6）该模型不能阐明企业间的差异性，故难以解释为何在同一行业中，有些企业可以取得良好的业绩，其他企业却不能。因为企业内部就是个"黑箱"。

（7）行业结构分析的观点过分强调了企业之间的竞争。如果企业管理者以此模型为基础进行经营实践，可能会陷入为竞争而竞争的局面。这一模型不能显示上述各种力量之间有可能存在的合作情况。

（8）该模型对产业竞争力的构成要素考虑不够全面。哈佛商学院教授大卫·亚非（David Yoffie）在波特教授的研究成果的基础上，根据企业全球化经营的特点，提出了第6个要素，即互动互补作用力，进一步丰富了波特五力竞争模型的理论框架。

26．答：

行业环境分析的要点主要包括：

（1）行业特征分析；

（2）行业生命周期分析；

（3）行业市场结构分析；

（4）行业盈利能力分析；

（5）行业成本结构分析；

（6）行业与区域政策分析。

27．答：

（1）竞争特征。

（2）需求特征。

（3）技术特征。

（4）增长特征。

（5）盈利特征。

28．答：主要包括竞争者环境分析、融资者分析、消费者分析、劳动力市场状况分析等。

29．答：

（1）竞争对手分析（从个别企业视角去观察分析竞争对手的实力）。

（2）产业内战略群组分析（从产业竞争结构视角观察分析企业所面对的竞争格局）。

30．答：

（1）竞争对手的未来目标。

（2）假设。

（3）现行战略。

（4）潜在能力。

31．答：产品（或服务）差异化（多样化）程度、地理范围、各地区交叉的程度、细分市场的数目、所使用的分销渠道、品牌的数量、营销的力度、产品的服务质量、专业化程度、技术领先程度、研发能力、成本定位、能力的利用率、价格水平、装备水平、所有者结构、与外部利益相关者的关系、组织规模等变量。

32．答：

（1）资源可得性。

（2）资源为企业带来的价值。

（3）资源优势的持久性。

（4）资源可替代性。

33．答：可分为基本活动和支持活动（或称辅助活动）两大类。

34．答：

（1）一般来说，企业应保留能为企业提供正价值的活动，而对于提供负价值的活动，企业则可以考虑出售相关业务，转而从市场上购入该类活动。对那些提供负价值而又无法由市场购入的活动，企业就需要进一步分析这部分活动对企业整体价值的削弱情况。一旦从事该活动使企业整个价值低于最低可接受水平，企业就要果断地停止整个业务。

（2）需要进行例外考虑的情况是，如果企业的某项业务是为另一项关系企业未来发展方向的业务服务的，这时，虽然该项业务中的某些活动不能提供正价值，不一定就需要停止。此时，该项业务与其服务的战略方向性业务可作为一项完整的业务被分析。

（3）注意确认那些支持企业竞争优势的关键性活动。

（4）明确企业价值链内各种活动之间的联系。

（5）明确价值系统内各项价值活动之间的联系，尤其注意与行业内其他对手的价值链活动相比较。

35．答：

（1）确认当前的战略是什么。

（2）确认企业外部环境的变化（或用波特五力竞争模型分析或 PESTEL 分析等）。

（3）根据企业资源组合情况，确认企业的关键能力和关键限制。

（4）运用适当的方式方法给企业的 SWOT 相关要素打分评价（可选用类似通用矩阵的方式进行）。

（5）将结果在 SWOT 分析表（或图）上定位，将所分析的优势与劣势按机会和威胁分别填入表格（图）。

（6）进行战略分析。

36．答：

SWOT 组合战略是在 SWOT 分析的基础上把内外部因素打散并重新整合形成的 4 种交叉组合战略：

（1）增长型战略（SO）是依靠内部优势，利用外部机遇快速发展的策略；

（2）多元经营战略（ST）是利用内部优势，回避外部威胁的策略；

（3）扭转型战略（WO）是利用外部机会，克服内部劣势的策略；

（4）防御型战略（WT）则是凭借克服内部劣势来防范外部威胁的策略。

37．答：

（1）内外部环境地位并不相同。

（2）既要运用静态分析，又应加强动态分析。

（3）采用 SWOT 分析应察纳和灵活兼用其他有益的分析工具。

（4）分析企业的优势、劣势时应秉持科学态度。

38．答：

（1）战略分析是财务分析的重要起点。

（2）企业战略分析对财务分析起着导航作用。

（3）财务分析不能脱离或忽视战略分析。

39．答：

（1）有效从事价值链活动。（2）完善价值链。

40．答：

（1）仔细分析企业的任何价值链活动，从而发现差异化来源。

（2）分析考察独特性，并找出独特性背后的基本驱动因素，找出创造差异化的途径及判断差异化是否具有持久性。

41．答：

（1）通过产品价值链的集中化战略、顾客集中化战略和地区集中化战略实现目标集中的低成本或目标集中的差异化的竞争优势。

（2）从波特的 3 个竞争战略来源考虑目标集中战略实现的途径（基于种类的定位、基于需求的定位、基于渠道的定位）。

42．答：

（1）容易受到竞争对手的模仿，技术上的突破和变化将企业过去的投资和积累的经验变为低效或无效的资源。

（2）用户偏好的改变。

（3）差异化竞争者的出现。

（4）容易受到外部环境的变化等。

43．答：

（1）企业形成产品差别化的成本过高。

（2）市场需求发生变化。

（3）竞争对手的模仿和进攻使已建立的差异缩小甚至转向。

44．答：

（1）狭小的目标市场导致的风险（例如，由于难以到达规模效益，产品的更新使成本增加）。

（2）购买者群体之间的需求差异变小（当客户偏好发生改变、技术创新、强势替代品出现，原有的市场对产品的需求下降）。

（3）竞争对手的进入与竞争（竞争者采取模仿或更加集中的战略手段抢占市场份额）。

45．答：

（1）对具体竞争战略的选择的适当性问题。

（2）对竞争市场的选择是否明确和适当的问题。

（3）竞争战略的实施的效率性问题。

46．答：

（1）企业的成本优势与创造利润优势的问题。

（2）差异化与高收益的分析问题。

47．答：

（1）战略决策和战略执行的共同基础是企业的外部环境及企业内部资源与能力。

（2）企业战略决策和战略执行受企业资源与组织能力的匹配程度的约束。

（3）战略主体对战略的共识程度对企业战略产生重要影响。

在战略决策和战略执行过程中，①战略决策主体通过对外部环境的判断及对企业内部优、劣势的分析，形成一致的战略共识，制定企业的战略目标并向下传达；②战略执行主体对已制定战略的理解和认同，为实现战略目标而努力的共同意愿的强弱程度将影响企业战略的执行效果。

（4）企业战略行为是企业与战略管理相关的一种组织行为，包括战略决策行为和战略执行行为。

（5）战略风险是影响企业战略行为的内外部环境的动态变化。这种动态变化将导致企业的资源能力与企业战略匹配产生偏离，进而使企业战略执行偏离预定的轨道，并最终影响企业绩效，包括战略决策风险和战略执行风险。

48．答：

（1）在浩如烟海的战略中迷失了方向。

（2）战略分析与企业财务分析相脱节。

（3）无视企业多元化战略对财务分析的影响。

（4）认为战略分析对企业风险的影响不及财务分析重要。

六、案例分析题

1．解：

（1）三大汽车公司的固定资产占资产总额的比例较高，属于典型的资本密集型行业，而微软的固定资产所占比重则微不足道，属于典型的以知识为基础的行业。以 2006 年为例，通用汽车、福特汽车和戴克汽车固定资产占资产总额的比例分别为 32.3%、24.5% 和 37.4%，而微软的固定资产占资产总额的比例仅为 6.9%。这说明三大汽车公司退出门槛的机会成本明显高于微软退出门槛的机会成本。

（2）表 2-1 数据表明，2001 年至 2006 年间，微软的资产总额中的现金含量介于 78%～53%，表明其具有良好的财务弹性，而三大汽车公司的资产总额中的现金含量很少超过 15%，财务弹性较差。值得一提的是，微软 2004 年至 2006 年的现金含量之所以逐年下降，主要是因为微软于 2004 年 7 月 20 日宣布了 760 亿美元的一揽子现金分红计划，包括在 2004 年一次性派发 320 亿美元的特别现金股利，在 2005 年和 2006 年又分别净回购了 171 亿美元和 208 亿美元的股票。

（3）从对外公布的财务报表可以看出，三大汽车公司比较大的资产项目是金融资产。在这些金融资产中，三大汽车公司下属的金融和保险部门的应收款项（对汽车经销商的债权）高居榜首。表 2-2 列示的微软和三大汽车公司应收款项的金额及其占资产总额的比例表明，三大汽车公司的应收款项金额比较大，占资产总额的比例远高于微软。应收款项居高不下，这意味着不仅占用了三大汽车公司大量的营运资本，加重了利息负担，而且增大了发生坏账损失的风险。

（4）应当考虑。这些账外的"软资产"对于企业的价值创造和核心竞争力的维持是至关重要的。根据《商业周刊》对 2007 年全球 100 个品牌价值的评比，微软的品牌价值高达 587 亿美元，仅次于可口可乐（653 亿美元），远高于戴克汽车旗下的"奔驰"品牌（236 亿美元）。对于微软这类知识经济型的企业，其他未在资产负债表上反映的"软资产"还包括在人力资源和研究开发方面的投入。

（5）三大汽车公司的财务风险较微软的财务风险高。①包括 2005 年在内的前 5 个会计年度，三大汽车公司的净资产均明显大于微软。2006 年会计年度结束时，三大汽车公司的资产总额为 7 156 亿美元，净资产合计为 362 亿美元，而微软的总资产为 632 亿美元，净资产为 311 亿美元。②衡量企业的财务风险时，净资产规模固然重要，但最重要的还是净资产与资产总额的相对比例（即净资产率）。2006 年，微软的净资产只有 311 亿美元，但这一净资产支撑的资产总额为 632 亿美元，净资产率高达 49.2%（即负债率仅为 50.8%）。而三大汽车公司虽然拥有 362 亿美元的净资产，但其资产总额却高达 7 156 亿美元，净资产率仅为 5.1%（即负债率高达 94.9%）。③2006 年微软负债率仅为 50.8%，而三大汽车公司负债率高达 94.9%，三大汽车公司 2006 年之前的 5 年里负债率均超过 90%，微软的负债率相对较低，其负债主要是递延收入，微软 2006 年会计年度递延收入余额高达 126 亿美元，约占全部负债的 40%，若剔除这一因素（其中蕴含的利润超过 100 亿美元），其负债率约为 30%。

（6）资产的现金含量越高，企业的财务弹性越大，企业的资产质量就越高。从资产结构、资产的现金含量来看，三大汽车公司的资产质量远不如微软的资产质量好。

（7）三大汽车公司收入质量明显不如微软的收入质量。1999 年至 2006 年，三大汽车公司与微软的销售收入趋势表显示，微软的销售收入每年均达到两位数的增长。相比之下，三大汽车公司的销售收入基本上围绕着 1999 年的水平徘徊不前，充分体现了成熟市场的基本特征。微软销售收入的成长性不仅让三大汽车公司望尘莫及，在波动性方面更是令三大汽车公司望洋兴叹。微软的收入曲线呈现的是稳步上升的趋势，而三大汽车公司的收入曲线却起伏不定。这表明三大汽车公司创造现金流量和市场竞争力的稳定性明显逊色于微软。

分析波动性时，将特定公司的销售收入与宏观经济周期的波动结合在一起考察，还可判断该公司抵御宏观经济周期波动的能力。例如，美国 20 世纪 90 年代经历了一段被美联储前主席格林斯潘称为"非理性繁荣"的时期。2000 年 3 月，以网络和电信概念股为代表的高科技泡沫开始破裂，其对宏观经济的负面影响在 2001 年体现得淋漓尽致，加上当年其他重大事件的影响，2001 年美国的经济陷入了低谷。面对如此不利的宏观经济环境，微软的销售收入仍然比 1999 年和 2000 年分别增长了 23% 和 13%。这说明微软抗击宏观经济周期波动的能力较强。而三大汽车公司在遭遇逆境的 2001

年，销售收入迅速滑落（通用汽车、福特汽车和戴克汽车的销售收入分别比 2000 年下降了 3%、6% 和 4%）表明三大汽车公司抵御宏观经济风险的能力较为脆弱。

三大汽车公司利润质量差，而微软利润质量较好。表 2-4 揭示了 1999 年至 2006 年期间三大汽车公司与微软净利润的成长性和波动性。①就净利润的成长性而言，三大汽车公司显然不能与微软相比。戴克汽车 2006 年的净利润比 1999 年的下降了 44%，而通用汽车和福特汽车分别在 2005 年和 2006 年发生了 106 亿美元和 124 亿美元的巨额亏损。与此形成鲜明对比的是，微软 2006 年的净利润比 1999 年增长了 50%。②三大汽车公司净利润的波动性明显大于微软，除了 2000 年和 2001 年出现较大波动外，微软的净利润在其他年度没有出现较明显的波动，表明其经营风险较低。相反地，三大汽车公司的净利润却呈现了大起大落的变动趋势，表明它们的经营风险较高。值得关注的是，在 2000 年销售收入比 1999 年增长 10%的情况下，为何微软当年的净利润反而比 1999 年下降了 22%？2000 年净利润的减少主要有两个方面的原因：一是微软在当年确认了 48.04 亿美元的投资减值损失；二是当年的研究开发和广告促销费用比 1999 年的增加了 13.66 亿美元。投资减值损失属于非经营性损失，与微软的主营业务没有任何关联性。而研究开发和广告促销费用则属于斟酌性支出，管理层对这两项费用发生金额的多寡、发生时间的迟早，具有较高的自由裁量权，因而这两项费用往往成为管理层调节利润的便利工具。2000 年，微软的研究开发和广告促销费用分别比 1999 年的增加了 16%和 18%，远高于 10%的收入增幅。这很可能表明微软通过加大研究开发和广告促销费用，人为压低了 2000 年的净利润。

（8）三大汽车公司毛利率质量远不如微软公司的毛利率质量。①微软历年来高达 80%以上的毛利率是通用汽车和福特汽车远不能相比的。这正是"新经济"与"旧经济"的差别之一。微软的销售成本（主要包括拷贝费用、包装费用和运输费用）在总的成本费用中所占比例不大，而广告促销和研究开发费用才是微软的重要成本费用项目。②2006 年，微软的广告促销和研究开发费用合计为 186 亿美元，是销售成本的 1.94 倍。③2006 年（包含 2006 年）之前的 10 年，微软的广告促销和研究开发费用合计为 186 亿美元，是销售成本的 1.94 倍。④2006 年（包含 2006 年）之前的 10 年，微软每年从销售收入中拿出 20%至 25%用于广告促销，拿出 15%至 20%用于研究开发活动。然而三大汽车公司在广告促销和研究开发的投入占销售收入的比例只有 10%左右。微软不断加大广告促销和研究开发的投入力度，其可持续的盈利能力快速提升，使三大汽车公司望尘莫及。

（9）表 2-6 中的数据表明，三大汽车公司的"造血功能"明显弱于微软的"造血功能"。①如果再考虑销售规模差异的因素（见表 2-3），则与微软比较起来，三大汽车公司的"造血功能"更是相形见绌。②从三大汽车公司与微软经营性现金流量占销售收入的比例（表 2-7）来看，微软销售收入的质量明显优于三大汽车公司的销售收入的质量，因为其销售收入的含金量持续高于三大汽车公司销售收入的含金量。

（10）三大汽车公司还本付息和支付股利的能力较差，而微软公司还本付息和支付股利的能力较强。这个结论可以从 2001 年至 2006 年的三大汽车公司与微软的自由现金流量及其与还本付息的对比结果（见表 2-8）中得出。①三大汽车公司的自由现金流量相对于其利息支出和负债总额的资金需求，可谓杯水车薪。尤其是通用汽车，每年创造的自由现金流量连支付利息费用都不够，更不用说偿还高额的负债。②相比之下，微软的自由现金流量就较充裕。微软的负债总额中没有任何银行贷款，不存在付息问题。2006 会计年度末，微软的负债主要由递延收入（126.46 亿美元）、应付账款（32.47 亿美元）、应付税款（10.40 亿美元）和应计报酬（23.25 亿美元）组成，这 4 项负债约占负债总额的 60%。

2．解：

（1）新的进入者会使行业的竞争强度增加；行业的特性以及国家的限制使得本行业有较高的进入壁垒，从而使该行业的竞争强度减弱；供应商相对集中且原材料没有替代品使供应商讨价还价的能力增强，从而使该行业的竞争强度增强；现有竞争对手之间的竞争，产品差异性减小将会使该行业的竞争强度增强；替代品的质量和性能提高会使替代品的威胁增加，从而使行业的竞争强度增强；替代品的价格略高又使替代品的威胁降低，从而使行业竞争强度有所减弱；行业内竞争者数量多会使行业的竞争强度增加。

（2）E 公司的优势是强大的研发能力、先进的生产设备和认可度、性能和质量高的产品。E 公司的劣势是内部管理不完善、销售渠道出现问题、流动资金周转不灵等。E 公司的机会是政府对高科技行业的支持、宽松的金融环境。E 公司的威胁是金融风暴、供应商减少、客户拖延货款等。

（3）E 公司应选择多元化战略，即利用优势避免威胁，保持现有的经营范围，不进行扩张，并利用金融环境宽松的条件进行融资，向其他领域进军，如发展性能更高的同类产品。只有这样，才能避免或降低外部威胁的打击，分散风险，寻找新的发展机会。

财务报表分析篇

资产负债表分析 | 第3章

知识点回顾

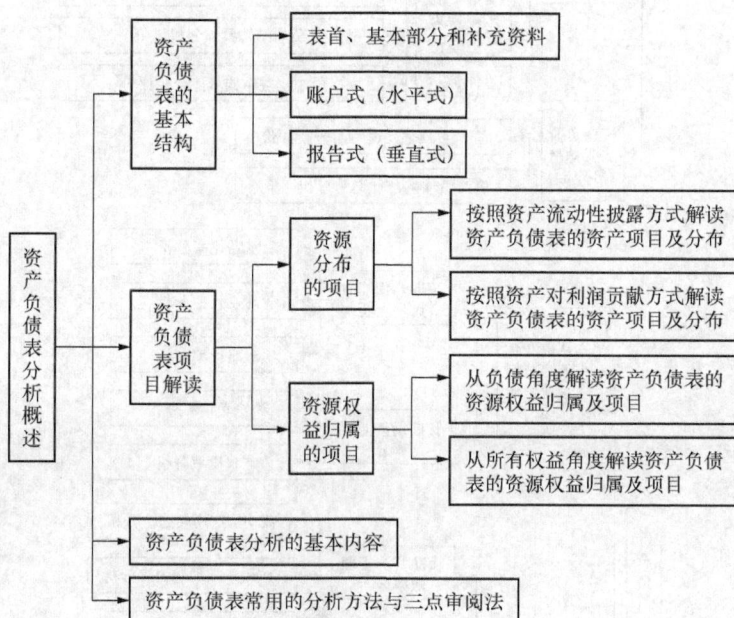

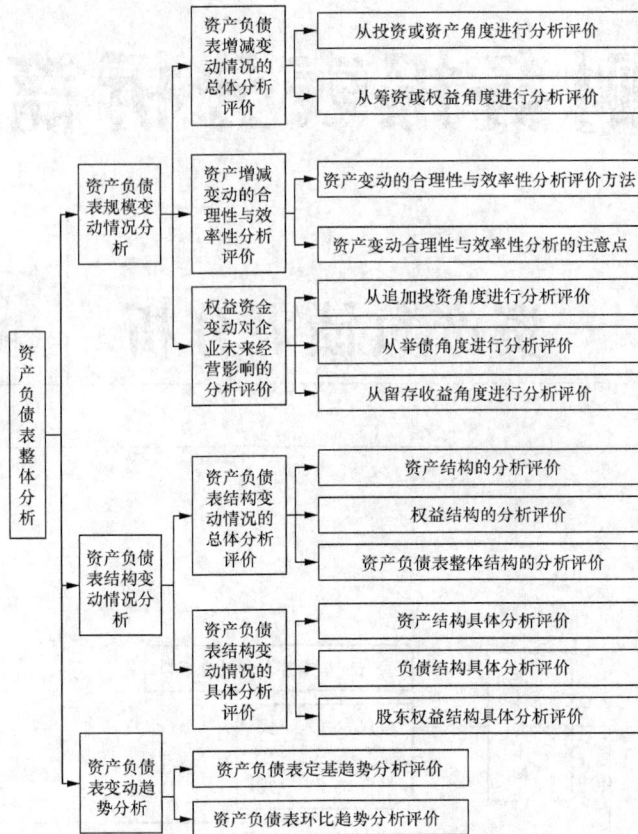

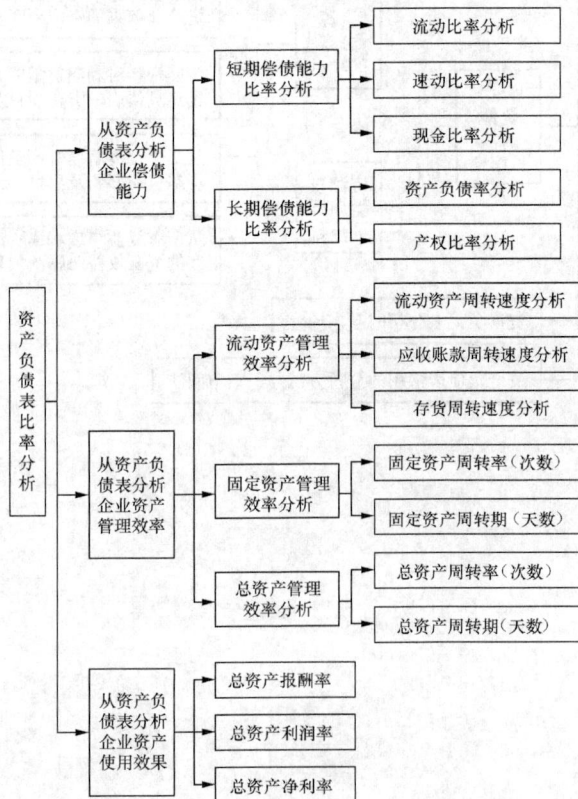

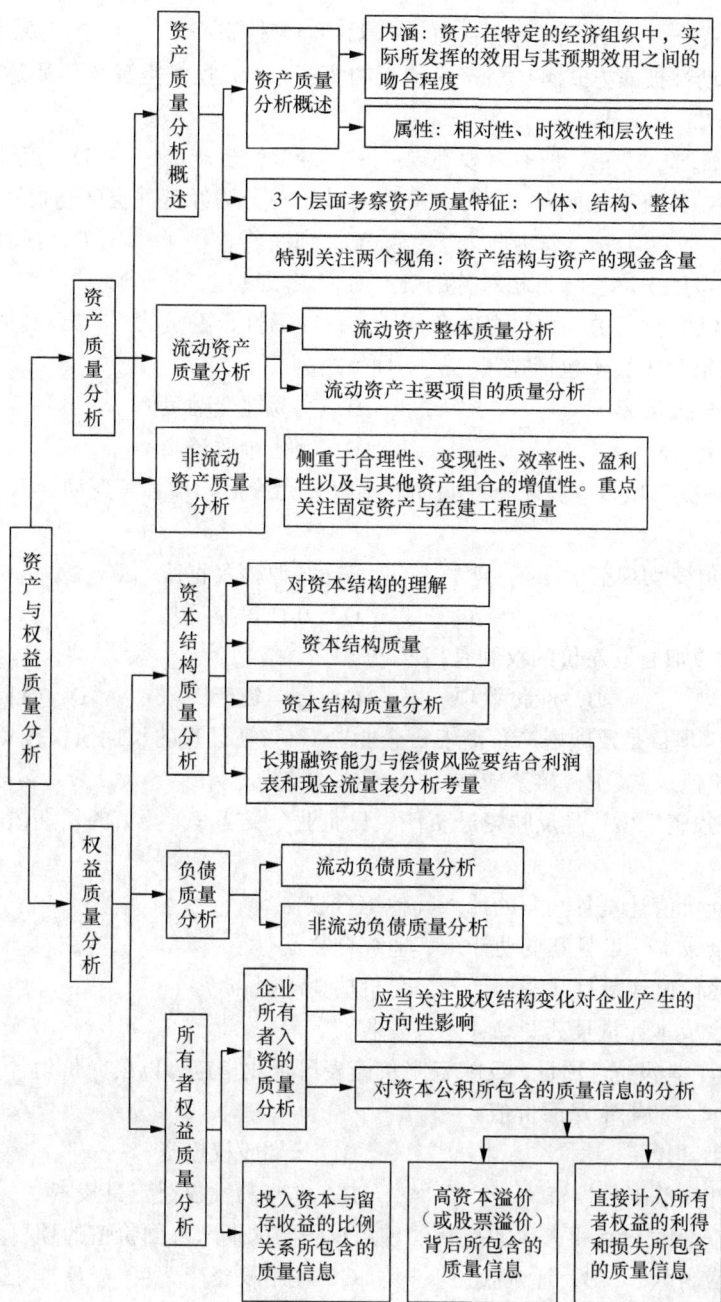

```
┌─────────────────────────────────────────────────────────────────┐
│ 资产质量分析概述 ──┬── 资产质量分析概述 ──┬── 内涵：资产在特定的经济组织中，实际所发挥的效用与其预期效用之间的吻合程度  │
│                   │                      └── 属性：相对性、时效性和层次性                              │
│                   ├── 3 个层面考察资产质量特征：个体、结构、整体                                       │
│                   └── 特别关注两个视角：资产结构与资产的现金含量                                       │
└─────────────────────────────────────────────────────────────────┘
```

资产质量分析

流动资产质量分析 ── 流动资产整体质量分析 / 流动资产主要项目的质量分析

非流动资产质量分析 ── 侧重于合理性、变现性、效率性、盈利性以及与其他资产组合的增值性。重点关注固定资产与在建工程质量

资产与权益质量分析

权益质量分析

资本结构质量分析 ── 对资本结构的理解 / 资本结构质量 / 资本结构质量分析 / 长期融资能力与偿债风险要结合利润表和现金流量表分析考量

负债质量分析 ── 流动负债质量分析 / 非流动负债质量分析

所有者权益质量分析

企业所有者入资的质量分析 ── 应当关注股权结构变化对企业产生的方向性影响 / 对资本公积所包含的质量信息的分析

投入资本与留存收益的比例关系所包含的质量信息 / 高资本溢价（或股票溢价）背后所包含的质量信息 / 直接计入所有者权益的利得和损失所包含的质量信息

练习题

一、单项选择题

1. 从上市公司定期报告里看到的资产负债表通常的结构是（　　）。
　　A. 报告式　　　　B. 账户式　　　　C. 左右对照式　　　　D. 上下对照式

2. 在我国，资产负债表的格式一律采用的结构是（　　）。
　　A. 报告式　　　　B. 账户式　　　　C. 左右对照式　　　　D. 上下对照式

3. 按照资产流动性披露方式解读资产负债表的资产分布，货币资金、短期债权、存货构成了（　　）的 3 个支柱。

  A．非流动资   B．所有者权益   C．经营性资产   D．流动资产

 4．按照资产流动性披露方式解读资产负债表的资产分布，投资类资产、固定类资产和无形类资产构成了（ ）的3个支柱。

  A．非流动资产   B．所有者权益   C．经营性资产   D．流动资产

 5．资产负债表中的资产按照对（ ）贡献方式，可分为经营性资产与投资性资产两大类。

  A．所有者   B．营业收入   C．利润   D．净利润

 6．与"交易性金融资产"项目相对称的资产负债表项目是（ ）。

  A．衍生金融资产   B．衍生金融负债   C．交易性金融负债   D．其他流动负债

 7．套期工具的衍生工具不包括在（ ）项目之列。

  A．交易性金融负债   B．交易性金融负债

  C．经营性资产   D．衍生金融资产

 8．"应收款项融资"项目，反映资产负债表日以公允价值计量且其变动计入（ ）的应收票据和应收账款等。

  A．公允价值变动损益   B．其他综合收益

  C．财务费用   D．其他权益工具

 9．企业无条件收取合同对价的权利是指（ ）。

  A．应收款项   B．应付款项   C．合同资产   D．合同负债

 10．"债权投资"项目是反映资产负债表日企业以（ ）计量的长期债权投资的期末账面价值。

  A．公允价值   B．摊余成本   C．重置成本   D．实际成本

 11．"其他债权投资"项目是反映资产负债表日企业分类为（ ）的长期债权投资的期末账面价值。

  A．以公允价值计量且其变动计入其他综合收益

  B．以摊余成本计量且其变动计入其他综合收益

  C．以公允价值计量且其变动计入公允价值变动损益

  D．以摊余成本计量且其变动计入投资收益

 12．"其他权益工具投资"项目，反映资产负债表日企业指定为以公允价值计量且其变动计入其他综合收益的（ ）的期末账面价值。

  A．衍生工具投资   B．长期股权投资

  C．交易性权益工具投资   D．非交易性权益工具投资

 13．反映资产负债表日承租人企业持有的使用权资产的期末账面价值的项目是（ ）。

  A．长期应付款   B．递延收益   C．使用权资产   D．衍生金融资产

 14．可辨认资产通常是除（ ）以外的资产。

  A．存货   B．无形资产   C．速动资产   D．商誉

 15．资产的账面价值小于资产的计税基础或负债的账面价值大于负债的计税基础，会造成（ ）。

  A．递延所得税资产的增加或减少   B．应交所得税负债的减少或增加

  C．递延所得税负债的增加或减少   D．所得税资产的增加或减少

 16．反映资产负债表日承租人企业尚未支付的租赁付款额的期末账面价值的资产负债表项目是（ ）。

  A．租赁负债   B．使用权资产

C. 长期应付款　　　　　　　　　　D. 其他非流动负债

17. 归入"预计负债"项目列示的是（　　　）。

    A. 已决诉讼　　　　　　　　　　　B. 矿区权益弃置义务

    C. 企业所投的财产保险费　　　　　D. 非产品质量保证

18. 将负债可分为经营（性）负债与金融（性）负债的负债分类标准是（　　　）。

    A. 负债按照获得的途径或来源不同　　B. 负债按照成本高低的不同

    C. 负债按照偿还的时间长短不同　　　D. 负债按照风险大小不同

19. 资产负债表中的所有者权益类"其他权益工具"项目可归入（　　　）。

    A. 留存收益　　　　　　　　　　　B. 非利润性资产增值

    C. 股东入资　　　　　　　　　　　D. 专项储备

20. 将 40 000 元企业进货卖掉获得 70 000 元收入，实现 30 000 元利润；如果进价为 40 000 元的货最后涨到了 100 000 元，但是并没有卖出去，其差额是 60 000 元，这差额如果入账，就是（　　　）增值。

    A. 利润性　　　　B. 非利润性　　　　C. 收入性　　　　D. 非收入性

21. 对资产变动的合理性与效率性分析，一般是根据本企业资产负债表纵向比较或与竞争对手进行横向比较的结果，就增减变动程度异常的资产总额、类别或个别项目，采用（　　　）方法，以判别资产运用或资产增减的合理性与效率性，从而确定资产变动的原因。

    A. 投入（资产）与产出（产值、销售收入、利润和经营活动现金净流量等）的乘数

    B. 投入（资产）与产出（产值、销售收入、利润和经营活动现金净流量等）的加减

    C. 投入（资产）与产出（产值、销售收入、利润和经营活动现金净流量等）的变动

    D. 投入（资产）与产出（产值、销售收入、利润和经营活动现金净流量等）的对比

22. 对资产负债表结构变动情况的分析，主要采用垂直（结构）分析的方法，通过（　　　），计算资产负债表各项目占总资产（或总权益）的比重，借此分析评价企业资产结构与权益结构的变动情况及其合理程度。

    A. 编制水平分析表　　　　　　　　B. 编制趋势分析表

    C. 编制垂直分析表　　　　　　　　D. 编制对比分析表

23. 短期资产的资金来源由长期融资提供。这是一种最保险但（　　　）的方法。

    A. 资本成本最低　　B. 资本成本最高　　C. 创值最高　　　D. 创值一般

24. 资产的（　　　）质量具有增值和获现两个特征。

    A. 整体　　　　　　B. 结构　　　　　　C. 个别　　　　　D. 全面

25. 当企业的预收账款比较高时，企业的流动负债（　　　）了。

    A. 被夸大　　　　　B. 被缩小　　　　　C. 没被夸大　　　D. 没有变动

26. （　　　）质量是指企业资本结构与企业当前以及未来经营和发展活动相适应的质量。

    A. 资本的结构　　　B. 资产的结构　　　C. 净资产的结构　　D. 负债的结构

27. 对于特定企业的特定存货而言，存货毛利率提高，存货周转速度就会（　　　）。

    A. 下降　　　　　　B. 上升　　　　　　C. 不变　　　　　D. 增加

28. （　　　）可以近似地看作商业债权周转天数与存货周转天数之和。

    A. 营业周期　　　　B. 现金周期　　　　C. 总资产周转期　　D. 行业周期

29. 从理论上讲，企业流动资产与流动负债应当配合。常见的流动资产与流动负债的配合类型是（　　　）。

    A．保守型和风险型   B．稳健型和风险型

    C．平衡型和风险型   D．保守型和平衡型

30．流动资产和流动负债配合问题，实质上是日常经营与短期融资的配合问题。只要企业经营活动带来的（   ）的能力足够大，对企业流动资产与流动负债配合问题根本不用担心。

    A．净利润产生的现金净流量   B．核心利润产生的现金净流量

    C．营业利润产生的现金净流量   D．投资活动产生的现金净流量

31．（   ）是指企业的流动资产减去交易性金融资产和衍生金融资产以后的部分。

    A．经营性非流动资产   B．经营性流动资产

    C．投资性流动资产   D．投资非流动资产

32．（   ）质量具有有机整合性、整体流动性、与资本结构的匹配性和与企业战略的吻合性等特征。

    A．资本的结构   B．负债的结构   C．资产的结构   D．资产负债表的结构

33．就财务分析而言，资产质量并不过多强调资产的物理质量，而是更多地强调其在企业生产经营过程中所能为企业带来的（   ）的质量。

    A．未来收益   B．过去收益   C．不变收益   D．现在收益

34．资产质量的（   ）性，是指资产在整体、结构和个体等不同层面上所呈现出来的不同的质量属性。

    A．层次   B．时效   C．盈利   D．相对性

35．按照资产对利润贡献方式分类，不属于投资性资产的是（   ）。

    A．交易性金融资产   B．债权投资

    C．长期股权投资   D．投资性房地产

36．按照资产对利润贡献方式分类，属于投资性资产的是（   ）。

    A．货币资金   B．合同资产   C．预付账款   D．其他权益工具投资

37．按照资产对利润贡献方式分类，属于经营性资产的是（   ）。

    A．衍生金融资产   B．交易性金融资产

    C．货币资金   D．其他债权投资

38．不能列为公司资产，而是作为股东权益减项列示的资产负债表项目是（   ）。

    A．专项储备   B．永续债   C．可转换债券   D．库存股

39．资产负债表分析的基本目标是判别资产、负债与所有者权益的（   ）性。

    A．盈利   B．变现   C．流动   D．真实

40．企业获取财务杠杆利益的基本前提是总资产报酬率（   ）负债利率。

    A．小于   B．等于   C．大于   D．快于

41．自资产负债表日起超过一年到期且预期持有超过一年的以公允价值计量且其变动计入当期损益的非流动金融资产的期末账面价值，在（   ）项目反映。

    A．其他流动资产   B．其他非流动资产

    C．交易性金融资产   D．其他非流动金融资产

二、多项选择题

1．资产负债表三点式审阅主要通过从（   ）3个方面分析企业是否存在财务欺诈行为。

    A．虚构资产   B．多记资产   C．隐瞒债务

    D．多列所有者权益   E．少列收入

2．对资产合理性与效率性分析，应当注意的问题主要有（　　）。

　　A．要结合生产经营的发展前景，考查该期间资产规模变化的合理性

　　B．要注意宏观经济政策和微观企业决策的影响差异

　　C．要注意通货膨胀因素的影响

　　D．要注意考查资产规模变动与权益总额变动的适应程度

　　E．要注意分析会计政策变动的影响

3．资产负债表整体结构呈现的状态，从理论上说主要有（　　）。

　　A．保守型结构　　　B．稳健型结构　　　C．平衡型结构

　　D．风险型结构　　　E．综合性结构

4．企业的负债结构分析，包括（　　）三个方面。

　　A．负债期限结构　　B．负债方式结构　　C．负债成本结构

　　D．负债风险结构　　E．负债收益结构

5．反映资产负债表短期偿债能力的常见静态比率主要包括（　　）。

　　A．流动比率　　　　B．速动比率　　　　C．现金比率

　　D．现金流量比率　　E．负债比率

6．常见的资产管理效率比率主要有（　　）。

　　A．流动资产管理效率　　　　　　B．固定资产管理效率

　　C．经营资产管理效率　　　　　　D．总资产管理效率

　　E．投资性资产管理效率

7．研究资产个体质量特征时，我们可以从资产的（　　）等几个方面进行分析。

　　A．盈利性　　　　　B．变现性　　　　　C．周转性

　　D．与其他资产组合的协同性　　　E．有机整合性

8．关于流动资产的整体质量分析，我们应该主要考查（　　）。

　　A．企业流动资产自身结构的合理性

　　B．企业流动资产整体周转效率与行业特征的吻合性

　　C．企业的营销结算方式与采购结算方式的协调性

　　D．商业债权的周转效率

　　E．企业流动资产与流动负债的配合性

9．对存货质量的具体分析，通常（　　）等。

　　A．要关注存货的物理质量和时效性，考查存货的自然状态和时效状态

　　B．要关注存货构成，分析存货规模和结构变化

　　C．要关注存货的周转率和毛利率变化，考查存货的周转性和盈利性

　　D．要关注减值准备计提的情况，考查存货的变现性

　　E．要特别关注企业是否存在利用存货项目进行潜亏挂账的问题

10．对企业资本结构质量分析的关注点是（　　）。

　　A．企业的股权结构与企业发展战略的关联度

　　B．股权结构对应的资产结构对企业的长期影响

　　C．负债与其推动的项目的对应性

　　D．资本结构的"四度（即商业债务依存度、金融债务依存度、股东贡献度和利润积累度）"
　　　分析

E．资金来源期限结构与企业资产结构的适应性

11．企业资本结构质量分析主要应当关注的是（　　）。

A．资金成本与企业资产报酬率的对比关系

B．财务杠杆状况与企业财务风险、企业未来融资要求以及企业未来发展的适应性

C．要关注资本结构的"四度"分析

D．股东持股结构状况与企业未来发展的适应性

E．资金来源期限结构与企业资产结构的适应性

12．其他货币资金是以摊余成本计量的企业的（　　）。

A．银行汇票存款　　　　　　　　B．银行本票存款

C．信用卡存款　　　　　　　　　D．信用证保证金存款

E．存出投资款和外埠存款

13．对其他应收款项目的质量分析，要（　　）等方面的分析。

A．关注其他应收款的规模与结构变动

B．注意结合会计报表附注，观察是否存在大股东或关联方长期、大量占用上市公司资金

C．关注其他应收款的还款方式

D．特别注意那些对外投资比较广泛、自己较少从事经营活动的企业自身的财务报表中的较大规模的其他应收款

E．要关注会计政策变更对其他应收款的影响

14．关于商业债权质量的分析，我们要注意（　　）。

A．分析商业债权变现能力强弱及总额的真实性

B．要关注债务人的构成

C．关注债务的内部经手人构成

D．关注债权的账龄和坏账准备计提

E．通过阅读会计报表的相关附注，结合当年的实际业绩，判断其变更的合理性

15．资产负债表中的资产按照对利润贡献方式，可分为（　　）两大类。

A．经营性资产　　B．投资性资产　　C．流动资产

D．非流动资产　　E．其他资产

16．按照对利润贡献方式划分，资产负债表中的（　　）属于投资资产。

A．交易性金融资产　　　　　B．其他债权投资　　　C．债权投资

D．长期股权投资　　　　　　E．其他权益工具投资

17．多记资产是除了虚构资产之外的虚增资产，如（　　）。

A．提前确认收入形成的应收账款　　B．收益性支出资本化形成的非流动资产

C．少转成本形成的存货虚增　　　　D．少计提折旧和摊销形成的非流动资产虚增

E．少计资产减值的资产虚增

18．投资性资产按照能否对被投资方形成控制，可以进一步分为（　　）。

A．控制性投资资产　　　　　　B．控制性经营资产

C．非控制性经营资产　　　　　D．非控制性投资资产

E．控制性混合投资资产

19．巴菲特比大多数人更关注公司的（　　）。

A．资产负债表　　B．利润表　　C．现金流量表

  D. 财务实力   E. 盈利能力

20. 在财务报表体系中，资产负债表是反映企业在某一特定日期的资源及其权益归属的（ ）报表。

  A. 时点   B. 静态   C. 期间

  D. 动态   E. 财务状况变动

21. 从资产结构与资本结构结合的角度来看资产负债表的整体对称性结构类型，现实中常见的主要是（ ）。

  A. 折中型结构 B. 稳健型结构 C. 风险型结构

  D. 平衡型结构 E. 保守型结构

22. 资产质量的属性包括资产质量的（ ）性。

  A. 相对   B. 时效   C. 层次

  D. 有机整合 E. 变现

23. 资产负债表的"交易性金融资产"项目，包括（ ）。

  A. 以公允价值计量且其变动计入其他综合收益的金融资产

  B. 以公允价值计量且其变动计入当期损益的金融资产

  C. 企业持有的指定为以公允价值计量且其变动计入其他综合收益的金融资产

  D. 企业持有的指定为以摊余成本计量且其变动计入当期损益的金融资产

  E. 企业持有的指定为以公允价值计量且其变动计入当期损益的金融资产

24. 资产负债表中的"固定资产"项目是根据"固定资产"科目的期末余额（ ）填列。

  A. 减去"累计折旧"科目的期末余额

  B. 减去"固定资产减值准备"科目的期末余额

  C. 减去"在建工程"科目的期末余额

  D. 加"固定资产清理"科目的期末余额

  E. 加"在建工程"科目的期末余额

25. 会计上，企业的开发支出必须同时满足的条件是（ ）。

  A. 完成该无形资产以使其能够使用或出售，在技术上具有可行性

  B. 具有完成该无形资产并使用或出售的意图

  C. 无形资产产生经济利益的方式，包括能够证明运用该无形资产的产品存在市场或无形资产自身存在市场，无形资产将在内部使用的，应当证明其有用性

  D. 有足够的技术、财务资源和其他资源支持，以完成该无形资产的开发，并有能力使用或出售该无形资产

  E. 归属于该无形资产开发阶段的支出能够可靠地计量

26. "长期待摊费用"项目，反映资产负债表日企业已经发生但尚未摊销的摊销期限在 1 年以上（不含 1 年）的摊余价值，包括（ ）。

  A. 固定资产改良支出   B. 大修理支出

  C. 预付次年的企业财产保险费 D. 企业的搬迁费支出

  E. 摊销期在 1 年以上（不含 1 年）的其他待摊费用

27. 暂时性差异分为（ ）。

  A. 可抵扣暂时性差异   B. 应纳税暂时性差异

  C. 永久性差异   D. 可抵扣永久性差异

  E. 不可抵扣暂时性差异

28. "应交税费"项目，反映企业按照税法规定计算应交纳的各种税费，包括（　　）。

　　A．增值税、消费税、城市维护建设税　　B．资源税、土地增值税

　　C．所得税　　　　　　　　　　　　　　D．教育费附加、矿产资源补偿费等

　　E．房产税、土地使用税、车船税

29. 非流动负债项目通常包括（　　）。

　　A．长期借款　　　　　　　　　　　　　B．应付债券、长期应付款、预计负债

　　C．租赁负债　　　　　　　　　　　　　D．递延收益

　　E．递延所得税负债和其他非流动负债

30. "预计负债"项目，反映因或有事项可能产生的负债，是根据《企业会计准则第 13 号——或有事项》等相关准则确认的各项预计负债，包括（　　）。

　　A．对外提供担保　　B．未决诉讼　　C．产品质量保证

　　D．重组义务　　　　E．固定资产和矿区权益弃置义务

31. 有待确认的政府补助收益的递延收益分为（　　）。

　　A．与资产相关的政府补助　　　　　　　B．与收益相关的政府补助

　　C．与负债相关的政府补助　　　　　　　D．与收入相关的政府补助

　　E．与权益相关的政府补助

32. 在资产负债表的负债方，经营（性）负债的主要项目包括（　　）。

　　A．应付账款　　B．应付票据　　C．预收款项、合同负债

　　D．应付职工薪酬　　E．应交税费

33. 金融性负债包括（　　）。

　　A．短期借款　　　　　　　　　　　　　B．交易性金融负债

　　C．应付利息　　　　　　　　　　　　　D．长期借款

　　E．应付债券和长期应付款

34. 包括在资产负债表所有者权益类的项目有（　　）。

　　A．实收资本（或股本）　　　　　　　　B．其他权益工具

　　C．资本公积、库存股　　　　　　　　　D．其他综合收益

　　E．专项储备、盈余公积和未分配利润

35. 资产负债表的整体分析方法主要有（　　）。

　　A．水平分析法　　B．垂直分析法　　C．趋势分析法

　　D．因素分析法　　E．比率分析法

三、判断题

1. 资产负债表规模变动分析主要是运用垂直分析，对两个（期初与期末）时点的资产负债表整体规模变动情况进行分析，以揭示资产、负债和股东权益变动的差异，分析其差异产生的原因、变动的合理性与效率性。　　　　　　　　　　　　　　　　　　　　　　　　　　　　　　（　　）

2. 对资产变动的合理性与效率性分析，一般根据本企业资产负债表纵向比较或与竞争对手进行横向比较的结果，就增减变动程度异常的资产总额、类别或个别项目，采用水平分析法，以判别资产运用或资产增减的合理性与效率性，从而确定资产变动原因。　　　　　　　　　　（　　）

3. 资产负债表整体结构分析是从资产结构与资本结构结合的角度，来分析判断资产结构与资本结构的对称性关系。　　　　　　　　　　　　　　　　　　　　　　　　　　　　　　　　（　　）

4．资产质量，是指资产在特定的经济组织中，实际所发挥的效用与其预期效用之间的离散程度。

（　　）

5．资产质量的属性包括资产质量的相对性、时效性和层次性。（　　）

6．资产质量的层次性，是指资产在整体、结构和个体等不同层面上所呈现出来的不同的质量属性。（　　）

7．资产对于不同的管理层面的含义具有显著差异，主要涉及公司的决策层面、协调层面和执行层面。决策层面往往关注公司资产的整体质量，协调层面往往关注公司个别资产的质量，而执行层面则更关注结构性的资产质量。（　　）

8．企业资产质量分析，应特别关注资产结构与资产的现金含量分析视角。（　　）

9．资产的现金含量越高，企业的财务弹性就越小。（　　）

10．一般而言，固定资产和无形资产占资产总额的比例越低，企业的退出壁垒就越高，企业的自由选择权就越小。（　　）

11．对企业资产结构的分析，有助于分析资产质量对企业的退出壁垒、经营风险和技术风险。

（　　）

12．资产的现金含量越高，企业的财务弹性就越大。（　　）

13．对固定资产进行质量分析时，首先要强调其配置的合理性和相对有用性。（　　）

14．对于特定企业的特定存货而言，存货毛利率提高，周转速度就会下降；毛利率下降，周转速度就会提高。（　　）

15．判断企业流动性风险，可不必考虑不同流动负债项目周转期的差异性。流动性较低的流动负债对企业偿债压力较大。如果我们对此不加以区别，那么，就不能正确判断企业的偿债能力。

（　　）

16．如果企业存货规模增加较大，同时企业应付票据与应付账款的规模增加也较大，那么，这种情况很大可能代表的是企业供应商的债务风险。（　　）

17．当企业应付账款随着存货或营业成本增长而相应增长时，很大程度上代表了赊购企业与供货方选择结算方式的谈判能力较强，即赊购企业既能成功利用商业信用来支持本企业的经营活动，又能避免采用商业汇票结算所可能引起的财务费用。（　　）

18．商业汇票较应付账款具有更强的流动性，赊购方采用商业汇票结算方式，表明其供货方的竞争能力下降，对自身偿债能力缺乏信心。（　　）

19．如果企业未大规模转增资本，则通过计算投入资本与留存收益之间的比例关系，就可以揭示企业主要的自有资金来源，借此可以评价企业的资本充足性、竞争能力以及自我积累和自我发展的能力。（　　）

20．现金流量比率是反映企业静态短期偿债能力的指标。（　　）

21．只有投资性资产（总资产减去经营性资产）的盈利能力较高且其核心利润与经营活动产生的现金流量净额之间均衡发展的企业，才会有较强的长期融资能力和偿债能力。（　　）

22．在相当长的时间内，一个企业以较低的流动资产能够保证较高的流动负债，说明该企业一定具有较强的"两头吃"的能力，即该企业具备向供应商赊购商品或服务和向代理销售商收取预收款的能力。这是一种竞争优势。这种优势是持续的，不是一年或者临时的情况。（　　）

23．赊购方不接受商业汇票结算方式结算，可以表明其具有竞争力，对自身偿债能力有信心，对到期回收商业债权有信心。（　　）

24．资产是越多越好，而负债是越少越好。（　　）

25．净资产要看盈利积累了多少，无形资产决定长期竞争力。（　　　）

26．资产的现金含量越高，企业发生潜在损失的风险就越低；相反，其发生潜在损失的风险越高。（　　　）

27．资产有时候比负债更危险。（　　　）

28．管理资产，不使其减损，是财务管理的重点。（　　　）

29．对存货质量分析，不应结合该项目本身的物理属性和预期效用，而应以存货的物理质量、时效状况和品种构成为分析基础，突出对存货的盈利性、变现性以及周转性的分析重点。（　　　）

30．资产使用效果，是指企业一定时期内获得的报酬与资产平均总额的比率。根据资产表达的口径不同，资产使用效果比率主要有总资产报酬率、总资产利润率和总资产净利润3个指标。
（　　　）

31．自资产负债表日起超过一年到期且预期持有超过一年的以公允价值计量且其变动计入当期损益的非流动金融资产的期末账面价值，在"其他非流动金融资产"项目中反映。（　　　）

32．"应收款项融资"项目，反映资产负债表日以公允价值计量且其变动计入公允价值变动收益的应收票据和应收账款等。（　　　）

33．应收款项包括企业无条件收取合同对价的权利。只有在合同对价到期支付之前仅仅随着时间的流逝即可收款的权利，才是无条件的收款权。（　　　）

34．与合同资产和应收款项相关的风险不同，应收款项仅承担信用风险，而合同资产除信用风险之外，不可能承担其他风险，如履约风险等。（　　　）

35．自资产负债表日起一年内到期的长期债权投资的期末账面价值，在"其他流动资产"项目中反映。（　　　）

36．企业购入的以摊余成本计量的一年内到期的债权投资的期末账面价值，在"一年内到期的非流动资产"项目中反映。（　　　）

37．企业购入的以公允价值计量且其变动计入其他综合收益的一年内到期的债权投资的期末账面价值，在"其他流动资产"项目中反映。（　　　）

38．以公允价值计量且其变动计入当期损益的"交易性金融资产"和"衍生金融资产"的长期部分的数值在"其他非流动金融资产"项目中列示。（　　　）

39．投资性房地产既可以按照公允价值计价，也可以按照成本计价。（　　　）

40．商誉本质上是企业超额收益的表现，商誉不需要摊销，只是在每年年末对商誉进行减值测试，如果发现商誉减值，则冲减商誉账面价值，并确认损失。（　　　）

41．资产的账面价值大于资产的计税基础或负债的账面价值小于负债的计税基础，会形成递延所得税负债的增加或减少。（　　　）

42．"递延收益"项目中摊销期限只剩一年或不足一年的，或预计在一年内（含一年）进行摊销的部分，归类为流动负债，在"一年内到期的非流动负债"项目中填列。（　　　）

43．金融（性）负债除了主要来源于传统的金融机构以及资本市场外，应该具有财务代价（即利息因素）的特点。（　　　）

44．企业一般通过资本公积转增、盈余公积转增和所有者（企业所有者和新投资者）投入等三条基本途径增加资本。（　　　）

45．对于归类为权益工具的金融工具，无论其名称是否包含"债"，其利息支出或股利分配都应当作为发行企业的利润分配，其回购、注销等作为权益的变动处理。（　　　）

46．其他权益工具主要包括优先股、永续债、可转换优先股与可转换债券的权益部分，反映企

业发行的其他权益工具的账面价值。 （　　）

47．资本公积主要用途是用来转增资本，转增资本后的法定公积金不得少于转增前公司注册资本的 15%。 （　　）

48．库存股股票既不参与分配股利，又不附投票权。 （　　）

49．资产负债表其他综合收益期初数+利润表其他综合收益中归属于母公司的部分=资产负债表其他综合收益期末数。 （　　）

50．公司法定公积金累计额达到公司注册资本的 25%以上时，可以不再提取。 （　　）

51．"未分配利润"项目中的数据等于"本年利润"账户的余额加上"利润分配——未分配利润"账户的期末余额。 （　　）

52．盈余公积与未分配利润之和，称为留存收益。 （　　）

四、名词解释

1．资产负债表

2．资产负债表三点式审阅法

3．经营性资产

4．经营性流动资产

5．投资性投资

6．资产负债表规模变动分析

7．资产负债表结构变动情况分析

8．资产负债表趋势分析

9．资产负债表比率分析

10．资产质量

11．资产质量的层次性

12．资本结构

13．资本结构质量

14．强制性流动负债

15．非强制性流动负债

16．控制性投资资产

17．资产结构

18．交易性金融资产

19．合同资产

20．合同负债

21．持有待售资产

22．"债权投资"项目

23．"其他债权投资"项目

24．"其他权益工具投资"项目

25．"其他非流动金融资产"项目

26．"使用权资产"项目

27．商誉

28．"交易性金融负债"项目

29．经营（性）负债

30. 金融（性）负债

31. 资本公积

32. 其他权益工具

33. 库存股

34. 其他综合收益

35. 债务依存度

36. 商业债务依存度

37. 金融债务依存度

38. 股东贡献度

39. 利润积累度

40. 负债的期限结构

41. 负债的方式结构

42. 负债的成本结构

五、简答题

1. 简述资产负债表分析中的资产分类。

2. 资产负债表规模变动分析的内容或步骤有哪些？

3. 对企业资产合理性与效率性分析应当注意哪几个方面的问题？

4. 权益资金规模变动对企业未来经营影响的分析评价主要从哪几个方面进行？

5. 资产负债表结构变动情况分析主要采用什么方法和方式进行？分析的内容和选定的对比标准是什么？

6. 资产负债表存在什么样的关系？流动性在资产负债表两边的含义是否相同？资产负债表存在的内在对应性关系表现在哪些方面？资产负债表两边揭示风险大小所表示的含义和方向有什么不同？从哪些方面看待企业资产负债表存在的对称性关系？

7. 从理论上说，资产负债表整体结构呈现的状态主要有哪几种类型？

8. 资产负债表结构变动情况的具体分析评价内容有哪几个方面？

9. 资产负债表趋势分析的内容与作用是什么？具体如何进行趋势分析？

10. 资产负债表相关比率分析的内容主要有哪些？它与资产负债表整体分析存在什么关系？

11. 资产质量具有哪些基本属性？

12. 资产质量特征应当从哪几个层面来考查？

13. 流动资产的整体质量分析应该主要考查哪几个方面的问题？

14. 对商业债权的质量分析应注意分析哪几个方面？

15. 对其他应收款的质量分析主要应从哪些方面进行？

16. 对存货质量的具体分析通常应着重关注哪些方面的内容？

17. 如何分析存货规模和结构变化？对存货构成进行分析时，应特别关注哪几点？

18. 对固定资产进行质量分析时应抓住哪些要点？

19. 简述资产负债表流动资产项目的 3 个支柱。

20. 简述资产负债表非流动资产项目的 3 个支柱。

21. 简述合同资产和应收款项的联系和区别。

22. 简述会计上列入企业的开发支出必须同时满足的条件。

23. 对在建工程的质量分析应关注哪些要点？

24. 什么是资本结构质量？从哪几个方面来正确理解企业资本结构质量？

25. 对企业资本结构的质量分析应当关注哪几个要点？

26. 对流动负债进行质量分析时应特别注意哪些内容？

27. 对非流动负债的质量进行分析时应特别注意什么？

28. 对或有负债质量应着重从哪些方面进行分析？

29. 对企业所有者权益的质量分析应当从哪些方面进行？

30. 简述将金融负债划分为交易性金融负债需具体的条件。

31. 简述政府补助具有的特征。

32. 资产负债表三点式审阅法审阅哪三点？

33. 简述虚构资产和多记资产的区别。

六、计算分析题

1. DMHG 公司资产负债表数据如表 3-1 所示。

表 3-1　　　　　　　　　DMHG 公司 20×9 年 12 月 31 日资产负债表　　　　　货币单位：人民币万元

资产项目	期初	期末	权益项目	期初	期末
流动资产：			流动负债：		
货币资金	14 842.76	4 452.43	短期借款	8 000.00	11 297.00
应收票据	8 033.37	3 477.00	应付票据	909.67	853.98
应收账款	12 407.22	10 394.83	应付账款	2 976.27	1 984.89
预付款项	216.69	197.78	预收款项	3 600.21	3 167.63
其他应收款	6 710.00	6 459.20	应付职工薪酬	1 471.31	1 508.47
存货	3 247.09	2 759.68	应交税费	637.74	668.63
其他流动资产	4 740.84	32 834.76	其他应付款	11 560.62	9 792.92
			一年内到期的非流动负债	1 200.00	13 150.00
			其他流动负债	95.16	82.06
流动资产合计	50 197.97	60 575.68	流动负债合计	30 450.98	42 505.58
非流动资产：			非流动负债：		
债权投资		16 953.74	长期借款	26 300.00	27 400.00
长期股权投资	120 524.30	112 017.35	递延收益		168.50
投资性房地产			其他非流动负债	153.80	
固定资产	12 456.42	11 556.15	非流动负债合计	26 453.80	27 568.50
在建工程	226.27	64.57	负债合计	56 904.78	70 074.08
无形资产	3 736.52	3 639.59	所有者权益：		
商誉			实收资本	32 293.04	32 293.04
长期待摊费用	26.22	282.93	资本公积金	13 990.91	34 053.83
递延所得税资产	434.60	426.06	其他综合收益		−57.11
非流动资产合计	137 404.33	144 940.39	盈余公积金	11 604.60	10 465.98
			未分配利润	72 808.97	58 686.25
			所有者权益合计	130 697.52	135 441.99
资产总计	187 602.30	205 516.07	负债和所有者权益总计	187 602.30	205 516.07

要求：根据 DMHG 公司资产负债表数据，做如下处理。

（1）编制资产负债表水平分析表。

（2）分析说明公司 20×9 年 12 月 31 日较 20×9 年 1 月 1 日发生的资产规模变动的主要原因。

（3）编制资产负债表垂直分析表。

（4）计算 20×9 年 12 月 31 日、20×9 年 1 月 1 日经营性资产与投资性资产数额及其占总资产的结构。

2. 给定 KRDQ 公司 20×5 年 12 月 31 日至 20×9 年 12 月 31 日年度资产负债表数据，如表 3-2 所示。

表 3-2　　　　　KRDQ 公司 20×5 年至 20×9 年年度资产负债表　　　　　单位：亿元

项目与时间	20×5 年年末	20×6 年年末	20×7 年年末	20×8 年年末	20×9 年年末
流动资产：					
货币资金	29.96	177.26	137.83	136.89	289.76
交易性金融资产			1.17	0.46	0.77
应收票据	118.76	100.28	180.52	281.60	324.49
应收账款	6.45	7.03	9.25	5.45	7.58
预付款项	5.85	12.29	16.93	23.23	24.55
其他应收款	0.89	1.96	7.91	12.61	14.29
存货	43.03	44.24	90.97	140.29	127.75
其他流动资产		0.44	0.81	1.10	1.37
流动资产合计	204.94	343.50	445.39	601.63	790.56
非流动资产：					
长期股权投资	26.38	31.74	33.01	34.19	54.87
投资性房地产		0.37	0.38	0.37	0.35
固定资产	31.07	31.20	30.55	37.19	34.59
在建工程	1.34	0.15	0.46	2.38	3.99
无形资产	2.48	2.32	2.30	2.26	2.23
长期待摊费用	0.08				
递延所得税资产	6.86	9.95	14.62	16.15	27.06
非流动资产合计	68.21	75.73	81.32	92.54	123.09
资产总计	273.15	419.23	526.71	694.17	913.65
流动负债：					
短期借款	0.09	9.60	11.14	15.89	10.54
交易性金融负债		0.29			
应付票据	12.16	57.03	26.43	84.27	89.32
应付账款	89.78	98.47	134.12	153.58	235.86
预收款项	59.99	93.95	145.22	219.51	188.64
应付职工薪酬	2.56	4.96	5.78	4.25	8.68
应交税费	4.56	8.10	5.93	−10.11	22.38
其他应付款	2.26	2.97	3.15	3.46	8.62
一年内到期的非流动负债				3.51	7.25
其他流动负债	41.90	62.05	88.58	95.80	157.27
流动负债合计	213.30	337.42	420.36	570.16	728.57
非流动负债：					
长期借款			6.62	7.18	4.19

续表

项目与时间	20×5 年年末	20×6 年年末	20×7 年年末	20×8 年年末	20×9 年年末
长期应付职工薪酬					
递延所得税负债		0.14	0.52	0.41	1.17
递延收益					
其他非流动负债		0.05	0.04	0.04	0.04
非流动负债合计		0.20	7.18	7.63	5.40
负债合计	213.30	337.62	427.54	577.79	733.97
股东权益:					
股本	12.52	18.79	28.18	28.18	30.08
资本公积金	7.87	1.86	2.02	1.18	31.91
盈余公积金	17.13	19.65	22.33	24.99	29.56
未分配利润	22.33	41.31	46.65	62.03	88.14
所有者权益合计	59.85	81.61	99.18	116.38	179.69
负债和所有者权益总计	273.15	419.23	526.71	694.17	913.65

要求:根据表 3-2 数据,分析判断 KRDQ 公司 20×5 年年底至 20×9 年年底资产负债表整体对称结构类型呈现什么样的变化状态。

3. 已知 KRHG 公司资产总计、营业收入、净利润、经营活动产生的现金流量净额,如表 3-3 所示。

表 3-3　　　　　　　　KRHG 公司财务报表有关项目数据简表　　　　　　　　单位:万元

财务报表项目	20×9 年 12 月 31 日	20×8 年 12 月 31 日
资产	205 516.06	187 602.06
营业收入	41 302.58	43 405.04
净利润	8 807.16	14 335.00
经营活动产生的现金净流量	8 670.60	10 688.71

要求:根据表 3-3 中的数据,运用资产负债表资产规模变动的合理性、效率性分析方法就公司 20×9 年 12 月 31 日较 20×8 年 12 月 31 日资产规模变动的合理性与效率性进行分析判断。

七、案例分析题

锦云房地产(集团)股份有限公司于 1999 年成立,是一家以长三角为依托面向全国发展的以商品住宅项目开发经营为主业的非上市(集团)股份有限公司。该公司主要经营业务为房地产项目开发、建设、销售、租赁及售后服务;工程建设管理;建筑材料、装饰材料、照明灯具、金属材料、百货销售;室内装饰设计、实业投资等。

(1)锦云房地产(集团)股份有限公司的有关财务报表数据如表 3-4 所示。

表 3-4　　　　　　锦云房地产(集团)股份有限公司多期资产负债表　　　　　　单位:万元

	20×4 年年末	20×5 年年末	20×6 年年末	20×7 年年末	20×8 年年末	20×9 年年末
流动资产:						
货币资金	57 311.60	68 552.54	94 224.48	56 437.24	89 235.90	123 526.82
预付款项	70 882.97	35 905.85	103 938.29	162 254.90	164 885.80	55 233.55
其他应收款	110 368.52	186 489.52	200 130.05	123 330.70	151 117.20	204 327.39
存货	246 541.36	235 294.75	235 805.17	326 413.00	507 710.10	634 976.34

续表

	20×4年年末	20×5年年末	20×6年年末	20×7年年末	20×8年年末	20×9年年末
其他流动资产	30 000.00	0	0	0.06	0	17 245.50
流动资产合计	515 104.45	526 242.66	634 097.99	668 435.90	912 949.0	1 035 309.60
非流动资产：						
其他债权投资	0	126 672.00	67 317.12	64 032.00	69 020.93	102 942.34
长期应收款	0	0	0	0	0	0
长期股权投资	60 671.89	74 919.44	120 114.90	126 422.20	147 319.80	124 091.62
投资性房地产	1 562.42	1 799.62	1 754.17	2 732.50	2 392.48	2 232.20
固定资产	2 526.90	2 234.30	1 952.30	1 781.40	1 644.23	1 402.17
无形资产	8.97	4.58	1.89	12.67	10.11	9.15
长期待摊费用	29.70	10.94	0	0.02	0	0
递延所得税资产	3 875.35	3 979.29	5 588.21	4 344.91	4 005.45	5 035.43
非流动资产合计	68 675.23	209 620.17	196 728.59	199 325.70	224 393.00	235 712.91
资产总计	583 779.68	735 862.83	830 826.58	867 761.60	1 137 342.00	1 271 022.51
流动负债：						
短期借款	38 000.00	0	6 000.00	0	0	22 000.00
应付票据	0	0	0	0	1 946.20	852.39
应付账款	10 674.41	4 881.65	12 622.05	8 579.95	7 440.10	5 611.62
预收款项	53 336.91	59 330.87	82 814.00	75 051.01	134 434.70	267 588.22
应付职工薪酬	78.73	0.17	9.69	8.80	0	0
应交税费	1 758.71	−1 334.47	261.98	−1 340.54	4 211.93	1 930.49
其他应付款	8 642.86	9 106.47	28 067.11	78 581.73	198 437.97	211 442.25
一年内到期的非流动负债	51 000.00	119 500.00	128 645.00	161 600.00	109 600.00	158 143.00
流动负债合计	163 491.62	191 484.69	258 419.83	322 480.95	456 070.90	667 567.97
非流动负债：						
长期借款	165 500.00	161 000.00	235 755.00	196 600.00	302 700.00	221 060.00
递延所得税负债	0	29 414.56	15 391.24	14 615.96	15 793.34	16 148.13
其他非流动负债	0	6 913.75	3 652.16	3 468.19	3 747.56	3 831.76
非流动负债合计	165 500.00	197 328.31	254 798.40	214 684.15	322 240.90	241 039.89
负债合计	328 991.62	388 813.00	513 218.23	537 165.10	778 311.80	908 607.86
股东权益：						
股本	105 000.00	105 000.00	105 000.00	105 000.00	105 000.00	105 000.00
资本公积金	102 621.89	191 115.58	149 045.61	146 719.80	150 251.90	102 871.89
其他综合收益	0	0	0	0	0	48 444.40
盈余公积金	13 953.37	15 905.18	19 058.03	21 639.43	25 179.61	26 461.59
未分配利润	33 212.80	35 029.07	44 504.71	57 237.27	78 598.69	79 636.77
股东权益合计	254 788.06	347 049.83	317 608.35	330 596.50	359 030.20	362 414.65
负债和股东权益总计	583 779.68	735 862.83	830 826.58	867 761.60	1 137 342.00	1 271 022.51

（2）有关损益及现金流量数据如表 3-5 所示。

表 3-5　　　　锦云房地产（集团）股份有限公司多期损益及现金流量数据一览表　　　　单位：万元

	20×4年	20×5年	20×6年	20×7年	20×8年	20×9年
营业收入	87 637.60	96 779.60	121 753.58	113 717.53	83 681.44	143 229.67
营业成本	50 529.57	68 927.41	70 090.14	56 031.77	58 364.46	120 254.01

续表

	20×4 年	20×5 年	20×6 年	20×7 年	20×8 年	20×9 年
利息费用	6 506.57	5 252.46	3 602.46	6 518.46	1 639.21	4 011.43
利润总额	31 127.05	22 174.07	37 992.56	33 350.25	39 737.23	15 155.00
净利润	26 219.73	19 420.58	31 528.49	25 814.00	35 401.84	12 819.79
经营活动产生的现金流量净额	−41 501.96	20 150.12	−3 255.09	−65 256.79	21 607.61	138 501.43

注：利息费用为计算财务费用中的利息费用和资本化利息费用合计。

（3）分析期内，注册会计师为锦云房地产（集团）股份有限公司出具了标准无保留意见的审计报告。

（4）公司以日历年度（365 天）为一个会计年度。

要求：根据所给锦云房地产（集团）股份有限公司的信息及数据，以 20×4 年年底至 20×9 年年底为分析期，以锦云房地产（集团）股份有限公司 20×9 年年末的资产负债表为分析重点，着重对其 20×9 年年底的财务状况以及财务状况变动趋势进行分析评判。

本案例分析要求围绕以下方面的要点展开分析并回答。

（1）资产规模变动情况及变动趋势。

（2）20×9 年年末较 20×8 年年末资产规模变动的主要原因是什么？

（3）资产规模变动的效率性、合理性及资源配置效率如何？

（4）分析资产结构变动趋势。

（5）分析资产负债表整体对称性结构变动轨迹。

（6）分析企业的偿债能力与风险。

（7）资源配置效果如何？

（8）资产负债表分析的总体结论与具体结论。

练习题答案

一、单项选择题

1	2	3	4	5	6	7	8	9	10	11
A	B	D	A	C	C	D	B	A	B	A
12	13	14	15	16	17	18	19	20	21	22
D	C	D	A	A	B	A	C	B	D	C
23	24	25	26	27	28	29	30	31	32	33
B	A	A	A	A	A	B	B	B	C	A
34	35	36	37	38	39	40	41			
A	D	D	C	D	D	C	D			

二、多项选择题

1	2	3	4	5	6	7	8	9	10	11
ABC	ABCDE	ABCD	ABC	ABC	ABD	ABCD	ABCE	ABCD	ABCD	ABDE
12	13	14	15	16	17	18	19	20	21	22
ABCDE	ABCDE	ABCDE	AB	ABCDE	ABCDE	AD	AD	AB	BC	ABC
23	24	25	26	27	28	29	30	31	32	33
BE	ABD	ABCDE	ABDE	AB	ABCDE	ABCDE	ABCDE	AB	ABCDE	ABCDE
34	35									
ABCDE	ABC									

三、判断题

1	2	3	4	5	6	7	8	9	10	11	12	13	14	15
×	×	√	×	√	√	×	√	×	×	√	√	√	√	×
16	17	18	19	20	21	22	23	24	25	26	27	28	29	30
×	√	√	√	×	×	√	√	√	√	√	√	√	×	×
31	32	33	34	35	36	37	38	39	40	41	42	43	44	45
√	×	√	×	×	×	√	√	√	√	√	×	√	√	√
46	47	48	49	50	51	52								
√	×	√	×	×	√	√								

1．改正："垂直分析"改成"水平分析、比较分析（对比分析）"。

2．改正："水平分析法"改成"投入（资产）与产出（产值、销售收入、利润和经营活动现金净流量等）的对比方法"。

4．改正：将"离散程度"改为"吻合程度"。

7．改正：将"协调层面往往关注公司个别资产的质量，而执行层面则更关注结构性的资产质量"改为"协调层面往往关注公司结构性的资产质量，执行层面则更关注个别资产的质量"。

9．改正：这句话改为"资产的现金含量越高，企业的财务弹性就越大"。

10．改正：这句话改为"一般而言，固定资产和无形资产占资产总额的比例越高，企业的退出壁垒就越高，企业的自由选择权就越小"。

15．改正：将前两句话改为"判断企业流动性风险，应该考虑不同流动负债项目周转期的差异性。流动性较低的流动负债对企业偿债压力较小"。

16．改正：将"这种情况很大可能代表的是企业供应商的债务风险"改为"这种情况很大可能代表的是企业供应商的债权风险"。

20．改正：将"静态短期偿债能力"改为"动态短期偿债能力"。

21．改正：将"只有投资性资产（资产减去经营性资产）"改为"只有经营性资产（总资产减去投资性资产）"。

24．改正：这句话改为"资产不是越多越好，而负债不是越少越好"。

29．改正：改"不应结合"为"应结合"，改"而应以"为"应以"。

30．改正：改"资产表达的口径"为"报酬表达的口径"。

32．改正："公允价值变动收益"应改为"其他综合收益"。

34．改正："不可能"应改为"还可能"。

35．改正："其他流动资产"应改为"一年内到期的非流动资产"。

36．改正："一年内到期的非流动资产"应改为"其他流动资产"。

42．改正："归类为流动负债，在"应改为"不得归类为流动负债，仍在该项目中填列，不转入"。

47．改正："15%"应改为"25%"。

49．改正："利润表其他综合收益中归属于母公司的部分"应改为"利润表其他综合收益税后净额中归属于母公司的部分"。

50．改正："25%"应改为"50%"。

四、名词解释

1．资产负债表，是反映企业在某一特定日期的资源及其权益归属的时点报表。

2．资产负债表三点式审阅法，是指主要通过从虚构资产、多记资产和隐瞒债务3个方面来分析企业是否存在财务欺诈行为的财务分析方法。

3. 经营性资产，或称经营类资产，是指与企业日常经营活动有关的资产。它是企业在经营活动中直接使用或控制并主要用来获取企业的核心利润或狭义营业利润的资产。

4. 经营性流动资产，是指企业的流动资产减去交易性金融资产和衍生金融资产以后的部分。

5. 投资性投资，或称投资类资产，是指企业对外资所形成的资产。此类资产用于对外投资活动，目的是获取企业投资收益或广义投资收益的资产。

6. 资产负债表规模变动分析，是运用水平分析、比较分析（对比分析）的方法，主要对两个（期初与期末）时点的资产负债表整体规模变动情况进行分析，以揭示资产、负债和股东权益变动的差异，分析差异产生的原因及变动的合理性与效率性。

7. 资产负债表结构变动情况分析，是主要采用垂直（结构）分析的方法，通过编制垂直分析表、计算资产负债表各项目占总资产（或总权益）的比重，来评价企业资产结构与权益结构的变动情况及其合理程度。可以从静态和动态两个方面，对企业资产结构和权益结构的构成情况及变动情况进行分析评价。选定的对比标准可以是上期实际数、预算数和同业的平均数或可比企业的实际数等。选择对比标准应视分析目的而定。具体分析可以从资产结构、权益结构以及资产负债表整体结构 3 个方面进行分析评价。

8. 资产负债表趋势分析，包括定基趋势分析和环比趋势分析两个方面的内容。通过资产负债表趋势分析，可以探寻企业财务状况的变动趋势及轨迹。其中，资产负债表定基趋势分析，是用资产负债表某一时点的数值作为固定基点数值，将等时长的后期各时点的资产负债表项目数值分别与固定基点数值进行对比，从而寻求资产负债表绝对变动趋势及变动轨迹。资产负债表环比趋势分析，是将分析期内某一分析时点的数值与该分析时点的等时长的前一时点数值进行对比，从而寻求资产负债表相对变动趋势及变动轨迹。

9. 资产负债表比率分析，是基于资产负债表表内及表外信息数据，对资产负债表表内项目数据、资产负债表表内项目数据与资产负债表之外的其他财务报表项目数据所构建的财务指标，主要运用比率分析方法对所呈报的资产负债表数据信息进行挖掘与解析。

10. 资产质量，是指资产在特定的经济组织中，实际所发挥的效用与其预期效用之间的吻合程度。

11. 资产质量的层次性，是指资产在整体、结构和个体等不同层面上所呈现出来的不同的质量属性。

12. 资本结构是指企业各种资本的价值构成及比例关系。广义的资本结构，是指企业全部资本价值的构成及其比例关系。它不仅包括长期资本，还包括短期资本（主要是短期债权资本）。狭义的资本结构，则是指企业各种长期资本价值的构成及其比例关系。

13. 资本结构质量是指企业资本结构与企业当前以及未来经营和发展活动相适应的质量。

14. 强制性流动负债，是在企业流动负债中，属于马上到期必须无条件偿还的流动负债，如当期必须支付的应付票据、大部分应付账款、银行借款、应付股利以及契约性负债等。这些流动负债构成企业短期付款的压力。

15. 非强制性流动负债，是指由于某些原因可能不必当期偿付的，并且不会构成企业短期付款压力的流动负债，如预收账款、部分应付账款、其他应付款等。

16. 当企业的长期股权投资达到可控制被投资方的程度时，长期股权投资可被称为控制性投资资产。

17. 资产结构是指各项资产相互之间、资产与其相应的来源之间由规模决定的比例关系。

18．交易性金融资产是企业分类为以公允价值计量且其变动计入当期损益的金融资产，以及企业持有的指定为以公允价值计量且其变动计入当期损益的金融资产。

19．合同资产，是指反映企业已向客户转让商品而有权收取对价的权利，且该权利取决于时间流逝之外的其他因素。

20．合同负债，是指企业已收或应收客户对价而应向客户转让商品的义务。

21．持有待售资产，主要是指已签出售合同但尚未正式出售的固定资产、无形资产等。

22．"债权投资"项目，反映资产负债表日企业以摊余成本计量的长期债权投资的期末账面价值。该项目应根据"债权投资"科目的相关明细科目期末余额，减去"债权投资减值准备"科目中相关减值准备的期末余额后的金额分析填列。

23．"其他债权投资"项目，反映资产负债表日企业分类为以公允价值计量且其变动计入其他综合收益的长期债权投资的期末账面价值。该项目应根据"其他债权投资"科目的相关明细科目的期末余额分析填列。

24．"其他权益工具投资"项目，反映资产负债表日企业指定为以公允价值计量且其变动计入其他综合收益的非交易性权益工具投资的期末账面价值。该项目应根据"其他权益工具投资"科目的期末余额填列。

25．"其他非流动金融资产"项目，反映自资产负债表日起超过一年到期且预期持有超过一年的以公允价值计量且其变动计入当期损益的非流动金融资产。它是以公允价值计量且其变动计入当期损益的"交易性金融资产"和"衍生金融资产"的长期部分，在"其他非流动金融资产"项目中列示。

26．"使用权资产"项目，反映资产负债表日承租人持有的使用权资产的期末账面价值。该项目应根据"使用权资产"科目的期末余额减去"使用权资产累计折旧"和"使用权资产减值准备"科目的期末余额后的金额填列。

27．商誉，是企业合并的结果，是指企业合并过程中，购买方的合并成本大于合并中取得的被并购方可辨认资产净资产公允价值份额的那部分金额，即长期股权投资成本高于被投资企业可辨认净资产公允价值的那部分金额。

28．"交易性金融负债"项目，反映资产负债表日企业承担的交易性金融负债，以及企业持有的直接指定为以公允价值计量且其变动计入当期损益的金融负债的期末账面价值。

29．经营（性）负债，一般是指企业从产品市场或者工商企业融资获得的债务，在会计核算上反映的是企业与上下游企业或者用户进行结算时所产生的债务。经营（性）负债除了主要来源于传统的工商企业以及产品市场外，应该不具有财务代价（即利息因素）的特点。因此，经营（性）负债通常是无息负债。在资产负债表的负债方，经营（性）负债的主要项目包括应付票据、应付账款、预收款项、合同负债、应付职工薪酬和应交税费等。

30．金融（性）负债，一般是指企业从资本市场或者金融机构融资获得的债务。金融（性）负债除了主要来源于传统的金融机构以及资本市场外，应该具有财务代价（即利息因素）的特点。在长期负债中，因融资租赁而引起的债务应该属于金融（性）负债。因此，在资产负债表上，除了典型的金融性负债项目（如短期借款、交易性金融负债、一年内到期非流动负债、长期借款、应付债券等）外，还应该包括具有利息因素的长期应付款。因此，金融性负债包括短期借款、交易性金融负债、应付利息、一年内到期的非流动负债、长期借款、应付债券和长期应付款等。

31．资本公积，是企业收到投资者的出资额超出其在注册资本（或股本）中所占份额的投资，以及直接计入所有者权益的利得和损失等。资本公积包括资本溢价（或股本溢价）和其他资本公积等。

32．其他权益工具，是企业发行在外的除普通股以外分类为权益工具的金融工具，主要包括优先股、永续债、可转换优先股与可转换债券的权益部分。

33．库存股，亦称库藏股，是由发行公司购回并持有但尚未注销并于适当时机可再行出售或用于对员工激励的本公司股票或股份金额。

34．其他综合收益，属于非利润性资产增值，是企业根据企业会计准则的规定未在当期损益中确认的各项利得和损失，包括以后会计期间不能重分类进损益的其他综合收益和以后会计期间满足规定条件时将重分类进损益的其他综合收益两类。

35．债务依存度，是指企业对负债的依赖程度，包括商业债务依存度和金融债务依存度。

36．商业债务依存度，是指企业对商业债权人负债的依赖程度。

37．金融债务依存度，是指企业对金融债权人负债的依赖程度。

38．股东贡献度，主要是指股本与资本公积对企业资产的贡献程度，实际是股本、其他权益工具和资本公积减去库存股后对企业资产的贡献程度。

39．利润积累度，是指盈余公积与未分配利润对企业资产的贡献度。

40．负债的期限结构，是指用流动负债与长期负债分别占负债总额的比重来表示的构成关系。

41．负债的方式结构，是指按负债取得的不同方式的项目分别占负债总额的比重而构成的比例关系。

42．负债的成本结构，是按照负债成本高低归类，然后组成负债成本项目类别所构成的负债结构。

五、简答题

1．答：有两种分类。（1）资产按照流动性分类，分为流动资产和非流动资产。

（2）资产按照对利润的贡献方式分类分为经营（性）资产和投资（性）资产。

2．答：资产负债表规模变动分析是运用水平分析、比较分析（对比分析）的方法，主要对两个（期初与期末）时点的资产负债表整体规模变动情况进行分析，以揭示资产、负债和股东权益变动的差异，分析其差异产生的原因及变动的合理性与效率性。

运用水平分析法对资产负债表规模变动分析，其分析内容或步骤如下。

（1）应该首先分析总资产（总权益）规模的变动状况以及各类、各项资产（权益）的变动状况。

（2）对变动幅度较大或对总资产（总权益）影响较大的重点类别和重点项目进行重点分析。

（3）分析资产变动的合理性与效率性。

（4）考查资产规模变动与权益总额变动的适应程度，进而评价企业财务结构的稳定性和安全性。

（5）分析会计政策变动的影响。

3．答：（1）要结合企业生产经营的发展前景，考查该期间资产规模变化的合理性。在分析时，需要注意区分敏感性项目和非敏感性项目的变化差异。

（2）要注意宏观经济政策和微观企业决策的影响差异。在分析时，需要对这二者的差异进行具体分析。

（3）要注意通货膨胀因素的影响。我们在分析企业规模变化趋势时，应该注意区分资产实际价值发生变化和通货膨胀因素导致的规模变化。

（4）要注意考察资产规模变动与权益总额变动的适应程度。

（5）要注意分析会计政策变动的影响。

4．答：应从以下 3 个方面进行分析、评价。

（1）从追加投资角度进行分析、评价。如果企业通过投资人追加投资来扩大经营规模，从而实现外延型扩大再生产，则对企业未来经营造成的影响如下。①资金制约。任何一个企业，其经营规模的扩张很难完全依赖投资人的不断追加投资来实现。②资金运用不当将失去投资人支持。③有助于企业财务实力的提升。投资人追加投资，不仅为企业进行资本结构调整、资金筹集、降低财务风险等奠定了物质基础，而且也可以增强企业财务实力，减轻债务负担。

（2）从举债角度进行分析、评价。如果企业通过举债方式增加资产规模，从而实现外延型扩大再生产，则对企业未来经营造成的影响如下。①债务负担加重。②资金制约。资金安全是债权人进行信贷决策时要考虑的最重要的因素。③利息费用增加而利润减少。④财务杠杆作用加大。

（3）从留存收益角度进行分析、评价。如果企业通过留存收益方式解决其资金来源，从而实现内涵型扩大再生产，则对企业未来经营造成的影响如下。①促进企业经营步入良性循环。②为企业可持续发展提供源源不断的资金来源。这种资金来源提供方式虽然不能像举债和追加投资那样对企业发展起到立竿见影的效应，但能为企业稳健经营和可持续发展提供基础。

5．答：（1）资产负债表结构变动情况分析主要采用的分析方法为垂直（或结构）分析方法。

（2）资产负债表结构变动情况分析采用的方式是通过编制垂直分析表，计算资产负债表各项目占总资产（或总权益）的比重，借此分析评价企业资产结构与权益结构的变动情况及其合理程度。

（3）资产负债表结构变动情况分析的内容是从静态和动态两个方面，对企业资产结构和权益结构的构成情况及变动情况进行分析评价。①从静态角度分析，就是以本期资产负债表为分析对象，分析、评价其实际构成情况；②从动态角度分析，就是将资产负债表的本期实际构成与选定的标准进行对比分析。

（4）资产负债表结构变动情况分析选定的对比标准，可以是上期实际数、预算数和同业的平均数或可比企业的实际数等。选择的对比标准应视分析目的而定。

6．答：（1）资产负债表存在的关系。从财务学的视角看，资产负债表描述了企业资产结构与权益结构两大结构内部以及相互之间的协调关系。资产结构与权益结构存在对称性关系，并以两者之间存在的内在关系为基础。

这种内在关系表现在：

① 资产与其来源总量恒等；

② 资产结构与其来源结构存在一定的对应关系；

③ 资产负债表左右两边各项目都按流动性强弱确定其排列顺序和结构。

（2）流动性在资产负债表两边的含义是不同的。

① 从资源分布方面看，其流动性表明了资产价值实现或转移或摊销时间的长度。

② 从资源的权益归属方面看，其流动性表明融资清欠、退还或可以使用时间的长度。

（3）资产负债表各项目按流动性排列，揭示了企业未来现金流量的数额、时间顺序以及不确定性。从时间上看，资产负债表两边各个项目之间形成了一种内在的对应关系。它们之间的对称关系体现在以下3个方面。

① 长期资产的资金来源由长期筹资（非流动负债与所有者权益）提供，否则，企业就会因"短借长投"而面临偿债压力。

② 短期资产的资金来源由短期负债提供。短期资产能在较短的时间内实现、转移或摊销其价值，也就能保证短期融资的清欠和退还。

③ 短期资产的资金来源由长期融资提供。这是一种较保险但资本成本较高的方法。在这种情况下，企业虽然一般不会面临偿债或流动性压力，但要支付比短期融资更高的资本成本。

（4）资产负债表两边揭示风险大小所表示的含义和方向不同。资产负债表可以揭示企业存在的财务风险与经营风险。资产负债表各项目按流动性大小顺序排列来披露财务状况信息的做法，隐含着对企业财务风险大小揭示的逻辑。资产负债表两边揭示风险大小所表示的含义和方向不同，表现在以下方面。

① 从资产方面看，从流动资产到非流动资产，其风险逐渐由小到大，而且这种风险是资产能否迅速实现和补偿其价值的风险。

② 就资产来源方面看，从短期融资到长期筹资，其风险由大到小，而且这种风险是到期能否及时偿债的风险。

③ 将资产负债表两边结合起来看，我们不难看到以下两点。首先，如果资产结构与权益结构确实对称，则一方较大的风险恰好为另一方较小的风险所抵消，从而企业总体风险趋向于中和。其次，企业的偿债风险或财务风险能否消除，归根结底取决于企业的资产风险能否消除或避免。a. 只要企业的资产经营不存在问题，企业资产的价值就能够顺利实现或补偿，到期偿债就不存在问题，财务风险也就随之消失。b. 如果企业的资产结构与权益结构（资本结构）本身不对称，即使资产价值能够顺利实现或补偿，财务风险也会由于企业收款期与支付期（现金流入量与现金流出量发生时间）不一致而继续存在。

因此，财务风险存在于企业的财务运作（资本结构）之中，但取决于资产经营的成效和顺利与否（资产结构）。这就是企业资产结构对权益结构（资本结构）选择的影响。

（5）依据资产负债表各项目从上到下的排列顺序，从流动性、风险性和盈利性来揭示资产负债表的对称性关系。

① 从流动性来看，资产方的资产流动性由强到弱，与资金来源方的流动性由强到弱相匹配。

② 从风险性来看，资产方的资产风险性由小到大，与资金来源方的风险性由大到小相对应，从而使风险趋于中和。

③ 从收益性或盈利性来看，资产方的资产收益性或盈利性由小到大，与资金来源方的收益性或盈利性由小到大相对应相匹配。

7. 答：资产负债表整体结构呈现的状态，从理论上说主要有 4 种，即保守型结构、稳健型结构、平衡型结构和风险型结构。

8. 答：针对资产负债表结构变动情况的分析评价主要是对资产结构、负债结构和股东权益结构的分析评价。

9. 答：（1）资产负债表趋势分析，包括定基趋势分析和环比趋势分析两个方面的内容。

（2）通过资产负债表趋势分析，可以探寻企业财务状况的变动趋势及轨迹。

（3）具体分析要从以下两个方面阐述。

① 资产负债表定基趋势分析，是用资产负债表某一时点的数值作为固定基点数值，将等时长的后期各时点的资产负债表项目数值分别与固定基点数值进行对比，从而寻求资产负债表绝对变动趋势及变动轨迹。资产负债表项目定基趋势分析计算公式为：

某项目定基动态比率=分析时点某项目数值÷固定基点该项目数值。

② 资产负债表环比趋势分析，是以分析期内某一分析时点的数值与该分析时点的等时长的前一时点数值进行对比，从而寻求资产负债表相对变动趋势及变动轨迹。资产负债表某项目环比趋势分析计算公式为：

某项目环比动态比率=分析时点某项目数值÷等时长前一时点该项目数值。

10. 答：（1）资产负债表比率分析是基于资产负债表的表内及其表外信息数据，对资产负债表表内项目数据、资产负债表表内项目数据与资产负债表之外的其他财务报表项目数据所构建的财务指标，主要运用比率分析方法对所呈报的资产负债表数据信息进行挖掘与解析。

（2）资产负债表相关比率分析主要是对资产负债表所蕴含的与企业偿债能力、资产管理效率及资产使用效果等相关的财务比率进行分析。

（3）它是对资产负债表整体分析内容的延伸和深化。

11．答：（1）资产质量具有的属性包括资产质量的相对性、时效性和层次性。

（2）所谓资产质量的相对性，是指同一资产对于不同经营方向的企业所体现的价值不同，即资产的相对有用性。就财务分析而言，资产质量并不过多强调资产的物理质量，而是更多的强调其在企业生产经营过程中所能为企业带来的未来收益的质量。

（3）资产质量的时效性，是指企业资产质量会随着时间的推移而不断发生变化的属性。分析资产质量要强调时空观，考虑其所处的特定历史时期和宏观经济背景等因素，要注重其时效性。

（4）资产质量的层次性，是指资产在整体、结构和个体等不同层面上所呈现出来的不同的质量属性。资产对于不同的管理层面的含义具有显著差异，主要涉及公司的决策层面、协调层面和执行层面。决策层面往往关注公司资产的整体质量，协调层面往往关注公司结构性的资产质量，而执行层面则更关注个别资产的质量。

12．答：（1）资产质量特征就应当从资产的个体质量、结构质量和整体质量3个层面来考查。

（2）资产的个体质量特征，是指企业根据不同项目下的资产本身所具有的属性、功能而对其设定的预期效用。资产个体质量具有资产的盈利性、保值性（变现性）、周转性以及与其他资产组合的协同性等几个方面的特征。

（3）资产的结构质量特征。资产的结构质量具有有机整合性、整体流动性、与资本结构的匹配性和与企业战略的吻合性等特征。

（4）企业资产的整体质量特征，是指资产在整体上有为公司股东权益的非入资性增值做出贡献的能力。资产的整体质量具有增值和变现两个特征。

13．答：（1）要考查企业流动资产自身结构的合理性。

（2）要考查企业流动资产整体周转效率与行业特征的吻合性。

（3）要考查企业的营销结算方式与采购结算方式的协调性。

（4）要考查企业流动资产与流动负债的配合性。

14．答：（1）分析商业债权变现性强弱及总额的真实性是商业债权质量分析的关键。

（2）要关注债务人的构成。

（3）关注债务的内部经手人构成。

（4）关注债权的账龄和坏账准备计提，着重看坏账计提比例和政策运用是否无偏差。

（5）注意通过阅读会计报表的相关附注，结合当年的实际业绩，将有助于判断其变更的合理性，从而在一定程度上判断坏账准备和商业债权项目的质量。

15．答：（1）要关注其他应收款的规模与结构变动。

（2）要注意结合会计报表附注，观察是否存在大股东或关联方长期、大量占用上市公司资金，是否存在借助"其他应收款"科目，以委托理财等名义违规拆借资金，从而造成其他应收款余额长期居高不下的现象。

（3）要关注其他应收款的还款方式，观察是否存在借其他应收款之名，行财务违规处理之实，如长期挂账不还、宣布破产、一笔勾销、实物资产转让、以劣质资产抵债、对外投资、实施债转股、应收抵应付、债务重组等。

（4）应特别注意那些对外投资比较广泛、较少从事经营活动的企业自身的财务报表（通常为母公司报表）中的较大规模的其他应收款。

（5）要关注会计政策变更对其他应收款的影响。

16．答：（1）关注存货的物理质量和时效性，考查存货的自然状态和时效状态。

（2）要关注存货构成，分析存货规模和结构变化。

（3）要关注存货的周转率和毛利率变化，考查存货的周转性和盈利性。

（4）要关注减值准备计提的情况，考查存货的变现性。

17．答：（1）分析存货规模和结构变化应注意以下两点。

① 对存货规模与变动情况分析，主要是观察各类存货的变动情况与变动趋势，分析各类存货增减变动的原因。分析时应依据存货资产总值变动，评价其对生产经营活的影响。企业各类存货规模及其变动是否合适，应结合企业的具体情况进行分析、评价。

② 对存货结构与变动情况进行分析。企业生产经营的特点决定了企业存货资产的结构。在正常情况下，存货资产结构应当保持相对的稳定性。在企业生产和销售多种产品的条件下，不同品种的产品的盈利能力、技术状态、市场发展前景以及产品的抗变能力等可能有较大的差异。

（2）对存货构成分析时，我们应特别关注以下 3 点。

① 过分依赖某一种产品或几种产品的企业，需要防止因产品出现问题而使企业全局受到重创。

② 不同品种的产品的盈利能力、技术状态、市场发展前景以及产品的抗变能力等方面的状况。

③ 重点分析变动较大的存货项目，因为任何存货资产比重的剧烈变动，都表明企业生产经营过程中有异常情况发生。这时，我们需要深入分析其原因，以便采取有针对性的措施加以纠正。

18．答：（1）要强调其配置的合理性和相对有用性。

（2）要从固定资产规模、配置以及分布等方面与企业战略的吻合程度来关注固定资产质量的"四性"，即变现性、效率性、盈利性以及与其他资产组合的增值性。

19．答：货币资金、债权资产（从应收票据开始到其他应收款，凡称为应收和预付的款项，我们都把它归于债权类）以及存货。

20．答：长期投资类资产、固定资产类资产和无形资产类资产。第一类是投资类资产或称为对外长期投资类资产，主要有债权投资、其他债权投资、长期股权投资、其他权益工具投资等；第二类是固定资产类资产（属于对内投资性经营资产），主要有投资性房地产、固定资产、在建工程、生产性生物资产、油气资产等；第三类是无形资产类资产（属于对内投资性经营资产），主要有无形资产、开发支出、商誉等。这三类支柱性项目体现了非流动资产项目的实质和关键，对于正确理解和快速解读资产负债表非流动资产项目至关重要。

21．答：（1）两者的联系：合同资产和应收款项都是企业拥有的收取对价的合同权利。（2）区别如下。第一，应收款项代表的是无条件收取合同对价的权利，即企业仅仅随着时间的流逝即可收款，而合同资产并不是一项无条件收款权，该权利除了时间流逝之外，还取决于其他条件（例如，履行合同中的其他履约义务）才能收取相应的合同对价。第二，与合同资产和应收款项相关的风险不同，应收款项仅承担信用风险，而合同资产除信用风险之外，还可能承担其他风险，如履约风险等。

22．答：（1）完成该无形资产以使其能够使用或出售，在技术上具有可行性；（2）具有完成该无形资产并使用或出售的意图；（3）无形资产产生经济利益的方式，包括能够证明运用该无形资产生产的产品存在市场或无形资产自身存在市场，无形资产将在内部使用的，应当证明其有用性；（4）有足够的技术、财务资源和其他资源支持，以完成该无形资产的开发，并有能力使用或出售该无形资产；（5）归属于该无形资产开发阶段的支出能够可靠地计量。

23．答：分析在建工程的质量时应着重关注以下 3 点。

（1）应深入了解工程的工期长短，及时发现存在的问题。在建工程投入前的资金属于流动资金。如果工程管理出现问题，会使大量的流动资金沉淀，甚至造成企业流动资金周转困难。

（2）应关注企业的有关借款费用资本化问题。注意分析企业有可能以某项固定资产还处于试生产阶段或安装调试阶段为借口，将理应计入当期费用的借款利息资本化为该项资产的成本，从而虚增资产和利润。

（3）关注企业完工并达到可使用状态应结转而因故未结转为固定资产的，少计提或不计提折旧的所谓"在建工程"问题。

24．答：（1）资本结构质量是指企业资本结构与企业当前以及未来经营和发展活动相适应的质量。

（2）理解企业资本结构质量主要应关注以下4个主要方面。

① 资金成本与企业资产报酬率的对比关系。

② 财务杠杆状况与企业财务风险、企业未来融资要求以及企业未来发展的适应性。

③ 股东持股结构状况与企业未来发展的适应性。

④ 资金来源期限结构与企业资产结构的适应性。

25．答：（1）要关注企业的股权结构与企业发展战略的关联度。

（2）要关注股权结构对应的资产结构对企业的长期影响。分析股权结构的质量，还要考查入资内容的质量。因为入资内容对企业发展具有长期的根本影响。

（3）要关注负债与其推动的项目的对应性。

（4）要关注资本结构的"三度"分析。资本结构的"三度"分析内容，即债务依存度、股东贡献度和利润积累度分析。债务依存度指企业对负债的依赖程度；股东贡献度指股本与资本公积对企业资产的贡献程度；利润积累度指盈余公积与未分配利润对企业资产的贡献度。股东贡献度与融资规划有关，而利润积累度与盈利能力和分配政策有关。

26．答：（1）注意流动负债不同项目的流动性的差异。

（2）注意区分强制性与非强制性流动负债。

（3）关注短期借款与货币资金的数量关系，揭示短期借款的融资质量信息。

（4）注意赊购付款项目的数量变化所包含的经营质量信息。

（5）应注意从企业税金缴纳情况透视税务环境。

27．答：（1）要注意企业非流动负债所对应的流动资产及其质量。

（2）要注意企业非流动负债所形成的长期股权投资的效益及其质量。

（3）要注意企业非流动负债所形成的固定资产、无形资产的利用状况与增量效益。

（4）要重视或有负债质量分析。

28．答：（1）要关注公司年报正文的"重要事项"中的"重要诉讼，仲裁事项"，有无可能败诉的诉讼及其给上市公司带来的影响。

（2）要查看资产负债表中"预计负债"科目有无余额，关注附注中或有事项的披露，着重对或有负债金额和影响进行分析。

查看财务报表日后上市公司是否就或有损失事项发布了相关临时公告，判断当期财务报表的预计负债披露的合理性，必要时根据重新判断的损失金额调整资产负债表和利润表，并估计对企业预计现金流量的影响。

（3）应仔细审查那些出于谨慎考虑应列示在资产负债表中，但实际上被列在附注中的所有资产负债表外项目。

（4）注意"重大关联方交易事项"是否为关联方提供巨额贷款担保和担保期限。

（5）要审查"其他重大合同"中有无放入此项的重要或有负债。

29．答：对企业所有者权益的质量分析主要从所有者入资、所有者入资与留存收益的关系两个方面进行。

（1）企业所有者入资的质量分析。应该从关注股权结构变化对企业产生的方向性影响和对资本公积所包含的质量信息的分析等两个方面进行。

（2）投入资本与留存收益的比例关系所包含的质量信息如下。

① 投入资本总额大致反映了企业所有者对企业的累计投资规模，而留存收益则大致反映了企业自成立以来的自身积累规模。

② 如果企业未大规模转增资本，则通过计算投入资本与留存收益之间的比例关系，就可以揭示企业主要的自有资金来源，借此评价企业的资本充足性、竞争能力以及自我积累和自我发展的能力。

30．答：

（1）承担金融负债的目的，主要是近期内出售或回购。

（2）金融负债是企业采用短期获利模式进行管理的金融工具投资组合中的一部分。以上两个条件只要符合以上两个条件之一的金融负债，就可划分为交易性金融负债。

31．答：（1）政府补助是无偿的。

（2）政府补助通常附有条件。

（3）政府补助不包括政府资本性投入。

32．答：主要通过审阅虚构资产、多记资产和隐瞒债务看企业是否存在财务欺诈行为。

33．答：虚构资产属于无中生有，而多记资产是除了虚构资产之外的虚增资产，如提前确认收入形成的应收账款、收益性支出资本化形成的非流动资产、少转成本形成的存货虚增、少计提折旧和摊销形成的非流动资产虚增，以及少计资产减值的资产虚增等。

六、计算分析题

1．解：

（1）根据表 3-1，编制的资产负债表水平分析表如表 3-6 所示。

表 3-6　　　　　　　　　　　DMHG 公司资产负债表水平分析表

项目	20×9 年年底	20×9 年年初	变动情况		对总资产影响（%）
	（万元）	（万元）	变动额（万元）	变动率（%）	
流动资产：					
货币资金	4 452.43	14 842.76	−10 390.33	−70.00	−5.54
应收票据	3 477.00	8 033.37	−4 556.37	−56.72	−2.43
应收账款	10 394.83	12 407.22	−2 012.39	−16.22	−1.07
预付款项	197.78	216.69	−18.91	−8.73	−0.01
其他应收款	6 459.20	6 710.00	−250.80	−3.74	−0.13
存货	2 759.68	3 247.09	−487.41	−15.01	−0.26
其他流动资产	32 834.76	4 740.84	28 093.92	592.59	14.97
流动资产合计	60 575.68	50 197.97	10 377.71	20.67	5.53
非流动资产：					
债权投资	16 953.74		16 953.74	0	9.03
长期股权投资	112 017.35	120 524.30	−8 506.95	−7.06	−4.53
固定资产	11 556.15	12 456.42	−900.27	−7.23	−0.48

续表

项目	20×9年年底（万元）	20×9年年初（万元）	变动情况		对总资产影响（%）
			变动额（万元）	变动率（%）	
在建工程	64.57	226.27	−161.70	−71.46	−0.09
无形资产	3 639.59	3 736.52	−96.93	−2.59	−0.05
长期待摊费用	282.93	26.22	256.71	979.06	0.14
递延所得税资产	426.06	434.60	−8.54	−1.97	0.00
非流动资产合计	144 940.39	137 404.33	7 536.06	5.48	4.02
资产总计	205 516.07	187 602.30	17 913.77	9.55	9.55
流动负债：					
短期借款	11 297.00	8 000.00	3 297.00	41.21	1.76
应付票据	853.98	909.67	−55.69	−6.12	−0.03
应付账款	1 984.89	2 976.27	−991.38	−33.31	−0.53
预收款项	3 167.63	3 600.21	−432.58	−12.02	−0.23
应付职工薪酬	1 508.47	1 471.31	37.16	2.53	0.02
应交税费	668.63	637.74	30.89	4.84	0.02
其他应付款	9 792.92	11 560.62	−1 767.70	−15.29	−0.94
一年内到期的非流动负债	13 150.00	1 200.00	11 950.00	995.83	6.37
其他流动负债	82.06	95.16	−13.10	−13.77	−0.01
流动负债合计	42 505.58	30 450.98	12 054.60	39.59	6.43
非流动负债：					
长期借款	27 400.00	26 300.00	1 100.00	4.18	0.59
递延收益	168.50		168.50		0.09
其他非流动负债		153.80	−153.80	−100.00	−0.08
非流动负债合计	27 568.50	26 453.80	1 114.70	4.21	0.59
负债合计	70 074.08	56 904.78	13 169.30	23.14	7.02
所有者权益：					
实收资本	32 293.04	32 293.04	0.00	0.00	0.00
资本公积金	34 053.83	13 990.91	20 062.92	143.40	10.69
其他综合收益	−57.11		−57.11		−0.03
盈余公积金	10 465.98	11 604.60	−1 138.62	−9.81	−0.61
未分配利润	58 686.25	72 808.97	−14 122.72	−19.40	−7.53
所有者权益合计	135 441.99	130 697.52	4 744.47	3.63	2.53
负债和所有者权益总计	205 516.07	187 602.30	17 913.77	9.55	9.55

（2）从理论上说，导致企业资产规模变动的原因主要有3个，即所有者投入资本（入资）、企业负债融资及企业经营盈利或亏损。从企业资产负债表数据分析可知：DMHG公司在20×9年12月31日的资产规模较其在20×9年1月1日的资产规模增长了17 913.77万元，增长9.55%，变动的主要原因是（按影响大小顺序）：①入资增长（是资本公积金增长20 062.92万元）；②经营亏损（未分配利润增长−14 122.72万元）；③负债融资增长13 169.30万元（主要是流动负债增长12 054.60万元）。

（3）根据表3-1编制DMHG公司资产负债表垂直分析表，如表3-7所示。

表 3-7 DMHG 公司资产负债表垂直分析表

项目	20×9 年年底	20×9 年年初	构成情况（%）		变动情况
	（万元）	（万元）	20×9 年年底	20×9 年年初	（%）
流动资产：					
货币资金	4 452.43	14 842.76	2.17	7.91	−5.75
应收票据	3 477.00	8 033.37	1.69	4.28	−2.59
应收账款	10 394.83	12 407.22	5.06	6.61	−1.56
预付款项	197.78	216.69	0.10	0.12	−0.02
其他应收款	6 459.20	6 710.00	3.14	3.57	−0.43
存货	2 759.68	3 247.09	1.34	1.73	−0.39
其他流动资产	32 834.76	4 740.84	15.98	2.53	13.45
流动资产合计	60 575.68	50 197.97	29.47	26.75	2.72
非流动资产：					
债权投资	16 953.74		8.25	0.00	8.25
长期股权投资	112 017.35	120 524.30	54.51	64.24	−9.74
固定资产	11 556.15	12 456.42	5.62	6.64	−1.02
在建工程	64.57	226.27	0.03	0.12	−0.09
无形资产	3 639.59	3 736.52	1.77	1.99	−0.22
商誉			0.00	0.00	0.00
长期待摊费用	282.93	26.22	0.14	0.01	0.12
递延所得税资产	426.06	434.60	0.21	0.23	−0.02
非流动资产合计	144 940.39	137 404.33	70.52	73.24	−2.72
资产总计	205 516.07	187 602.30	100.00	100.00	0.00
流动负债：					
短期借款	11 297.00	8 000.00	5.50	4.26	1.23
应付票据	853.98	909.67	0.42	0.48	−0.07
应付账款	1 984.89	2 976.27	0.97	1.59	−0.62
预收款项	3 167.63	3 600.21	1.54	1.92	−0.38
应付职工薪酬	1 508.47	1 471.31	0.73	0.78	−0.05
应交税费	668.63	637.74	0.33	0.34	−0.01
其他应付款	9 792.92	11 560.62	4.77	6.16	−1.40
一年内到期的非流动负债	13 150.00	1 200.00	6.40	0.64	5.76
其他流动负债	82.06	95.16	0.04	0.05	−0.01
流动负债合计	42 505.58	30 450.98	20.68	16.23	4.45
非流动负债：					
长期借款	27 400.00	26 300.00	13.33	14.02	−0.69
递延收益-非流动负债	168.50		0.08	0.00	0.08
其他非流动负债		153.80	0.00	0.08	−0.08
非流动负债合计	27 568.50	26 453.80	13.41	14.10	−0.69
负债合计	70 074.08	56 904.78	34.09	30.33	3.76
所有者权益：					
实收资本	32 293.04	32 293.04	15.71	17.21	−1.50
资本公积金	34 053.83	13 990.91	16.57	7.46	9.11
其他综合收益	−57.11		−0.03	0.00	−0.03

续表

项目	20×9年年底（万元）	20×9年年初（万元）	构成情况（%）20×9年年底	构成情况（%）20×9年年初	变动情况（%）
盈余公积金	10 465.98	11 604.60	5.09	6.19	−1.09
未分配利润	58 686.25	72 808.97	28.56	38.81	−10.25
所有者权益合计	135 441.99	130 697.52	65.90	69.67	−3.76
负债和所有者权益总计	205 516.07	187 602.30	100.00	100.00	0.00

（4）计算 20×9 年 12 月 31 日、20×9 年 1 月 1 日经营性资产与投资性资产数额及其占总资产的结构，如表 3-8 所示。

表 3-8　　　　　　　　经营性资产与投资性资产结构计算表

资产项目	20×9年12月31日 金额（万元）	20×9年12月31日 占资产（%）	20×9年1月1日 金额（万元）	20×9年1月1日 占资产（%）
总资产	205 516.06	100.00	187 602.30	100.00
投资性资产：				
债权投资	16 953.74	8.25		
长期股权投资	112 017.35	54.50	120 524.30	64.24
投资性资产合计	128 971.09	62.75	120 524.30	64.24
经营性资产合计（总资产减投资性资产）	76 544.98	37.25	67 078.00	35.76

从表 3-8 的计算结果分析可知，20×9 年 1 月 1 日到 20×9 年 12 月 31 日，DMHG 公司的经营性资产占其总资产的比重有所上升，上升 1.49 个百分点。如果不考虑其他因素影响，仅就数据变动来分析，可以认为公司正在由投资主导型向经营主导型转变。

2. 解：

根据 KRDQ 公司 20×5 年年底至 20×9 年年底资产负债表（表 3-2）编制资产负债表结构分析简表（单位：%），如表 3-9 所示。

表 3-9　　　KRDQ 公司 20×5 年年底至 20×9 年年底资产负债表结构分析简表　　　单位：%

	20×5年年底	20×6年年底	20×7年年底	20×8年年底	20×9年年底
流动资产：					
货币资金	10.97	42.28	26.17	19.72	31.72
交易性金融资产			0.22	0.07	0.08
应收票据	43.48	23.92	34.27	40.57	35.52
应收账款	2.36	1.68	1.76	0.79	0.83
预付款项	2.14	2.93	3.21	3.35	2.69
其他应收款	0.33	0.47	1.37	1.81	1.57
存货	15.75	10.55	17.27	20.21	13.98
其他流动资产		0.11	0.15	0.16	0.15
流动资产合计	75.03	81.94	84.56	86.67	86.53
非流动资产：					
长期股权投资	9.66	7.57	6.27	4.93	6.01
投资性房地产	0.09	0.07	0.05	0.05	0.04
固定资产	11.37	7.44	5.80	5.36	3.79

续表

	20×5 年年底	20×6 年年底	20×7 年年底	20×8 年年底	20×9 年年底
在建工程	0.49	0.04	0.09	0.34	0.44
无形资产	0.91	0.55	0.44	0.33	0.24
长期待摊费用	0.03				
递延所得税资产	2.51	2.37	2.78	2.33	2.96
非流动资产合计	24.97	18.06	15.44	13.33	13.47
资产总计	100.00	100.00	100.00	100.00	100.00
流动负债:					
短期借款	0.03	2.29	2.11	2.29	1.15
交易性金融负债		0.07			
应付票据	4.45	13.60	5.02	12.14	9.78
应付账款	32.87	23.49	25.46	22.12	25.81
预收款项	21.96	22.41	27.57	31.62	20.65
应付职工薪酬	0.94	1.18	1.10	0.61	0.95
应交税费	1.67	1.93	1.13	−1.46	2.45
其他应付款	0.83	0.70	0.60	0.50	0.94
一年内到期的非流动负债				0.51	0.79
其他流动负债	15.34	14.80	16.82	13.80	17.21
流动负债合计	78.09	80.49	79.81	82.13	79.74
非流动负债:					
长期借款			1.25	1.03	0.46
长期应付职工薪酬					
递延所得税负债		0.03	0.10	0.06	0.13
递延收益-非流动负债					
其他非流动负债		0.01	0.01	0.01	0.00
非流动负债合计		0.05	1.36	1.10	0.59
负债合计	78.09	80.53	81.17	83.23	80.33
所有者权益:					
股本	4.58	4.48	5.35	4.06	3.30
资本公积金	2.88	0.44	0.38	0.17	3.49
盈余公积金	6.27	4.69	4.24	3.60	3.23
未分配利润	8.18	9.85	8.86	8.94	9.65
所有者权益合计	21.91	19.47	18.83	16.77	19.67
负债和所有者权益总计	100.00	100.00	100.00	100.00	100.00

根据 KRDQ 公司 20×5 年年底至 20×9 年年底资产负债表结构分析简表（单位：%）（即表 3-9）编制资产负债表整体结构对称类型分析判断简表（单位：%），如表 3-10 所示。

表 3-10　KRDQ 公司 20×5 年年底至 20×9 年年底资产负债表整体结构对称类型分析判断简表　单位：%

	20×5 年年底	20×6 年年底	20×7 年年底	20×8 年年底	20×9 年年底
流动资产占资产比重	75.03	81.94	84.56	86.67	86.53
流动负债占资产比重	78.09	80.49	79.81	82.13	79.74
两者差额	−3.06	1.45	4.75	4.54	6.79
资产负债表整体结构对称类型	风险型	稳健型	稳健型	稳健型	稳健型

由表 3-10 可知，KRDQ 公司 20×5 年年底至 20×9 年年底资产负债表整体结构对称类型由风险型向稳健型转变，而且越来越趋于稳健。

3．解：

（1）20×9 年 12 月 31 日与 20×8 年 12 月 31 日，资产变动情况如下。

资产增长率=(205 516.06−187 602.06)÷187 602.06×100%=9.55%

（2）20×9 年与 20×8 年相比，营业收入变动情况如下。

营业收入增长率=(41 302.58−43 405.04)÷43 405.04×100%=−4.84%

（3）20×9 年与 20×8 年相比，净利润变动情况如下。

净利润增长率=(8 807.16−14 335.00)÷14 335.00×100%=−38.56%

（4）20×9 年与 20×8 年相比，经营活动产生的现金流量净额变动情况如下。

经营活动产生的现金流量净额增长率=(8 670.60−10 688.71)÷10 688.71×100%=−18.88%

将资产变动情况与营业收入、净利润、经营活动产生的现金流量净额的变动情况进行对比，发现资产增长率（9.55%）＞营业收入增长率（−4.84%）＞经营活动产生的现金流量净额增长率（−18.88%）＞净利润增长率（−38.56%）。这说明资产规模变动不合理、效率性低。

七、案例分析题

解：（1）资产规模变动情况及变动趋势分析如下。

根据表 3-4 编制比较资产负债表增长百分比分布一览表，如表 3-11 所示。

表 3-11　　　　　比较资产负债表增长百分比分布一览表　　　　　单位：%

	20×5 年	20×6 年	20×7 年	20×8 年	20×9 年
流动资产：					
货币资金	19.61	37.45	−40.10	58.12	38.43
预付款项	−49.34	189.47	56.11	1.62	−66.50
其他应收款	68.97	7.31	−38.37	22.53	35.21
存货	−4.56	0.22	38.42	55.54	25.07
其他流动资产	−100.00				
流动资产合计	2.16	20.50	5.42	36.58	13.40
非流动资产：					
其他债券投资		−46.86	−4.88	7.79	49.15
长期股权投资	23.48	60.33	5.25	16.53	−15.77
投资性房地产	15.18	−2.53	55.77	−12.44	−6.70
固定资产	−11.58	−12.62	−8.75	−7.70	−14.72
无形资产	−48.94	−58.73	570.37	−20.21	−9.50
长期待摊费用	−63.16	−100.00			
递延所得税资产	2.68	40.43	−22.25	−7.81	25.71
非流动资产合计	205.23	−6.15	1.32	12.58	5.04
资产总计	26.05	12.91	4.45	31.07	11.75
流动负债：					
短期借款	−100.00		−100.00		
应付票据					−56.20
应付账款	−54.27	158.56	−32.02	−13.28	−24.58
预收款项	11.24	39.58	−9.37	79.12	99.05

续表

	20×5 年	20×6 年	20×7 年	20×8 年	20×9 年
应付职工薪酬	−99.78	5 600.00	−9.18		
应交税费	−175.88	119.63	−611.70	414.20	−54.17
其他应付款	5.36	208.21	179.98	152.52	6.55
一年内到期的非流动负债	134.31	7.65	25.62	−32.18	44.29
流动负债合计	17.12	34.96	24.79	41.43	46.37
非流动负债：					
长期借款	−2.72	46.43	−16.61	53.97	−26.97
递延所得税负债		−47.67	−5.04	8.06	2.25
其他非流动负债		−47.18	−5.04	8.06	2.25
非流动负债合计	19.23	29.12	−15.74	50.10	−25.20
负债合计	18.18	32.00	4.67	44.89	16.74
股东权益：					
股本	0	0	0	0	0
资本公积金	86.23	−22.01	−1.56	2.41	−31.53
其他综合收益					
盈余公积金	13.99	19.82	13.54	16.36	5.09
未分配利润	5.47	27.05	28.61	37.32	1.32
股东权益合计	36.21	−8.48	4.09	8.60	0.94
负债和股东权益总计	26.05	12.91	4.45	31.07	11.75

从表 3-4、表 3-11 发现：①锦云房地产（集团）股份有限公司 20×9 年较 20×8 年资产规模增加 133 680.51（1 271 022.51−1 137 342.00）万元，增长 11.75%，与前一期增长的 31.07%比较，下降了 19.32%。②20×9 年增长 11.75%，与 20×5 年增长的 26.05%比较，下降了 14.30%。③根据表 3-4 编制资产负债主要项目余额表，如表 3-12 所示。

表 3-12 　　　　　　　　　　资产负债表主要项目余额表 　　　　　　　　　　单位：万元

项目或时间	20×4 年年底	20×5 年年底	20×6 年年底	20×7 年年底	20×8 年年底	20×9 年年底
货币资金	57 311.60	68 552.54	94 224.48	56 437.24	89 235.90	123 526.82
存货	246 541.36	235 294.75	235 805.17	326 413.00	507 710.10	634 976.34
流动资产	515 104.45	526 242.66	634 097.99	668 435.90	912 949.00	1 035 309.60
固定资产	2 526.90	2 234.30	1 952.30	1 781.40	1 644.23	1 402.17
非流动资产	68 675.23	209 620.17	196 728.59	199 325.70	224 393.00	235 712.91
资产总计	583 779.68	735 862.83	830 826.58	867 761.60	1 137 342.00	1 271 022.51
流动负债	163 491.62	191 484.69	258 419.83	322 480.95	456 070.90	667 567.97
负债合计	328 991.62	388 813.00	513 218.20	537 165.10	778 311.80	908 607.86
净资产	254 788.06	347 049.83	317 608.35	330 596.50	359 030.20	362 414.65

从表 3-12 不难发现，从 20×4 年年底到 20×9 年年底，锦云房地产（集团）股份有限公司的资产规模总体上呈现上升趋势，但上升的速度呈现下降态势。

（2）从 20×8 年年底到 20×9 年年底，资产规模发生变动的主要原因分析如下。

从理论上说，资产规模发生变动的原因主要有负债变动、所有者投资变动、经营盈亏引起的变动。根据表 3-4 编制 20×9 年 12 月 31 日资产负债表水平分析表（见表 3-13）。观察表 3-13，会发现引起资产规模变动的主要原因。

表 3-13　　　　　　　　　　20×9 年 12 月 31 日资产负债表水平分析表

项目	20×9 年年底（万元）	20×8 年年底（万元）	变动额（万元）	变动额率（%）	对总资产影响（%）
流动资产：					
货币资金	123 526.82	89 235.90	34 290.92	38.43	3.02
预付款项	55 233.55	164 885.80	−109 652.25	−66.50	−9.64
其他应收款	204 327.39	151 117.20	53 210.19	35.21	4.68
存货	634 976.34	507 710.10	127 265.24	25.07	11.19
其他流动资产	17 245.50		17 245.50		1.52
流动资产合计	1 035 309.60	912 949.00	122 360.60	13.40	10.76
非流动资产：					
其他债权投资	102 942.34	69 020.93	33 921.41	49.15	2.98
长期股权投资	124 091.62	147 319.80	−23 228.18	−15.77	−2.04
投资性房地产	2 232.20	2 392.48	−160.28	−6.70	−0.01
固定资产	1 402.17	1 644.23	−242.06	−14.72	−0.02
无形资产	9.15	10.11	−0.96	−9.50	0.00
递延所得税资产	5 035.43	4 005.45	1 029.98	25.71	0.09
非流动资产合计	235 712.91	224 393.00	11 319.91	5.05	1.00
资产总计	1 271 022.51	1 137 342.00	133 680.51	11.75	11.75
流动负债：					
短期借款	22 000.00		22 000.00		1.93
应付票据	852.39	1 946.20	−1 093.81	−56.20	−0.10
应付账款	5 611.62	7 440.10	−1 828.48	−24.58	−0.16
预收款项	267 588.22	134 434.70	133 153.52	99.05	11.71
应交税费	1 930.49	4 211.93	−2 281.44	−54.17	−0.20
其他应付款	211 442.20	198 437.97	13 004.23	6.55	1.14
一年内到期的非流动负债	158 143.00	109 600.00	48 543.00	44.29	4.27
流动负债合计	667 567.97	456 070.90	211 497.07	46.37	18.60
非流动负债：					
长期借款	221 060.00	302 700.00	−81 640.00	−26.97	−7.18
递延所得税负债	16 148.13	15 793.34	354.79	2.25	0.03
其他非流动负债	3 831.76	3 747.56	84.19	2.25	0.01
非流动负债合计	241 039.89	322 240.90	−81 201.02	−25.20	−7.14
负债合计	908 607.86	778 311.80	130 296.00	16.74	11.46
股东权益：					
股本	105 000.00	105 000.00	0.00	0.00	0.00
资本公积金	102 871.89	150 251.90	−47 380.01	−31.53	−4.17
其他综合收益	48 444.40		48 444.40		4.26
盈余公积金	26 461.59	25 179.61	1 281.98	5.09	0.11
未分配利润	79 636.77	78 598.69	1 038.08	1.32	0.09
股东权益合计	362 414.65	359 030.20	3 384.45	0.94	0.30
负债和股东权益总计	1 271 022.51	1 137 342.00	133 680.19	11.75	11.75

首先是负债增长 130 296.06 万元，增长幅度达到 16.74%，对总资产的影响达 11.46%。这是主要原因。其中，流动负债增长达 211 497.07 万元（主要是预收款项增加达 133 153.52 万元），增长率为 46.37%（主要是预收款项增长率达 99.05%），对总资产的影响达 18.60%；非流动负债减少 81 201.01 万元（主要是长期借款减少 81 640.00 万元），下降达 25.20%（长期借款下降率达 26.97%），对总资产的影响达 −7.14%。

其次是经营盈利导致资产增长 2 320.06 万元（盈余公积增长 1 281.98 万元，未分配利润增长 1 038.08 万元），增长率达 2.24%（其中，盈余公积增长 5.09%，未分配利润增长 1.32%），对总资产的影响达 0.20%。

最后是所有者入资中的资本公积减少和其他综合收益增长导致资产规模上升共计 1 064.39（−47 380.01+48 444.40）万元，对总资产的影响达 0.09%。

（3）资产规模变动的效率性、合理性及资源配置效率分析如下。

① 资产规模变动的效率性、合理性分析。资产规模变动率快于营业收入变动率、净利润变动率、经营现金流量净额变动率，说明资产规模变动是合理的，说明资产规模变动具有效率性。

根据表 3-4、表 3-5 数据编制表 3-14。

表 3-14　　　　　　　　　　　　　资产规模变动的合理性与效率性分析表

	20×4 年年底	20×5 年年底	20×6 年年底	20×7 年年底	20×8 年年底	20×9 年年底
资产总计（万元）	583 779.68	735 862.83	830 826.58	867 761.58	1 137 342.00	1 271 022.51
营业收入（万元）	87 637.60	96 779.60	121 753.58	113 717.53	83 681.44	143 229.67
净利润（万元）	26 219.73	19 420.58	31 528.49	25 814.00	35 401.84	12 819.79
经营现金净流量（万元）	−41 501.96	20 150.12	−3 255.09	−65 256.79	21 607.61	138 501.43
营业收入增长率		10.43%	25.81%	−6.60%	−26.41%	71.16%
净利润增长率		−25.93%	62.35%	−18.12%	37.14%	−63.79%
经营现金净流量增长率		−148.55%	−116.15%	190.48%	−133.11%	540.98%
资产增长率		26.05%	12.91%	4.45%	31.07%	11.75%

考虑房地产开发企业的营业周期、预售制度、购货（即购地增加存货）等行业特性，我们根据表 3-14 计算比较，综合认为企业资产规模变动的效率性欠佳，合理性有待进一步分析。

② 资源配置效率分析。

根据表 3-4 编制表 3-15。

表 3-15　　　　　　　　　　　　　资产负债表主要项目平均余额表　　　　　　　　　　单位：万元

项目或时间	20×5 年	20×6 年	20×7 年	20×8 年	20×9 年
存货	240 918.06	235 549.96	281 109.09	417 061.55	571 343.22
流动资产	520 673.56	580 170.33	651 266.92	790 692.45	974 129.30
固定资产	2 380.60	2 093.30	1 866.85	1 712.82	1 523.20
资产总计	659 821.26	783 344.71	849 294.09	1 002 551.80	1 204 182.26
净资产	300 918.95	332 329.09	324 102.43	344 813.35	360 722.43

根据表 3-15 和表 3-5 数据，结合反映资源（资产）配置效率即资产营运能力指标计算存货周转率、流动资产周转率、固定资产周转率和总资产周转率，如表 3-16 至表 3-19 所示。

表 3-16　　　　　　　　　　　　　　　　存货周转率计算表

	20×5 年	20×6 年	20×7 年	20×8 年	20×9 年
营业成本（万元）	68 927.41	70 090.14	56 031.77	58 364.46	120 254.01
平均存货（万元）	240 918.06	235 549.96	281 109.09	417 061.55	571 343.22
存货周转次数	0.286 1	0.297 6	0.199 3	0.139 9	0.210 5
存货周转天数	1 275.78	1 226.48	1 831.41	2 609.01	1 733.97
较前期		快 49.30 天	慢 604.93 天	慢 777.60 天	快 875.04 天

表 3-17　　　　　　　　　　　　　　　　流动资产周转率计算表

	20×5 年	20×6 年	20×7 年	20×8 年	20×9 年
营业收入（万元）	96 779.60	121 753.58	113 717.53	83 681.44	143 229.67
平均流动资产（万元）	520 673.56	580 170.33	651 266.92	790 692.45	974 129.30
流动资产周转次数	0.185 9	0.209 9	0.174 6	0.105 8	0.147 0
流动资产周转天数	1 963.42	1 738.92	2 090.49	3 449.91	2 482.99
较前期		快 224.50 天	慢 351.57 天	慢 1 359.42 天	快 966.92 天

表 3-18　　　　　　　　　　　　　　　　固定资产周转率计算表

	20×5 年	20×6 年	20×7 年	20×8 年	20×9 年
营业收入（万元）	96 779.60	121 753.58	113 717.53	83 681.44	143 229.67
平均固定资产（万元）	2 380.60	2 093.30	1 866.85	1 712.82	1 523.20
固定资产周转次数	40.65	58.16	60.91	48.86	94.03
固定资产周转天数	8.98	6.28	5.99	7.47	3.88
较前期		快 2.70 天	快 0.29 天	慢 1.48 天	快 3.59 天

表 3-19　　　　　　　　　　　　　　　　总资产周转率计算表

	20×5 年	20×6 年	20×7 年	20×8 年	20×9 年
营业收入（万元）	96 779.60	121 753.58	113 717.53	83 681.44	143 229.67
平均资产（万元）	659 821.26	783 344.71	849 294.09	1 002 551.80	1 204 182.26
总资产周转次数	0.146 7	0.155 4	0.133 9	0.083 5	0.118 9
总资产周转天数	2 488.07	2 348.78	2 725.92	4 371.26	3 069.81
较前期		快 139.29 天	慢 377.14 天	慢 1 645.34 天	快 1 031.45 天

资源配置效率 20×9 年较 20×8 年有所提高，分析期内呈现 U 型。

（4）资产结构变动趋势分析。

根据表 3-4 编制表 3-20。

表 3-20　　　　　　　　　　　　比较资产负债表结构分布一览表　　　　　　　　　　　　单位：%

	20×4 年年底	20×5 年年底	20×6 年年底	20×7 年年底	20×8 年年底	20×9 年年底
流动资产：						
货币资金	9.82	9.32	11.34	6.50	7.85	9.72
预付款项	12.14	4.88	12.51	18.70	14.50	4.35
其他应收款	18.91	25.34	24.09	14.21	13.28	16.08
存货	42.23	31.98	28.38	37.62	44.64	49.96
其他流动资产	5.14					1.36
流动资产合计	88.24	71.51	76.32	77.03	80.27	81.45

续表

	20×4 年年底	20×5 年年底	20×6 年年底	20×7 年年底	20×8 年年底	20×9 年年底
非流动资产：						
其他债权投资		17.21	8.10	7.38	6.07	8.10
长期股权投资	10.39	10.18	14.46	14.57	12.95	9.76
投资性房地产	0.27	0.24	0.21	0.31	0.21	0.18
固定资产	0.43	0.30	0.23	0.21	0.14	0.11
长期待摊费用	0.01					
递延所得税资产	0.66	0.54	0.67	0.50	0.35	0.40
非流动资产合计	11.76	28.49	23.68	22.97	19.73	18.55
资产总计	100.00	100.00	100.00	100.00	100.00	100.00
流动负债：						
短期借款	6.51		0.72			1.73
应付票据					0.17	0.07
应付账款	1.83	0.66	1.52	0.99	0.65	0.44
预收款项	9.14	8.06	9.97	8.65	11.82	21.05
应付职工薪酬	0.01	0.00	0.00	0.00		
应交税费	0.30	−0.18	0.03	−0.15	0.37	0.15
其他应付款	1.48	1.24	3.38	9.06	17.44	16.64
一年内到期的非流动负债	8.74	16.24	15.48	18.62	9.64	12.44
流动负债合计	28.01	26.02	31.10	37.16	40.10	52.52
非流动负债：						
长期借款	28.35	21.88	28.38	22.66	26.61	17.39
递延所得税负债		4.00	1.85	1.68	1.39	1.27
其他非流动负债		0.94	0.44	0.40	0.33	0.30
非流动负债合计	28.35	26.82	30.67	24.74	28.33	18.96
负债合计	56.36	52.84	61.77	61.90	68.43	71.49
股东权益：						
股本	17.99	14.27	12.64	12.10	9.23	8.26
资本公积金	17.58	25.97	17.94	16.91	13.21	8.09
其他综合收益						3.81
盈余公积金	2.39	2.16	2.29	2.49	2.21	2.08
未分配利润	5.69	4.76	5.36	6.60	6.92	6.27
股东权益合计	43.64	47.16	38.23	38.10	31.57	28.51
负债和股东权益总计	100.00	100.00	100.00	100.00	100.00	100.00

根据表 3-20 绘制资产结构变动趋势简表，如表 3-21 所示。

表 3-21 资产结构变动趋势简表

项目	20×4 年年底	20×5 年年底	20×6 年年底	20×7 年年底	20×8 年年底	20×9 年年底
流动资产占总资产（%）	88.24	71.51	76.32	77.03	80.27	81.45
非流动资产占总资产（%）	11.76	28.49	23.68	22.97	19.73	18.55

根据表 3-21 绘制资产结构变动趋势图，如图 3-1 所示。

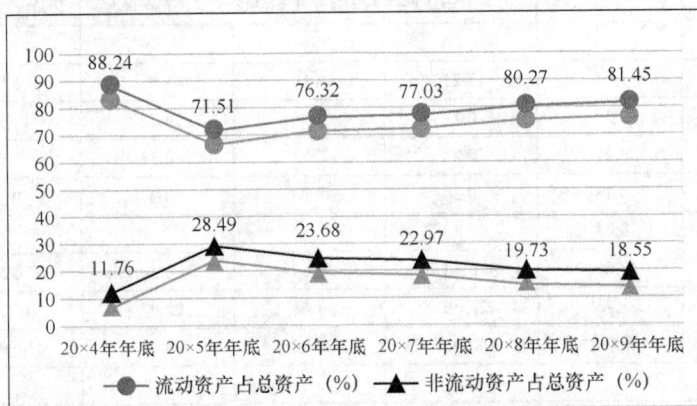

图 3-1　资产结构变动趋势图

图 3-1 表明，从 20×5 年年底起，流动资产占总资产比重呈上升趋势，而非流动资产占总资产比重呈下降趋势。

（5）资产负债表整体对称性结构变动轨迹分析如下。

根据表 3-20 编制流动资产占总资产结构与流动负债占总资产结构对照表，如表 3-22 所示。

表 3-22　流动资产占总资产结构与流动负债占总资产结构对照表

	20×4 年年底	20×5 年年底	20×6 年年底	20×7 年年底	20×8 年年底	20×9 年年底
流动资产占总资产（%）	88.24	71.51	76.32	77.03	80.27	81.45
流动负债占总资产（%）	28.01	26.02	31.10	37.16	40.10	52.52

从图 3-2 可以看出资产负债表整体对称性结构呈现稳健型类型，变动轨迹呈现稳健型"√"变动轨迹。

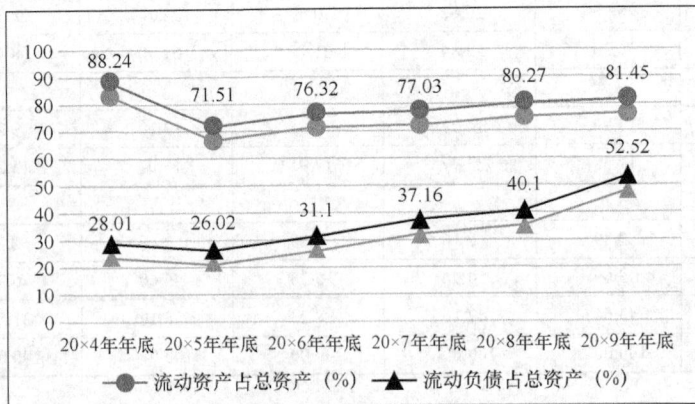

图 3-2　流动资产占总资产结构与流动负债占总资结构对照图

（6）企业的偿债能力与风险分析如表 3-23 所示。

表 3-23　偿债能力指标计算一览表

项目或时间	20×4 年年底	20×5 年年底	20×6 年年底	20×7 年年底	20×8 年年底	20×9 年年底
货币资金（万元）	57 311.60	68 552.54	94 224.48	56 437.24	89 235.90	123 526.82
存货（万元）	246 541.36	235 294.75	235 805.17	326 413.00	507 710.10	634 976.34

续表

项目或时间	20×4 年年底	20×5 年年底	20×6 年年底	20×7 年年底	20×8 年年底	20×9 年年底
流动资产（万元）	515 104.45	526 242.66	634 097.99	668 435.00	912 949.00	1 035 309.60
速动资产（万元）	268 563.09	290 947.91	398 291.82	342 022.85	405 238.90	400 333.26
资产总计（万元）	583 779.68	735 862.83	830 826.58	867 761.60	1 137 342.00	1 271 022.51
流动负债（万元）	163 491.62	191 484.69	258 419.83	322 480.95	456 070.90	667 567.97
负债合计（万元）	328 991.62	388 813.00	513 218.23	537 165.10	778 311.80	908 607.86
现金比率	0.350 5	0.358 0	0.364 6	0.175 0	0.195 7	0.185 0
流动比率	3.150 7	2.748 2	2.453 8	2.072 8	2.001 8	1.550 9
速动比率	1.642 7	1.519 4	1.541 3	1.060 6	0.888 5	0.599 7
资产负债率（%）	56.36	52.84	61.77	61.90	68.43	71.49

注：现金比率=货币资金/流动负债；流动比率=流动资产/流动负债；速动比率=速动资产/流动负债，速动资产=流动资产−存货。

计算结果表明，无论是短期偿债能力还是长期偿债能力都呈现下降趋势，说明企业的财务风险呈不断加大趋势。

（7）资源配置效果分析如表 3-24～表 3-27 所示。

表 3-24　　　　　　　　　　　　总资产报酬率计算表

	20×5 年	20×6 年	20×7 年	20×8 年	20×9 年
利润总额（万元）	22 174.07	37 992.56	33 350.25	39 737.23	15 155.00
利息费用（万元）	5 252.46	3 602.46	6 518.46	1 639.21	4 011.43
息税前利润（万元）	27 426.53	41 595.02	39 868.71	41 376.44	19 166.43
平均资产（万元）	659 821.26	783 344.71	849 294.09	1 002 551.80	1 204 182.26
总资产报酬率（%）	4.16	5.31	4.69	4.13	1.59

表 3-25　　　　　　　　　　　　总资产利润率计算表

	20×5 年	20×6 年	20×7 年	20×8 年	20×9 年
利润总额（万元）	22 174.07	37 992.56	33 350.25	39 737.23	15 155.00
平均资产（万元）	659 821.26	783 344.71	849 294.09	1 002 551.80	1 204 182.26
总资产利润率（%）	3.36	4.85	3.93	3.96	1.26

表 3-26　　　　　　　　　　　　总资产净利润率计算表

	20×5 年	20×6 年	20×7 年	20×8 年	20×9 年
净利润（万元）	19 420.58	31 528.49	25 814.00	35 401.84	12 819.79
平均资产（万元）	659 821.26	783 344.71	849 294.09	1 002 551.80	1 204 182.26
总资产净利润率（%）	2.94	4.02	3.04	3.53	1.07

表 3-27　　　　　　　　　　　　净资产收益率计算表

	20×5 年	20×6 年	20×7 年	20×8 年	20×9 年
净利润（万元）	19 420.58	31 528.49	25 814.00	35 401.84	12 819.79
平均股东权益（万元）	300 918.95	332 329.09	324 102.43	344 813.35	360 722.43
净资产收益率（%）	6.45	9.49	7.96	10.27	3.55

从总资产报酬率、总资产利润率、总资产净利润率和净资产收益率的计算结果看，总体呈下降趋势，资源配置效果 20×9 年明显不如 20×8 年。

（8）资产负债表分析的总体结论与具体结论如下。

资产负债表分析总体结论为，企业 20×9 年年底的财务状况不如其 20×8 年年底的财务状况，即分析期企业财务状况总体呈现下降趋势。

资产负债表分析的具体结论如下。

① 从 20×4 年年底到 20×9 年年底，资产规模总体上呈现上升趋势，但上升的速度呈现下降态势。

② 从 20×8 年年底到 20×9 年年底，资产规模变动的主要原因为负债增长，其中流动负债、预收账款增长所带来的影响最大。这与房地产预售相关。

③ 企业资产规模变动的效率性欠佳，合理性有待进一步分析。资源配置效率总体呈现降低趋势，但 20×9 年较 20×8 年有明显改观。

④ 从 20×5 年年底起，流动资产占总资产比重呈上升趋势，而非流动资产占总资产比重呈下降趋势。

⑤ 分析期内，资产负债表整体对称性结构均为稳健型，变动轨迹呈现"√"变动轨迹。

⑥ 分析期内，企业偿债能力，无论是短期偿债能力还是长期偿债能力都呈现下降趋势，说明企业的财务风险呈现不断加大趋势。

⑦ 分析期内企业资源配置效果总体呈下降趋势，20×9 年的资源配置效果明显不如 20×8 年的。

利润表分析　第4章

知识点回顾

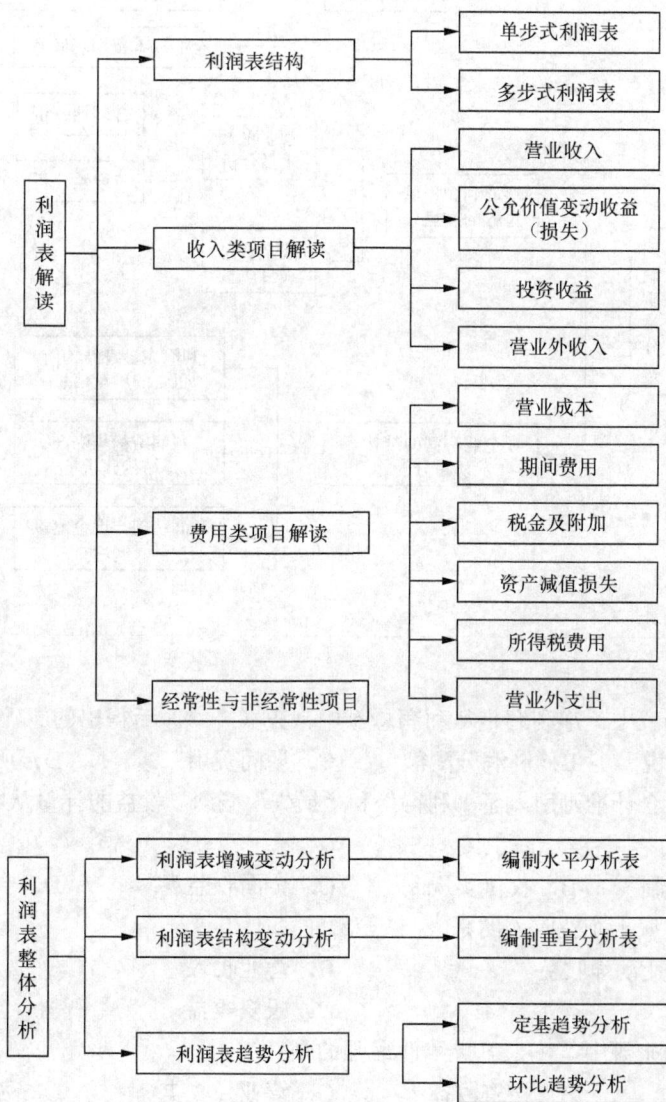

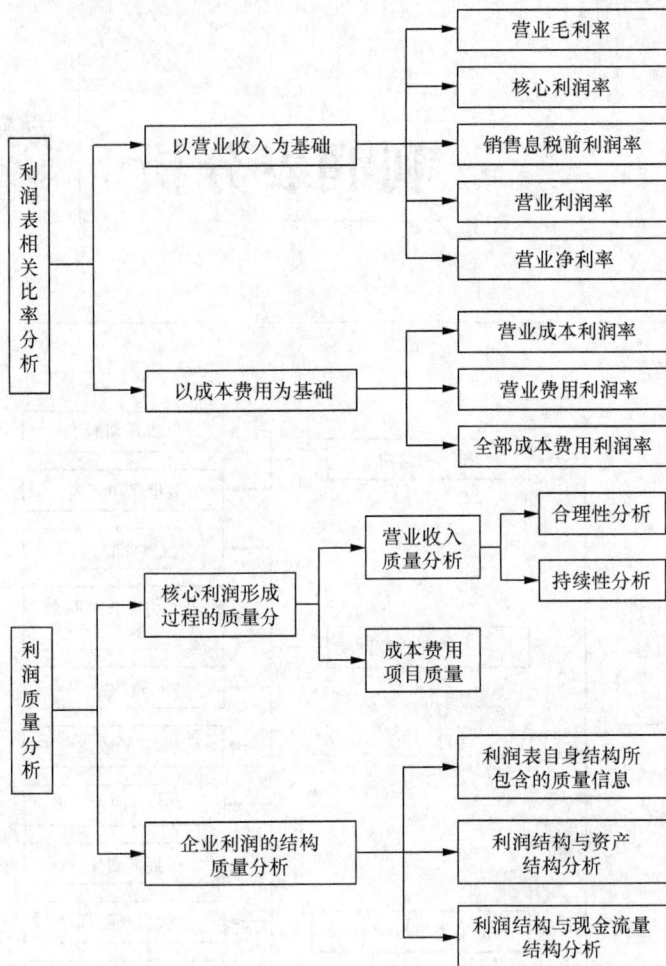

练习题

一、单项选择题

1. 在多步式利润表中，净利润是从利润总额中减去（　　）后得出的。

　　A. 应交所得税　　　B. 利润分配额　　　C. 期间费用　　　D. 所得税费用

2. 我国现行企业会计准则引入了"利得"和"损失"概念，收益的计量从收入费用观转变为资产负债观，充分体现了（　　）的特点。

　　A. 权责发生制　　　B. 收付实现制　　　C. 全面收益观　　　D. 会计收益观

3. 下列各项中，属于企业收入的是（　　）。

　　A. 公允价值变动净收益　　　　　　B. 营业收入

　　C. 营业外收入　　　　　　　　　　D. 投资收益

4. 在企业利润的来源中，未来可持续性最强的是（　　）。

　　A. 营业利润　　　B. 投资收益　　　C. 营业外收支　　　D. 资产价值变动损益

5. 利润表趋势分析是指（　　）。

　　A. 与竞争对手比　　　　　　　　　B. 与国内外同类企业比

　　C. 与行业平均数比　　　　　　　　D. 与本企业历史水平比

6. 利润表结构变动分析的核心工作是（　　　）。

    A．编制利润表水平分析表　　　　　　B．编制利润表垂直分析表

    C．编制利润表趋势分析表　　　　　　D．编制利润表收益差异分析表

7. 编制利润表的垂直分析表时，一般以（　　　）作为计算基数。

    A．企业实现的净利润　　　　　　　　B．企业实现的利润总额

    C．企业实现的营业利润　　　　　　　D．企业实现的营业收入

8. 环比动态比率等于（　　　）。

    A．分析期数据÷前期数据　　　　　　B．分析期数据÷固定基期数据

    C．增减额÷前期数据　　　　　　　　D．增减额÷固定基期数据

9. 提高企业营业利润可以通过（　　　）。

    A．降低所得税　　　　　　　　　　　B．增加营业收入

    C．增加营业外收入　　　　　　　　　D．降低营业外支出

10. 下列指标中，（　　　）能够较为直观地反映企业的初始盈利能力，是企业净利润的起点。

    A．营业利润率　　　　　　　　　　　B．销售息税前利润率

    C．营业毛利率　　　　　　　　　　　D．核心利润率

11. 营业毛利率指标具有明显的行业特征。一般来说，毛利率较低的行业是（　　　）。

    A．轻工业　　　　　B．重工业　　　　　C．商品零售业　　　　　D．服务业

12. 投资性资产的增值质量可以通过（　　　）指标加以分析与评价。

    A．投资性资产周转率　　　　　　　　B．投资性资产报酬率

    C．核心利润率　　　　　　　　　　　D．净利率

13. 经营性资产的增值质量可以通过（　　　）指标加以分析与评价。

    A．经营性资产周转率　　　　　　　　B．经营性资产报酬率

    C．核心利润率　　　　　　　　　　　D．净利率

14. 下列报表中反映静态财务状况的是（　　　）。

    A．资产负债表　　　　B．利润表　　　　C．线径流量表　　　　D．所有者权益变动表

15. 核心利润是指（　　　）。

    A．毛利−（税金及附加+销售费用+管理费用+研发费用+财务费用）

    B．毛利−（销售费用+管理费用+研发费用+财务费用）

    C．营业利润−营业外收支净额

    D．营业收入−营业成本

16. 企业营业利润率与去年基本一致，而营业净利率却有大幅度下降，可能的原因是（　　　）。

    A．营业收入下降　　　　　　　　　　B．营业成本上升

    C．营业费用增加　　　　　　　　　　D．营业外支出增加

17. 利润表多步式下，项目按（　　　）。

    A．流动性强弱排列　　　　　　　　　B．变现力大小排列

    C．业务的主次排列　　　　　　　　　D．都不是

18. A 企业是一家创业板上市公司，2018 年度营业收入为 20 000 万元，营业成本为 15 000 万元，利润总额为 2 000 万元，净利润为 1 500 万元，则营业净利率为（　　　）。

    A．7.5%　　　　　B．10%　　　　　　C．40%　　　　　　D．30%

19. 以下属于利润表中非经常性项目的是（　　　）。

    A. 营业收入　　　　B. 营业成本　　　　C. 信用减值损失　　　　D. 资产处置收益

20. 短期债权包括（　　　）。

    A. 融资租赁　　　　B. 长期投资　　　　C. 商业信用　　　　D. 长期债券

二、多项选择题

1. 属于期间费用的有（　　　）。

    A. 营业成本　　　　B. 制造费用　　　　C. 管理费用

    D. 财务费用　　　　E. 销售费用

2. 利润表中，与计算"营业利润"有关的项目是（　　　）。

    A. 营业收入　　　　B. 营业成本　　　　C. 投资损益

    D. 营业外收入　　　E. 营业外支出

3. 下列有关利得或损失的表述中，不正确的有（　　　）。

    A. 企业非日常活动所形成的、会导致所有者权益增加的、与所有者投入资本无关的经济利益的流入属于利得

    B. 企业发生利得或损失时，均应计入所有者权益

    C. 企业发生利得或损失后，最终都会影响所有者权益

    D. 费用与损失的区别在于前者是非日常活动产生的，后者是日常活动产生的

    E. 费用的实质是经济利益的流出

4. 在利润表趋势分析时，计算趋势百分比的方法主要有（　　　）。

    A. 比率分析法　　　B. 定基百分比　　　C. 环比百分比

    D. 结构百分比　　　E. 因素分析法

5. 利润表增减变动分析的比较标准有（　　　）。

    A. 本企业的上期实际数　　　　　　B. 报告期的计划数或预算数

    C. 可比企业的同期实际数　　　　　D. 行业内的最高水平

    E. 国外企业的先进水平

6. 以营业收入为基础的盈利能力指标主要包括（　　　）。

    A. 营业毛利率　　　B. 核心利润率　　　C. 销售息税前利润率

    D. 营业利润率　　　E. 营业净利率

7. 利润质量高的企业，具有以下特点（　　　）。

    A. 实行持续、稳健的会计政策　　　　B. 对企业财务状况和利润的计量是谨慎的

    C. 利润主要是由主营业务创造的　　　　D. 提供的利润信息是合规的

    E. 会计上反映的收入能迅速转化为现金

8. 通常企业利润的质量越高，同口径核心利润与经营活动产生的现金流量净额越接近。如果差距较大，则说明利润质量存在风险，其可能的原因有（　　　）。

    A. 企业收款不足

    B. 企业付款过度

    C. 企业存在不恰当的资金运作行为

    D. 企业的经营活动主要依赖于与关联方发生的业务往来

    E. 企业调整了赊销政策

9. 利润表中"营业收入"项目包括（　　）。

    A. 投资收益　　　　B. 资产处置收益　　C. 营业外收入

    D. 主营业务收入　　E. 其他业务收入

10. 单一产品毛利的变动受（　　）因素的影响。

    A. 销售单价　　　　B. 单位成本　　　　C. 变动成本

    D. 固定成本　　　　E. 销量

11. 导致企业毛利率低的原因有（　　）。

    A. 产品的生命周期已经进入衰退期

    B. 企业所生产的产品的品牌、质量、成本和价格等在市场上没有竞争力

    C. 企业故意调低毛利率

    D. 企业经营管理不善，期间费用未能严格控制

    E. 新产品在研究阶段投入过多

12. 利润表整体分析包括（　　）。

    A. 利润表质量分析　　　　　　　　B. 利润表趋势变动分析

    C. 利润表增减变动分析　　　　　　D. 利润表结构变动分析

    E. 利润表趋势分析

三、判断题

1. 单步式利润表可能提供的利润指标是主营业务利润。　　　　　　　　　　（　　）

2. 多步式利润表有助于使用者从不同利润类别中了解企业经营成果的不同来源。（　　）

3. 经常性项目和非经常性项目划分的标准是其发生与否跟企业日常生产经营活动是否直接有关。

    （　　）

4. 核心利润是企业利用经营资产从事自身经营活动所产生的直接利润，反映了企业经营资产的综合盈利能力。　　　　　　　　　　　　　　　　　　　　　　　　　　　　　　　（　　）

5. 全部成本费用利润率越高，表明创造单位利润所消耗的成本费用越多，劳动耗费的效益越低。

    （　　）

6. 计算销售息税前利润率时，其利息支出来自"财务费用"科目下面的附属科目"利息支出"。

    （　　）

7. 企业存货周转缓慢意味着企业利润质量恶化。　　　　　　　　　　　　　（　　）

8. 利润信息的首要质量特征是真实性与相关性。　　　　　　　　　　　　　（　　）

9. 用于趋势分析的数据只能是百分比数据。　　　　　　　　　　　　　　　（　　）

10. 企业所得税是企业的一项费用。该项目可以由当期利润总额乘以税率得到。（　　）

11. 定基动态比率是指分析期数据除以固定基期数据。　　　　　　　　　　（　　）

12. 为购建或生产满足资本化条件的资产（如固定资产）发生的应予以资本化的借款费用，列支在"财务费用"内。　　　　　　　　　　　　　　　　　　　　　　　　　　　　　　（　　）

13. 企业的业绩过度依赖非营业项目被认为是企业利润质量好转的一种信号。（　　）

14. 会计政策和会计估计的变更被认为是企业利润质量恶化的一种信号。　　（　　）

15. 控制性资产是母公司对子公司的投资，是母公司的经营资产。　　　　　（　　）

16. 期间费用只能独立分析，不能与其他财务数据构建比率指标进行分析。　（　　）

17. 对于一个健康企业来说，主营业务收入占总收入的比重应该最大。　　　（　　）

四、名词解释题

1. 利润表
2. 营业收入
3. 公允价值变动损益
4. 利得
5. 营业成本
6. 所得税费用
7. 经常性项目
8. 三点式审阅法
9. 核心利润
10. 利润质量
11. 毛利
12. 营业外支出

五、简答题

1. 简述利润表与资产负债表的异同。
2. 简述企业利润表中的利润类项目。
3. 简述利润表分析的主要内容。
4. 简述利润表的三点式审阅法。
5. 营业毛利率、核心利润率、息税前利润率、营业利润率和营业净利率有何区别？
6. 简述利润质量恶化的主要表现信号。
7. 如何从利润表自身结构分析其所包含的质量信息？
8. 如何理解利润质量及其特征？
9. 简述利润质量高的企业的特点。
10. 如何看待小项目变化所包含的质量信息？

六、计算分析题

1. A 公司 20×9 年度有关利润的资料如表 4-1 所示。

表 4-1　　　　　　　　　　　A 公司 20×9 年度利润表简表　　　　　　　　单位：千元

项目	20×8	20×9
营业收入	2 300	2 600
营业成本	2 060	2 180
投资净收益	4	5
营业利润	120	365
营业外收入	7	34
营业外支出	17	12
利润总额	110	387

要求：根据上述资料，运用水平分析法对该公司 20×9 年度利润的完成情况进行分析。

2. 表 4-2 是 B 公司 20×8 年至 20×9 年的利润表。

表 4-2　　　　　　　　　　B 公司 20×8 年至 20×9 年的利润表　　　　　　　　　单位：千元

项目	20×8 年度	20×9 年度
一、营业收入	301 000	365 000
减：营业成本	220 300	300 000
税金及附加	1 500	2 100
销售费用	6 000	7 200
管理费用	12 000	27 000
财务费用	320	600
加：投资收益	4 700	5 200
二、营业利润	65 580	33 300
加：营业外收入	1 180	1 342
减：营业外支出	14 500	9 222
三、利润总额	52 260	25 420

B 公司董事长认为，B 公司 20×9 年营业收入上升而利润下降不是正常情况，同时管理费用大幅增加也属不正常情形，需要进行分析解释。

要求：（1）编制 B 公司利润垂直分析表。

（2）在利润表三点式审阅法下，应该重点关注哪几个项目的数值？

（3）简要评述两年的各项变动，并分析其变动原因。

3．承接题 2 的资料，假定 B 公司 20×8 年和 20×9 年所得税费用分别为 13 000 元和 6 300 元。

要求：计算 B 公司 20×8 年度和 20×9 年度的营业毛利率、核心利润率、营业净利率，并做出简要分析。

4．C 公司 20×9 年实现营业收入 4 500 万元，发生营业成本 2 700 万元、税金及附加 300 万元、期间费用 400 万元、资产减值准备 100 万元。要求：计算 C 公司 20×9 年营业毛利、营业毛利率、核心利润和核心利润率。

5．D 公司近年每年营业收入的有关资料如表 4-3 所示。

表 4-3　　　　　　　　　　D 公司 20×3 年至 20×9 年的营业收入　　　　　　　　　单位：万元

项目	20×3 年	20×4 年	20×5 年	20×6 年	20×7 年	20×8 年	20×9 年
营业收入	400	528	600	510	680	700	740

要求：计算 D 公司各年的定基动态比率和环比动态比率。

6．E 公司 20×6 年至 20×9 年连续 4 年的营业收入和净利润资料如表 4-4 所示。

表 4-4　　　　　　　　　　E 公司 20×6 年至 20×9 年的营业收入和净利润　　　　　　　　　单位：万元

项目	20×6 年	20×7 年	20×8 年	20×9 年
营业收入	4 000	4 200	5 000	6 000
净利润	300	320	540	660

要求：

（1）以 20×6 年为基年，对 E 公司 4 年的经营趋势做出分析。

（2）说明基年选择应注意的问题。

7．资料：从中国证券监督管理委员会行政处罚决定书看企业利润质量。

2015 年 4 月 8 日，中国证券监督管理委员会（简称"证监会"）发布了证监罚字[2015]7 号行政处罚决定书，对潍坊北大青鸟华光科技股份有限公司（简称"青鸟华光"）及相关 15 名责任人进行处罚。处罚书认定的主要事实如下。

（1）青鸟华光在 2007 年至 2012 年期间的各年度报告中未按规定披露实际控制人及其控制关系。

（2）青鸟华光在 2012 年年度报告中未按规定披露相关关联方关系及关联交易。青鸟华光 2010 年、2011 年实现归属于母公司所有者的净利润分别为−2 138.52 万元、−2 134.23 万元。青鸟华光在 2012 年年度报告中，未按规定披露其与新疆盛世新天、四海华澳之间存在的关联方关系及发生的关联交易。同时，青鸟华光未按规定将上述北京华光股权转让形成的利得计入所有者权益，而是计入了当期损益，导致公司 2012 年度利润总额虚增 4 122.19 万元。

（3）青鸟华光在 2012 年通过关联方配合控股子公司实施无商业实质的购销交易，虚增年度营业收入。

资料来源：中国证监会证监罚字[2015]7 号行政处罚决定书。

要求：分析本案例中涉及的信息披露内容对企业利润质量有何影响？

七、案例分析题

LSW 是一家基于一云多屏构架、实现全终端覆盖的网络视频服务商。自 2010 年 8 月登录深交所创业板后，LSW 业绩增长迅速。LSW 20×8 年度、20×9 年度利润表的资料如表 4-5 所示。

表 4-5 　　　　　　　　　　　　LSW 母公司利润表 　　　　　　　　　　　　单位：千元

项目	20×8 年	20×9 年
一、营业收入	1 466 810	2 359 677
减：营业成本	786 596	1 254 089
税金及附加	25 626	50 407
销售费用	124 116	164 710
管理费用	74 922	123 558
财务费用	112 273	144 816
资产减值损失	23 048	35 318
加：公允价值变动收益（损失以"−"号填列）		
投资收益（损失以"−"号填列）	−1 681	−670
其中：对联营企业和合营企业的投资收益	−91	−319
二、营业利润	318 547	586 108
加：营业外收入	6 176	13 653
减：营业外支出	1 001	39
其中：非流动资产处置损失	1	
三、利润总额（亏损总额以"−"号填列）	323 722	599 723
减：所得税费用	35 080	66 123
四、净利润（净亏损以"−"号填列）	288 642	533 600

要求：（1）编制 LSW 母公司利润水平分析表并对利润表增减变动情况进行分析评价。

（2）编制 LSW 母公司利润垂直分析表并对利润表结构变动情况进行分析评价。

（3）从财务角度评价该公司利润结构是否合理，以及该公司的盈利能力是否具有可持续性。

练习题答案

一、单项选择题

1	2	3	4	5	6	7	8	9	10	11	12
D	C	B	A	D	B	D	A	B	C	C	B

13	14	15	16	17	18	19	20				
B	A	B	D	C	A	D	C				

二、多项选择题

1	2	3	4	5	6	7	8	9	10	11	12
CDE	ABC	BD	BC	ABC	ABCDE	ABCE	ABCD	DE	ABE	ABC	CDE

三、判断题

1	2	3	4	5	6	7	8	9	10	11	12
×	√	×	√	×	×	×	√	×	×	×	×

13	14	15	16	17							
×	√	×	×	√							

1．改正：这句话改为"单步式利润表可能提供的利润指标是净利润"。

3．改正：这句话改为"经常性项目和非经常性项目划分的标准是盈利持久性的差异"。

5．改正：这句话改为"全部成本费用利润率越高，表明单位消耗所创造的利润越多，劳动耗费的效益越高"。

6．改正：这句话改为"计算销售息税前利润率时，其利息支出既包括'财务费用'科目下面的附属科目'利息支出'，也包括资本化的利息支出"。

7．改正：这句话改为"企业存货周转过于缓慢被认为是企业利润质量恶化的一种信号"。

9．改正：这句话改为"用于趋势分析的数据可以是绝对值，也可以是比率或百分比数据"。

10．改正：这句话改为"企业所得税是企业的一项费用，但是该项目并不能直接由当期利润总额乘以税率计算得到"。

11．改正：这句话改为"利润表的定基态分析主要是对某一期间数据的分析"。

12．改正：这句话改为"为购建或生产满足资本化条件的资产（如固定资产）发生的应予以资本化的借款费用，在固定资产达到预定可使用状态前不包括在财务费用内，而应在'在建工程''制造费用'等科目中反映"。

13．改正：这句话改为"企业的业绩过度依赖非营业项目被认为是企业利润质量恶化的一种信号"。

15．改正：这句话改为"控制性资产是母公司对子公司的投资，是子公司的经营资产"。

16．改正：这句话改为"期间费用可以与其他财务数据构建比率指标进行分析"。

四、名词解释题

1．利润表，又称损益表、收益表，是反映企业在一定会计期间经营成果的财务报表。

2．营业收入，是企业在销售商品、提供劳务及让渡资产使用权等日常经营活动中产生的经济利益的总流入，包括主营业务收入和其他业务收入，是构成利润的主要来源。

3．公允价值变动损益，是指企业交易性金融资产、交易性金融负债，以及采用公允价值模式计量的投资性房地产、衍生工具、套期保值业务等公允价值变动形成的应计入当期损益的利得或损失。

4．利得，是指由企业非日常活动所形成的、会导致所有者权益增加的、与所有者投入资本无关的经济利益的流入，通常从偶发的经济业务中取得。

5．营业成本，是指与营业收入相关的、已经确定了归属期和归属对象的成本，包括主营业务成本和其他业务成本。

6．所得税费用，是指企业在会计期间内发生的利润总额，经调整后按照国家税法规定的比率计算缴纳的所得税。

7. 经常性项目，所代表的收入和费用与公司的主要营业活动直接相关，其产生的利润是稳定和可持续的，在分析时应给予较高的权重。

8. 三点式审阅法，是指利润表审阅要关注营业收入、毛利率及费用率三点。

9. 核心利润，是指企业利用经营资产从事自身经营活动所产生的直接利润，在数量上等于毛利减掉销售费用、管理费用、财务费用，再减掉税金及附加。

10. 利润质量，指的是利润的实质，而非利润的表象，即会计收益所表达的与企业经济价值有关信息的可靠程度。

11. 毛利等于营业收入减去营业成本，反映企业的初始盈利能力。

12. 营业外支出反映企业发生的除营业利润以外的支出，主要包括债务重组损失、公益性捐赠支出、非常损失、盘亏损失、非流动资产毁损报废损失等。

五、简答题

1. 答：资产负债表和利润表之间既有区别，又有紧密联系。

（1）资产负债表与利润表的区别：两者反映的内容不同；两者的编制依据不同；两者各项目的确认计量方法不尽相同。

（2）资产负债表与利润表的联系：资产负债表与利润表相互补充，相辅为用，两者反映的对象都是资金运动；资产负债表反映企业开展经营活动的结果，即资产、负债、所有者权益的构成，而利润表说明利润的形成过程及结果，也就是运用各项资产带来的经济效益。

2. 答：企业利润表中的利润类项目总共有 6 个项目，将这 6 个利润类项目大致可划分为已实现的利润类项目、未实现的利润类项目和其他类型的利润类项目。已实现的利润类项目主要有"营业利润"项目、"利润总额"项目、"净利润"项目，未实现的利润类项目主要是"其他综合收益的税后净额"项目，而其他类型的利润类项目则是"综合收益总额"项目和"每股收益"项目。

3. 答：利润表分析的主要内容包括整体分析、相关指标分析和利润质量分析。

（1）利润表整体分析。利润表整体分析包括利润表增减变动分析、利润表结构变动分析和利润表趋势分析。

（2）利润表相关指标分析。

（3）利润质量分析。

4. 答：所谓利润表的三点式审阅法，是指我们在进行利润表审阅时要关注营业收入、毛利率及费用率三点。毛利率和费用率确定了，就可以得出净利率。这样也就可以算出净利润。所以，在利润表分析中，最关键的三大指标是一个中心（营业收入，绝对指标）、两个基本点（毛利率、费用率，相对指标）。

5. 答：（1）营业毛利率反映的是表示每一元营业收入扣除营业成本后，有多少钱可以用于各项期间费用和形成利润。

（2）核心利润率是核心利润与营业收入之比。

（3）息税前利润率是指企业未扣除利息支出和所得税之前的利润与营业收入的比率。

（4）营业利润率是指企业的营业利润与营业收入的比率。它反映了企业每单位营业收入能带来多少营业利润。

（5）营业净利率是指企业的净利润与营业收入的比率。它反映了企业每单位营业收入能带来多少净利润，反映企业营业收入扣除全部成本和费用后的最终获利能力。

6. 答：利润质量恶化的主要表现信号有下列 11 种。

（1）企业扩张过快。

（2）企业反常压缩管理成本。

（3）企业变更会计政策和会计估计。

（4）应收账款规模的不正常增加。

（5）企业存货周转过于缓慢。

（6）应付账款规模的不正常增加。

（7）企业无形资产余额的不正常增加。

（8）企业的业绩过度依赖非营业项目。

（9）企业计提的各种准备过低。

（10）注册会计师变更，或审计报告出现异常。

（11）企业有足够的可供分配的利润，但不进行现金股利分配。

7. 答：利润表自身结构所包含的质量信息，可以通过利润表的主要"阶段性"利润概念（如核心利润、营业利润、利润总额和净利润等）以及相关项目（销售费用、管理费用、财务费用等）的变化状况来考查。具体如下。

（1）毛利率变化趋势所包含的质量信息。

（2）期间费用及其费用率变化所包含的质量信息。

（3）核心利润及核心利润率变化所包含的质量信息。

（4）核心利润与投资收益的数量对比关系所包含的质量信息。

（5）小项目变化所包含的质量信息。

8. 答：利润质量（也称收益质量）指的是利润的实质，而非利润的表象，即会计收益所表达的与企业经济价值有关信息的可靠程度。

利润质量的特征主要包括以下几个方面。

（1）利润信息的首要质量特征是真实性与相关性。

（2）利润信息的关键质量特征是合规性、可变现性、可持续性、及时性。

（3）利润信息的次级质量特征是可理解性、可比性。

（4）利润信息的限制性标准是重要性。

9. 答：利润质量高的企业，具有四大特点：

（1）实行持续、稳健的会计政策；

（2）对企业财务状况和利润的计量是谨慎的；

（3）利润主要是由主营业务创造的；

（4）会计上反映的收入能迅速转化为现金。

10. 答：小项目，是指企业的利润总额乃至净利润的构成中那些在正常经营条件下难以成为企业利润贡献主体的项目，例如资产减值损失、公允价值变动损益、其他收益、资产处置收益和营业外收支等。很显然，与核心项目相比，上述项目不具有持续性、稳定性和核心性，一般不应该对企业的利润总额乃至净利润产生主要贡献。当企业靠这些小项目维持利润时，一定意味着核心业务的盈利能力出现了问题。但是，某些上市公司恰恰会在企业扭亏为盈或保持盈利势头的关键年份出现上述小项目对当期利润总额或净利润起举足轻重作用的情形。因此，我们有必要对这种"小项目大贡献"的可持续发展做进一步考查。

六、计算分析题

1．解：A 公司 20×9 年度水平分析表如表 4-6 所示。

表 4-6 　　　　　　　　A 公司 20×9 年度利润水平分析表

项目	20×8 年（千元）	20×9 年（千元）	增减额（千元）	增减率（%）
营业收入	2 300	2 600	300	13.04
营业支出	2 060	2 180	120	5.83
投资净收益	4	5	1	25.00
营业利润	120	365	245	204.17
营业外收入	7	34	27	385.71
营业外支出	17	12	−5	−29.41
利润总额	110	387	277	251.82

通过上表计算可以看出，该公司 20×9 年度利润任务完成情况较好，利润总额比 20×8 年的增加了 277 000 元，即增长 251.82%，主要原因在于毛利增加了 180 000 元，增幅为 75%，投资净收益增加了 1 000 元，增幅为 25%，营业外收入增加了 27 000 元，增幅为 385.71%，营业外支出减少了 5 000 元，降幅为 29.41%。此 4 项共使利润增加了 213 000 元。

2．解：（1）B 公司 20×9 年度利润垂直分析表如表 4-7 所示。

表 4-7 　　　　　　　　B 公司 20×9 年度利润垂直分析表

项目	金额（千元）		构成比率（%）		变动幅度（%）
	20×8 年	20×9 年	20×8 年	20×9 年	
一、营业收入	301 000	365 000	100.00	100.00	0.00
减：营业成本	220 300	300 000	73.19	82.19	9.00
税金及附加	1 500	2 100	0.50	0.58	0.08
销售费用	6 000	7 200	1.99	1.97	−0.02
管理费用	12 000	27 000	3.99	7.40	3.41
财务费用	320	600	0.11	0.16	0.05
加：投资收益	4 700	5 200	1.56	1.42	−0.14
二、营业利润	65 580	33 300	21.79	9.12	−12.67
加：营业外收入	1 180	1 342	0.39	0.37	−0.02
减：营业外支出	14 500	9 222	4.82	2.53	−2.29
三、利润总额	52 260	25 420	17.36	6.96	−10.40

（2）根据利润表的三点式审阅法，此刻我们应该重点关注与营业收入、毛利率、费用率相关的数值。

（3）通过表 4-7 的计算可以分析得出，本年虽然营业收入上升，但营业成本较上年显著增长，从 73.76% 上升到 82.19%，而管理费用也比上年增长较多，导致利润总额比上年减少。

3．解：20×8 年的营业毛利率、核心利润率及营业净利如下。

营业毛利率=(301 000−220 300)÷301 000×100% =26.81%

核心利润率=(301 000−220 300−1 500− 6 000−12 000−320) ÷301 000×100% =20.22%

营业净利率= (52 260−13 000)÷301 000×100% =13.04%

20×9 年的营业毛利率、核心利润率及营业净利率如下。

营业毛利率=(365 000−300 000)÷365 000×100% =17.81%

核心利润率=(365 000−300 000−2 100−7 200−27 000−600)÷365 000×100% =7.69%

营业净利率= (25 420−6 300)÷365 000×100% =5.24%

B 公司 20×9 年的营业净利率比 20×8 年的营业净利率下降了 7.8%（5.24%−13.04%），主要原因是毛利率和核心利润率有较大幅度的下降。对企业毛利率进行分析时，我们要比较行业水平，如果企业的销售毛利率与同行业水平接近而销售净利率很低，说明企业对其他各项费用的控制存在问题。B 公司管理费用 20×8 年比 20×9 年增加了 15 000 000 元，需要进一步分析上升的具体原因。

4．解：计算如下。

营业毛利=4 500−2 700=1 800（万元）

营业毛利率=1 800÷4 500×100% =40%

核心利润=4 500−2 700−400−500 =900（万元）

营业净利率= 900÷4 500×100%=20%

5．解：各年的定基动态比率和环比动态比率计算如表 4-8 所示。

表 4-8　　　　　D 公司 20×3 年至 20×9 年定基动态比率和环比动态比率表

项目	20×3 年	20×4 年	20×5 年	20×6 年	20×7 年	20×8 年	20×9 年
营业收入（万元）	400	528	600	510	680	700	740
定基动态比率（%）		132	150	127.5	170	175	185
环比动态比率（%）		132	113.64	85	133.33	102.94	105.71

6．解：E 公司以 20×6 年为基年计算的定基动态比率如表 4-9 所示。

表 4-9　　　　　E 公司 20×6 年至 20×9 年定基动态比率

项目	20×6 年	20×7 年	20×8 年	20×9 年
营业收入（万元）	4 000	4 200	5 000	6 000
净利润（万元）	300	320	540	660
营业收入定基动态比率（%）		105	125	150
净利润定基动态比率（%）		106.67	180	220

（1）E 公司 20×6 年至 20×9 年营业收入呈上升趋势，净利润也呈上升趋势，并且上述幅度为逐年上升，具体数字如表 4-9 所示。净利润的上升趋势和营业收入的上升密切相关，可见公司正处于成长期，且在向成熟期迈进。

（2）对基年选择要有代表性，如基年选择不当，情况异常，则以其为基数而计算出的百分比趋势，会造成决策人判断失误甚至做出不准确的评价。

7．解：分析要点如下。

（1）未按规定披露实际控制人及其控制关系。表面上看，未按规定披露实际控制人及其控制关系不对企业的利润质量产生直接影响。但是，未按规定披露实际控制人及其控制关系为掩盖可能发生的关联交易创造了条件，而关联交易的可操纵性将直接影响利润质量。

（2）未按规定披露相关关联方关系及关联交易，导致公司 2012 年度利润总额虚增。2012 年度，公司由亏损变为盈利，虽避免了公司股票被实施暂停上市风险警示处理，但也导致利润质量的下降。

（3）虚增年度营业收入，由此避免了公司股票当年被实施退市风险警示处理，这会直接导致利润质量的下降。

七、案例分析题

解：（1）LSW母公司利润水平分析表如表4-10所示。

表4-10 　　　　　　　　　　LSW母公司利润水平分析表 　　　　　　　　　单位：千元

项目	20×8年	20×9年	增减额	增减（%）
一、营业收入	1 466 810	2 359 677	892 867	60.87
减：营业成本	786 596	1 254 089	467 493	59.43
税金及附加	25 626	50 407	24 781	96.70
销售费用	124 116	164 710	40 594	32.71
管理费用	74 922	123 558	48 636	64.92
财务费用	112 273	144 816	32 543	28.99
资产减值损失	23 048	35 318	12 270	53.24
加：公允价值变动收益（损失以"–"号填列）				
投资收益（损失以"–"号填列）	-1 681	-670	1 011	-60.14
其中：对联营企业和合营企业的投资收益	-91	-319	-228	250.55
二、营业利润	318 547	586 108	267 561	83.99
加：营业外收入	6 176	13 653	7 477	121.07
减：营业外支出	1 001	39	-962	-96.10
其中：非流动资产处置损失	1		-1	-100.00
三、利润总额（亏损总额以"–"号填列）	323 722	599 723	276 001	85.26
减：所得税费用	35 080	66 123	31 043	88.49
四、净利润（净亏损以"–"号填列）	288 642	533 600	244 958	84.87

利润表增减变动的分析评价如下。

① 毛利。从表4-10可知，LSW母公司在20×9年实现毛利1 105 588千元，比20×8年的680 214千元增加了425 374千元，增幅为62.54%。毛利增长的主要原因是营业收入的大幅增长超过营业成本的增长。营业收入较20×8年增加了892 867千元，增长率为60.87%。

② 核心利润分析。LSW母公司在20×9年实现核心利润622 097千元，比20×8年的343 277千元增加了278 820千元，增幅为81.22%。从表4-4看，核心利润增长幅度高于毛利的增长幅度的主要原因是销售费用、财务费用等项目增加的幅度远小于毛利增长的幅度，还要根据进一步情况分析销售费用和财务费用下降的具体原因。值得注意的是，LSW母公司20×9年的税金及附加较20×8年的税金及附加有较大幅度的增加，增幅96.70%。

③ 营业利润。LSW母公司在20×9年实现营业利润586 108千元，比20×8年的318 547千元增长了267 561千元，增幅为83.99%。从水平分析表看，营业利润增长幅度略高于核心利润的主要原因是投资亏损有较大幅度的下降。

④ 利润总额分析。LSW母公司在20×9年实现利润总额599 723千元，比20×8年的323 722千元增加了276 001千元，增幅为85.26%。利润总额增长的主要原因是公司的营业利润及营业外收入都有较大幅度增长。

⑤ 净利润或税后利润分析。LSW母公司在20×9年实现净利润533 600千元，比上年增加了244 958千元，增长率为84.87%，增长幅度较高。从表4-10看，净利润增长的主要原因是20×9年的利润总额比20×8年的利润总额增加了276 001千元，同时所得税费用比上年增加了31 043千元，所以净利润的增加幅度小于利润总额的增加幅度。

（2）编制 LSW 母公司利润垂直分析表，如表 4-11 所示。

表 4-11　　　　　　　　　　　　LSW 母公司利润垂直分析表

项目	金额（千元）		构成比率（%）		变动幅度（%）
	20×8 年	20×9 年	20×8 年	20×9 年	
一、营业收入	1 466 810	2 359 677	100	100	0
减：营业成本	786 596	1 254 089	53.63	53.15	−0.48
税金及附加	25 626	50 407	1.75	2.14	0.39
销售费用	124 116	164 710	8.46	6.98	−1.48
管理费用	74 922	123 558	5.11	5.24	0.13
财务费用	112 273	144 816	7.65	6.14	−1.51
资产减值损失	23 048	35 318	1.57	1.50	−0.07
加：公允价值变动收益（损失以"−"号填列）					0.00
投资收益（损失以"−"号填列）	−1 681	−670	−0.11	−0.03	0.08
其中：对联营企业和合营企业的投资收益	−91	−319	−0.01	−0.01	0.00
二、营业利润	318 547	586 108	21.72	24.84	3.12
加：营业外收入	6 176	13 653	0.42	0.58	0.16
减：营业外支出	1 001	39	0.07	0.00	−0.07
其中：非流动资产处置损失	1		0.00	0.00	0.00
三、利润总额（亏损总额以"−"号填列）	323 722	599 723	22.07	25.42	3.35
减：所得税费用	35 080	66 123	2.39	2.80	0.41
四、净利润（净亏损以"−"号填列）	288 642	533 600	19.68	22.61	2.93

利润表结构变动的分析评价如下。

① 毛利分析。从表 4-11 可知，20×9 年、20×8 年毛利占营业收入的比重分别为 46.85%和 46.37%，基本没有变化。

② 核心利润分析。从利润表垂直分析表可知，20×9 年、20×8 年核心利润占营业收入的比重分别为 26.36%和 23.40%，20×9 年比上年度上升了 3%，原因是 20×9 年营业成本、销售费用、财务费用之和占营业收入的比重的下降幅度超过税金及附加和管理费用之和占营业收入的比重的上升幅度。

③ 营业利润分析。从利润表垂直分析表可知，20×9 年、20×8 年营业利润占营业收入的比重分别为 24.84%和 21.72%，20×9 年比上年度上升了 3.12%，其原因是 20×9 年资产减值损失和投资损失占营业收入的比重略有下降，两个因素相加使企业营业利润占营业收入的比重上升了 3.12%。

④ 利润总额分析。从利润表垂直分析表可知，20×9 年、20×8 年利润总额占营业收入的比重分别为 25.42%和 22.07%，20×9 年比上年度上升了 3.35%，其原因是 20×9 年营业外收支净额占营业收入的比重为 0.58%，比 20×8 年上升了 0.22%。虽然占比不大，但是营业外收入的上升还是值得注意。

⑤ 净利润或税后利润分析。从利润表垂直分析表可知，20×9 年、20×8 年净利润占营业收入的比重分别为 22.61%和 19.68%，20×9 年比上年度上升了 2.93%，其上升幅度小于利润总额占营业收入比重的上升幅度的原因是 20×9 年所得税费用占营业收入的比重比 20×8 年上升了 0.31%。

（3）从财务角度评价该公司的利润结构是否合理，以及该公司的盈利能力是否具有可持续性。

从财务角度来说，该公司的利润结构是比较合理的。该公司的非日常经营活动对利润总额产生的影响不是很大，营业利润是构成 LSW 母公司利润总额的主体。这是该公司业务突出、生产经营正常稳健的体现，但是该公司 20×9 年度销售费用占比的下降以及营业外收支净额的上升有虚增企业利润之嫌。

现金流量表分析 | 第5章

知识点回顾

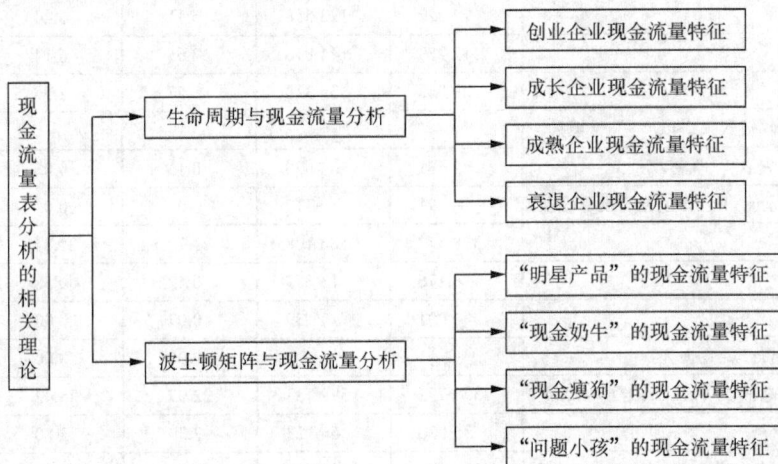

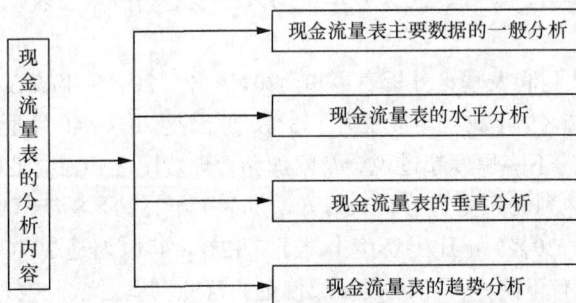

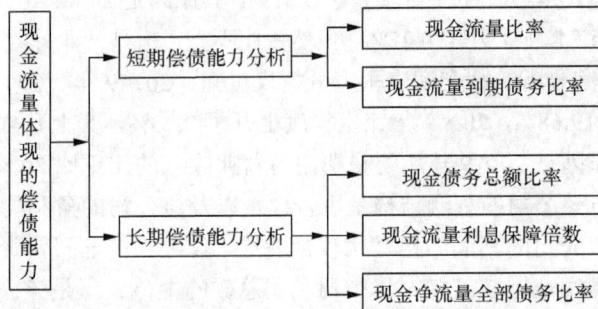

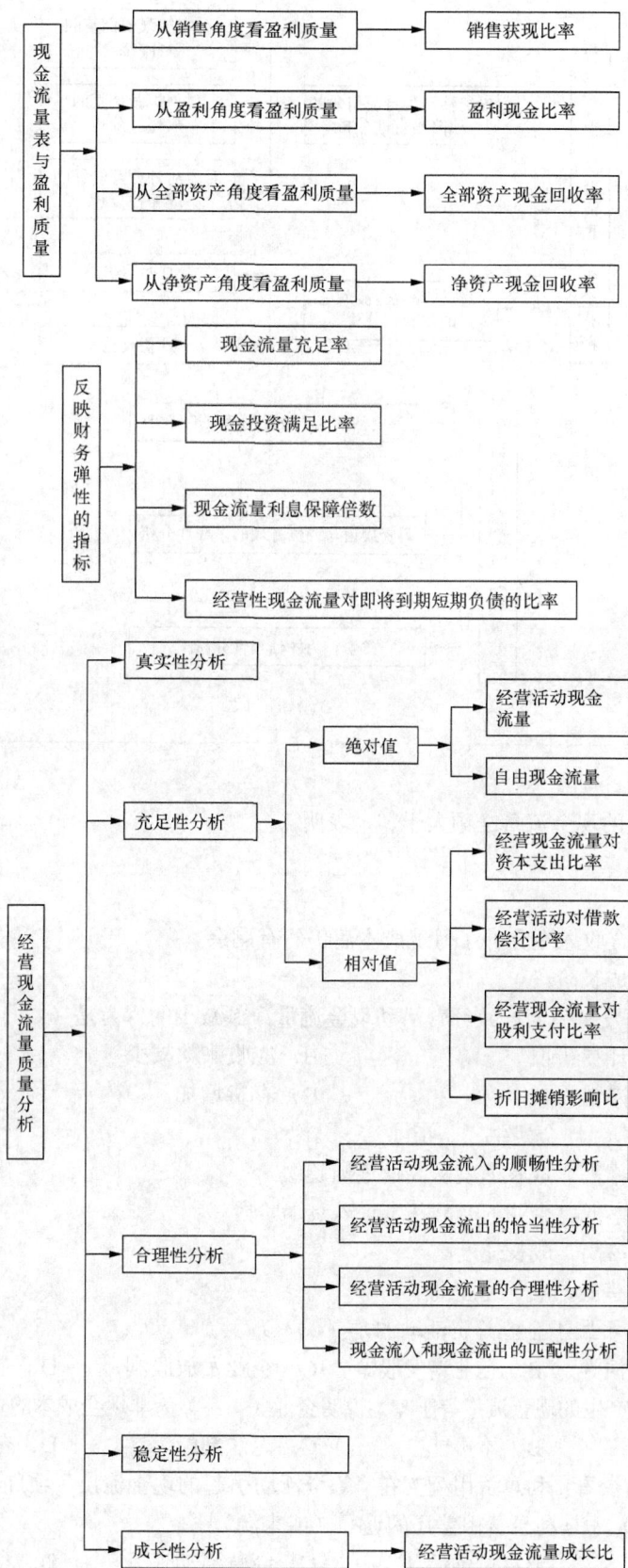

```
                      ┌─────────────────────┐        ┌─────────────────────┐
                  ┌──│ 从销售角度看盈利质量  │───────│     销售获现比率      │
                  │   └─────────────────────┘        └─────────────────────┘
┌────────┐        │   ┌─────────────────────┐        ┌─────────────────────┐
│现金流量 │        ├──│ 从盈利角度看盈利质量  │───────│     盈利现金比率      │
│表与盈利 │────────┤   └─────────────────────┘        └─────────────────────┘
│质量     │        │   ┌─────────────────────┐        ┌─────────────────────┐
└────────┘        ├──│从全部资产角度看盈利质量│──────│   全部资产现金回收率   │
                  │   └─────────────────────┘        └─────────────────────┘
                  │   ┌─────────────────────┐        ┌─────────────────────┐
                  └──│ 从净资产角度看盈利质量 │───────│    净资产现金回收率    │
                      └─────────────────────┘        └─────────────────────┘
```

```
┌────────┐         ┌─────────────────────────────────────┐
│反映财务 │     ┌──│            现金流量充足率             │
│弹性的   │     │   └─────────────────────────────────────┘
│指标     │─────┤   ┌─────────────────────────────────────┐
└────────┘     ├──│           现金投资满足比率            │
                │   └─────────────────────────────────────┘
                │   ┌─────────────────────────────────────┐
                ├──│          现金流量利息保障倍数          │
                │   └─────────────────────────────────────┘
                │   ┌─────────────────────────────────────┐
                └──│  经营性现金流量对即将到期短期负债的比率  │
                    └─────────────────────────────────────┘
```

```
                    ┌──────────┐
                ┌──│ 真实性分析 │
                │   └──────────┘
                │                        ┌──────┐   ┌──────────┐
                │                    ┌──│ 绝对值 │──│经营活动现金 │
                │                    │   └──────┘   │流量        │
                │   ┌──────────┐     │             └──────────┘
                ├──│ 充足性分析 │─────┤              ┌──────────┐
                │   └──────────┘     │              │自由现金流量 │
                │                    │              └──────────┘
                │                    │              ┌──────────┐
                │                    │            ┌│经营现金流量对 │
                │                    │            ││资本支出比率  │
┌────────┐      │                    │            │└──────────┘
│经营现金 │      │                    │   ┌──────┐ │┌──────────┐
│流量质量 │──────┤                    └──│ 相对值 │─┤│经营活动对借款 │
│分析     │      │                        └──────┘ ││偿还比率    │
└────────┘      │                                  │└──────────┘
                │                                  │┌──────────┐
                │                                  ┤│经营现金流量对 │
                │                                  ││股利支付比率  │
                │                                  │└──────────┘
                │                                  │┌──────────┐
                │                                  └│折旧摊销影响比 │
                │                                   └──────────┘
                │                        ┌─────────────────────────┐
                │                    ┌──│  经营活动现金流入的顺畅性分析  │
                │                    │   └─────────────────────────┘
                │                    │   ┌─────────────────────────┐
                │   ┌──────────┐     ├──│  经营活动现金流出的恰当性分析  │
                ├──│ 合理性分析 │─────┤   └─────────────────────────┘
                │   └──────────┘     │   ┌─────────────────────────┐
                │                    ├──│  经营活动现金流量的合理性分析  │
                │                    │   └─────────────────────────┘
                │                    │   ┌─────────────────────────┐
                │                    └──│现金流入和现金流出的匹配性分析  │
                │                        └─────────────────────────┘
                │   ┌──────────────────┐
                ├──│    稳定性分析       │
                │   └──────────────────┘
                │   ┌──────────┐         ┌─────────────────────┐
                └──│ 成长性分析 │────────│  经营活动现金流量成长比 │
                    └──────────┘         └─────────────────────┘
```

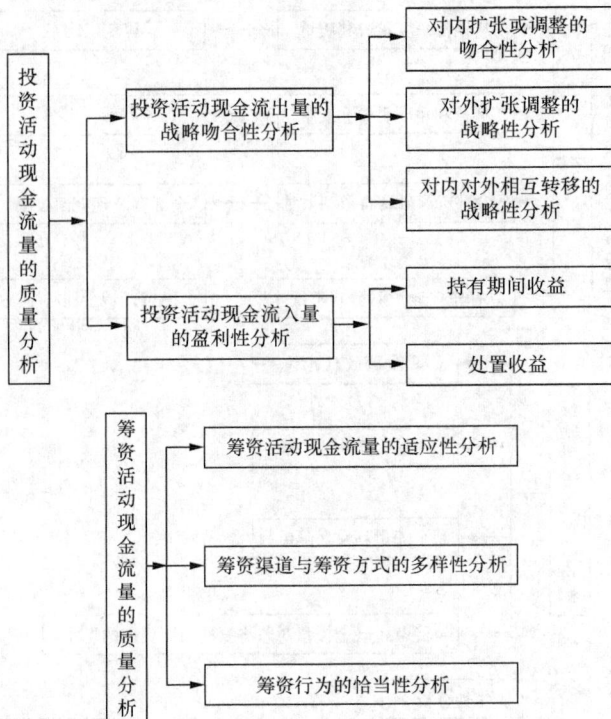

练习题

一、单项选择题

1. 经营活动产生的现金流量净额大于零，表明（　　）。

   A. 企业盈利

   B. 企业亏损

   C. 企业的现金收入在弥补了付现成本后仍然有剩余

   D. 企业处于成长阶段

2. 下列项目中，发生后会导致经营活动现金流量净额减少的行为是（　　）。

   A. 固定资产计提折旧　　　　　　B. 应收账款减少

   C. 无形资产摊销　　　　　　　　D. 存货增加

3. 波士顿矩阵中，"现金奶牛"是指（　　）。

   A. 市场占有率高，成长速度从高速逐渐趋缓

   B. 市场占有率低，企业的产品基本进入衰退阶段

   C. 市场占有率高，成长速度高

   D. 市场占有率低，成长速度高

4. 下列活动中，不属于企业筹资活动的是（　　）。

   A. 企业发行债券　　B. 企业增发股票　　C. 企业发放股利　　D. 企业购买股票

5. 企业经营活动产生的现金流量等于零，说明企业（　　）为非现金成本的资源消耗提供了补偿。

   A. 恰好　　　　　　B. 不可能　　　　　C. 无法判断　　　　D. 有可能

6. 从现金列支途径看，利息费用列支在"筹资活动引起的现金流出"项目，但是从利息偿还的角度，企业的（　　）才是利息费用偿还的途径（或来源）。

   A. 筹资活动　　　B. 投资活动　　　C. 经营活动　　　D. 利润分配活动

7. 筹资活动产生的现金流量净额小于零，表明企业筹资活动的现金流出大于现金流入，说明企业对外部资金的依赖性逐渐降低。这多发生在（　　）阶段。

 A．初创阶段   B．成长阶段   C．成熟阶段   D．衰退阶段

8. 企业进入稳定发展阶段，企业经营活动的现金流量应当与（　　）有一定的对应关系，并能为企业的扩张提供现金流量的支持。

 A．息税前利润 B．利润总额   C．销售毛利   D．同口径核心利润

9. 相当于人体"自我造血功能"的现金来源是（　　）产生的现金净流量。

 A．利润分配活动 B．筹资活动   C．投资活动   D．经营活动

10. 我国《企业会计准则第 31 号——现金流量表》规定，我国上市公司应当采用（　　）编制现金流量表。

 A．直接法   B．间接法   C．直接法和间接法任选一种

 D．企业采用直接法列示企业各项活动产生的现金流量，同时在附注中披露将净利润调节为经营活动现金流量的信息

11. 下列活动中，具有"造血"功能的有（　　）。

 A．利润分配活动 B．筹资活动   C．投资活动投资期 D．投资活动回收期

12. 下列项目中，哪个项目的金额表示企业可能有对内扩张或调整的发展战略？（　　）

 A．购建固定资产、无形资产和其他长期资产支付的现金

 B．吸收投资收到的现金

 C．购买商品、提供劳务支付的现金

 D．投资支付的现金

13. （　　）表示企业可能有对外扩张或调整的发展战略。

 A．投资所支付的现金

 B．处置固定资产、无形资产和其他长期资产收回的现金净额

 C．支付其他与投资活动有关的现金

 D．取得投资收益收到的现金

14. 下列选项中，不影响现金流量的业务是（　　）。

 A．以固定资产对外投资   B．分得现金股利和利润

 C．吸收权益性投资收到现金   D．支付融资租入设备款

15. 在企业处于高速成长阶段，投资活动现金流量往往是（　　）。

 A．流入量大于流出量   B．流出量大于流入量

 C．流入量等于流出量   D．不一定

16. 企业将应收票据贴现给银行所获得的现金，应该属于在（　　）。

 A．经营活动的现金流入   B．投资活动的现金流入

 C．筹资活动的现金流入   D．现金等价物的增加

17. 分析时通常要求将"投资支付的现金"与（　　）对比，以揭示企业对外扩张或收缩的战略调整。

 A．处置固定资产、无形资产和其他长期资产收回的现金

 B．购建固定资产、无形资产和其他长期资产支付的现金

 C．收回投资收到的现金

 D．取得子公司及其他营业单位支付的现金净额

18. （　　）用来反映企业在销售环节中的获现能力的。

    A. 盈利现金比率　B. 销售获现率　　　C. 全部现金回收率　　D. 净资产现金回收率

19. 全部资产现金回收率通常可以作为（　　）的补充。

    A. 净资产收益率　B. 销售净利率　　　C. 总资产报酬率　　　D. 总资产周转率

20. 下列指标中，反映企业即偿能力的指标是（　　）。

    A. 流动比率　　　B. 速动比率　　　　C. 现金比率　　　　　D. 营运资金

二、多项选择题

1. 现金流量表中的现金包括的项目有（　　）。

    A. 库存现金　　　　　　　　　　　B. 随时可以支付的存款

    C. 银行存款　　　　　　　　　　　D. 提前通知金融企业就可支取的存款

    E. 其他货币资金

2. 现金流量表通常将现金流量分为（　　）。

    A. 投资活动产生的现金流量　　　　B. 经营活动产生的现金流量

    C. 筹资活动产生的现金流量　　　　D. 利润分配活动产生的现金流量

    E. 其他活动产生的现金流量

3. 概括来说，影响企业现金流量变化的主要因素有（　　）。

    A. 宏观经济环境　B. 行业特点　　C. 生命周期　　　　D. 经营战略

    E. 企业经营中的其他原因，比如营销策略、信用政策等

4. 成熟企业的现金流量的特征主要表现为（　　）。

    A. 经营活动的现金流量恰好弥补所有的付现成本

    B. 投资活动产生的现金流量小于零

    C. 筹资活动的现金流量逐渐变成为负数，企业对外借款和新增资本的依赖逐渐降低

    D. 投资活动产生的现金流量远远大于零

    E. 经营活动的现金流量弥补了所有的成本，仍有大量的剩余

5. （　　）指标能够从现金流量的角度反映企业的短期偿债能力。

    A. 资产负债率　　　　　　　　　　B. 现金流量比率

    C. 现金流量到期债务比率　　　　　D. 现金净流量全部债务比率

    E. 现金债务总额比率

6. 下列指标中，能够反映净利润质量的指标有（　　）。

    A. 净资产收益率　　　　　　　　　B. 净资产现金回收率

    C. 销售获现比率　　　　　　　　　D. 盈利获现比率

    E. 每股经营活动现金流量

7. 企业的投资活动主要包括（　　）。

    A. 取得和收回投资

    B. 购建和处置固定资产、无形资产和其他长期资产

    C. 处置子公司

    D. 分配股利、利润或偿还利息支付

    E. 购买现金等价物范围内的投资

8. 经营活动产生的现金流入是企业经营活动现金流入的主要来源，通常具有（　　）特点。

    A. 数额大　　　　B. 成长性差　　　C. 持续性较强

D．成长性好　　　E．稳定性差

9．投资活动产生的现金流入量低于现金流出量，表明企业投资规模在扩张。这种状况可能发生在（　　　）。

A．初创阶段　　　B．成长阶段　　　C．战略调整阶段

D．成熟阶段　　　E．收缩阶段

10．下列选项中，可能导致现金流量表中的"期末现金及现金等价物余额"与资产负债表的"货币资金"项目的期末余额不一致的有（　　　）。

A．库存现金

B．银行定期存款

C．申请开立银行承兑汇票时支付的保证金

D．银行活期存款

E．3 个月内到期的短期债券投资

11．从净利润调整到经营活动产生的现金流量，应该调整的项目有（　　　）。

A．资产减值准备　　B．固定资产折旧　　C．无形资产摊销

D．长期待摊费用摊销　　　E．财务费用

12．下列选项中，属于经营活动流量增长模式的是（　　　）。

A．负债主导型　　B．资产转换型　　C．业绩推动型

D．出售子公司型　　　E．出售债券型

13．下列选项中，属于企业筹资活动的不当行为的是（　　　）。

A．采用高利贷的方式筹资　　　B．企业借款金额远超实际需求

C．企业为某一新项目增发股票　　　D．出售子公司

E．处置公司固定资产

14．从净利润调整到经营活动产生的现金流量所有的项目，可以分为（　　　）。

A．长期资产折旧与摊销　　　B．非经营活动的税前收益

C．营运资本的净增加额　　　D．期间费用

E．营业外收支

15．一般来说，投资收益按其所属的时间划分，大体上可以分为（　　　）。

A．持有期间收益　　B．处置收益　　C．买卖收益

D．营业外收益　　E．劳务收益

三、判断题

1．企业从银行提取现金，属于企业不同货币形态之间的转换，并不属于现金的流入或流出。
（　　　）

2．从概念内涵上看，现金流量表中的现金等同于会计中的现金（含银行存款）。　（　　　）

3．交易性金融资产所产生的现金流量，应该归类为投资活动产生的现金流量。　（　　　）

4．应收账款票据贴现所获取的现金应计入"销售商品、提供劳务收到的现金"项目。（　　　）

5．现金流量表中的"期末现金及现金等价物余额"与资产负债表中的"货币资金"的期末余额存在着密切的勾稽关系，但不表现为简单的相等关系。　（　　　）

6．企业对外投资的资金来源应该来源于取得的投资收益。　（　　　）

7．应付账款、应付票据等商业应付款属于经营活动，不属于筹资活动。　（　　　）

8．如果某企业经营活动产生的现金流量净额大于零并在补偿当期非现金消耗性成本后仍有剩

余，说明该企业的经营活动产生的现金流量很好。　　　　　　　　　　　　　　（　　）

9．长期债权投资收回的利息在编制现金流量表时，应该反应在"收回投资收到的现金"项目中。

（　　）

10．"偿还债务支付的现金"与"取得借款收到的现金"是对应项目，如果两者数据相当，反映负债规模没有太多的变化，但如果取得借款收到的现金远超过偿还额，说明企业的负债水平上升，应结合报表中其他信息判断企业资金链的紧张程度。　　　　　　　　　　　　（　　）

11．筹资活动的质量主要体现在企业没有不当筹资行为上。　　　　　　　　　（　　）

12．企业处置子公司获得的收益，相对而言具有持续性。　　　　　　　　　　（　　）

13．企业当年的投资收益不一定全部是以现金的形式实现的。　　　　　　　　（　　）

14．企业经营活动现金增长如果主要得益于当期经营性应付项目的增加，即企业通过延缓应付款项的支付来提供经营现金净流量，则这种模式就成为"业绩推动型"。　　　　　（　　）

15．一般而言，对现金流量的成长性分析可以使用连续 5 期的数据做环比分析预测未来的变化趋势。　　　　　　　　　　　　　　　　　　　　　　　　　　　　　　　　　　（　　）

四、名词解释

1．现金

2．现金等价物

3．现金流量

4．经营活动现金流量

5．筹资活动现金流量

6．投资活动现金流量

7．现金流量质量

8．财务弹性

9．间接法的现金流量表

10．现金流入总额

五、简答题

1．如何正确理解现金流量表中的"现金"的含义？

2．如何判断一项投资是否属于现金等价物？

3．现金流量表的编制方法有哪几种？我国企业会计准则对企业编制现金流量表的要求是什么？

4．什么是直接法？若使用直接法编制现金流量表，则现金流量表主要包括哪些内容？

5．简述现金流量表与利润表的勾稽关系。

6．企业的现金流量主要受到哪些因素影响？

7．创业阶段的现金流量的主要表现特征如何？

8．成长阶段的现金流量的主要表现特征如何？

9．成熟阶段的现金流量的主要表现特征如何？

10．衰退阶段的现金流量的主要表现特征如何？

11．什么是现金流量质量，良好的现金流量的质量特征是什么？

12．经营活动现金流量质量的分析主要侧重于哪几个方面？

13．企业投资活动产生的投资收益根据其所属时间，可以分为哪几类？其主要特征是什么？

14．如何理解财务弹性？衡量财务弹性的指标有哪些？

六、计算分析题

1. GG 公司 20×9 年年末的现金流量表的主要数据如表 5-1 所示。

表 5-1　　　　　　　GG 公司 20×9 年年末现金流量表的主要数据　　　　　　单位：万元

项目	20×9 年 12 月
经营活动产生的现金流量净额	1 893 917
投资活动产生的现金流量净额	−286 214
筹资活动产生的现金流量净额	−186 431
汇率变动对现金的影响	0
现金及现金等价物净增加额	1 421 272

该公司当年资产负债表显示，该公司的期末流动负债、长期负债分别为 10 838 852 万元和 271 098 万元。具体项目构成如表 5-2 所示。

表 5-2　　　　　　　　　GG 公司负债具体项目明细表　　　　　　　　　单位：万元

项目	20×9 年 12 月
短期借款	357 877
应付票据	688 196
应付账款	2 678 495
预收款项	642 772
应付职工薪酬	155 050
应交税费	830 887
应付利息	3 618
应付股利	71
其他应付款	254 638
一年内到期的非流动负债	206 149
其他流动负债	5 021 099
流动负债合计	10 838 852
长期借款	225 897
递延所得税负债	25 685
其他非流动负债	19 516
非流动负债合计	271 098

要求：

（1）根据上述资料分别计算期末时现金流量比率、现金债务总额比率和现金净流量全部债务比率。

（2）计算流动负债在全部负债中的占比以及流动负债内部各项目占比。

（3）根据以上计算结果，对公司的现金偿债能力做基本判断。

（4）从现金净流量的组成观察该公司所处的发展时期和竞争实力。

2. GG 公司 20×9 年的完整现金流量表如表 5-3 所示。

表 5-3　　　　　　　　　GG 公司 20×9 年现金流量表　　　　　　　　单位：万元

项目	20×9 年 12 月	20×8 年 12 月
一、经营活动产生的现金流量		
销售商品、提供劳务收到的现金	8 553 445	7 021 140

续表

项目	20×9年12月	20×8年12月
收到的税费返还	51 158	46 853
收到其他与经营活动有关的现金	449 394	495 154
经营活动现金流入小计	9 053 997	7 563 147
购买商品、接受劳务支付的现金	3 881 690	3 858 873
支付给职工以及为职工支付的现金	573 024	496 395
支付的各项税费	1 333 436	817 129
支付其他与经营活动有关的现金	1 371 930	1 093 766
经营活动现金流出小计	7 160 080	6 266 163
经营活动产生的现金流量净额	1 893 917	1 296 984
二、投资活动产生的现金流量		
收回投资收到的现金	66 000	32 751
取得投资收益收到的现金	4 470	24 135
处置固定资产、无形资产和其他长期资产收回的现金净额	249	121
处置子公司及其他营业单位收到的现金净额	175	0
收到其他与投资活动有关的现金	66 107	43 440
投资活动现金流入小计	137 001	100 447
购建固定资产、无形资产和其他长期资产支付的现金	177 731	246 147
投资支付的现金	233 050	70 407
取得子公司及其他营业单位支付的现金净额	0	0
支付其他与投资活动有关的现金	12 434	2 493
投资活动现金流出小计	423 215	319 046
投资活动产生的现金流量净额	−286 214	−218 599
三、筹资活动产生的现金流量		
吸收投资收到的现金	0	0
取得借款收到的现金	1 037 665	498 790
收到其他与筹资活动有关的现金	23 563	199 670
筹资活动现金流入小计	1 061 228	698 460
偿还债务支付的现金	780 068	623 384
分配股利、利润或偿付利息支付的现金	467 591	317 474
支付其他与筹资活动有关的现金	0	0
筹资活动现金流出小计	1 247 659	940 858
筹资活动产生的现金流量净额	−186 431	−242 398
四、汇率变动对现金及现金等价物的影响		
五、现金及现金等价物净增加额	1 421 272	835 987
加：期初现金及现金等价物余额	2 925 918	2 137 049
六、期末现金及现金等价物余额	4 347 190	2 973 036

要求：

（1）对该公司的现金流量表中的主要数据进行一般分析。

（2）对该公司的现金流量表进行水平分析。

（3）对该公司的现金流量表进行垂直分析。

3. MM 公司 20×9 年度简易现金流量表（直接法）如表 5-4 所示。

表 5-4　　　　　　　　MM 公司 20×9 年简易现金流量表（直接法）　　　　单位：万元

项目	20×9 年
经营活动产生的现金流量净额	69
投资活动产生的现金流量净额	−307
筹资活动产生的现金流量净额	0
汇率变动对现金及现金等价物的影响	
现金及现金等价物净增加额	−238
加：期初现金及现金等价物余额	4 042
期末现金及现金等价物余额	**A**

该公司 20×9 年度简易现金流量表（间接法）如表 5-5 所示。

表 5-5　　　　　　　　MM 公司 20×9 年度现金流量表（间接法）　　　　单位：万元

项目	20×9 年 12 月
1. 净利润	**D**
加：资产减值准备	15
固定资产折旧、油气资产折耗、生产性生物资产折旧	883
无形资产摊销	11
长期待摊费用摊销	365
处置固定资产、无形资产和其他长期资产的损失	4
投资损失	−1 039
递延所得税资产减少	13
递延所得税负债增加	0
存货的减少	729
经营性应收项目的减少	−3 437
经营性应付项目的增加	661
其他	0
经营活动产生的现金流量净额	**B**
2. 不涉及现金收支的重大投资和筹资活动	0
债务转为资本	0
一年内到期的可转换公司债券	0
融资租入固定资产	0
3. 现金及现金等价物净变动情况	0
现金的期末余额	3 804
减：现金的期初余额	4 042
加：现金等价物的期末余额	0
减：现金等价物的期初余额	0
加：其他原因对现金的影响	0
现金及现金等价物净增加额	**C**

要求：

（1）根据直接法和间接法下的现金流量表之间的关系分别填列表 5-4 和表 5-5 中的 A、B、C、D；

（2）解释 MM 公司 20×9 年度经营活动现金净流量和净利润之间出现差额的原因，并初步判断公司净利润的质量。

4. GG 公司 20×9 年经营活动现金流量净额和净利润如表 5-6 所示。该表同时给出了同行业青岛海尔和美的集团的相关数据。要求：计算各公司的盈利现金比率，并对 GG 公司的盈利质量做一个基本评价。

表 5-6　　　　　　　　　GG 公司等经营活动现金流和净利润　　　　　　　　单位：万元

项目	GG 公司	青岛海尔	美的集团
经营活动现金流量净额	1 893 916	700 658	2 478 851
净利润	1 425 295	669 226	1 164 632

5. GG 公司销售商品、提供劳务所获得的现金和营业收入如表 5-7 所示。该表同时给出了同行业青岛海尔和美的集团的相关数据。要求：计算各公司的销售获现比率，并据此对 GG 公司的盈利质量做一个基本评价。

表 5-7　　　　　　　　GG 公司等销售收入和销售收到现金资料表　　　　　　　单位：万元

项目	格力电器	青岛海尔	美的集团
销售商品、提供劳务收到的现金	8 553 445	9 121 678	10 549
营业收入	13 775 035	8 877 544	14 166

6. 已知 GG 公司 20×9 年编制的现金流量表（直接法）如表 5-8 所示。

表 5-8　　　　　　　　　　GG 公司 20×9 年现金流量表　　　　　　　　　　单位：万元

项目	20×9 年 12 月
一、经营活动产生的现金流量	
销售商品、提供劳务收到的现金	8 553 445
收到的税费返还	51 158
收到其他与经营活动有关的现金	449 394
经营活动现金流入小计	9 053 997
购买商品、接受劳务支付的现金	3 881 690
支付给职工以及为职工支付的现金	573 024
支付的各项税费	1 333 436
支付其他与经营活动有关的现金	1 371 931
经营活动现金流出小计	7 160 081
经营活动产生的现金流量净额	**1 893 916**
二、投资活动产生的现金流量	
收回投资收到的现金	66 000
取得投资收益收到的现金	4 470
处置固定资产、无形资产和其他长期资产收回的现金净额	249
处置子公司及其他营业单位收到的现金净额	175
收到其他与投资活动有关的现金	66 107
投资活动现金流入小计	137 001
购建固定资产、无形资产和其他长期资产支付的现金	177 731
投资支付的现金	233 050
取得子公司及其他营业单位支付的现金净额	0
支付其他与投资活动有关的现金	12 434
投资活动现金流出小计	423 215

续表

项目	20×9 年 12 月
投资活动产生的现金流量净额	**-286 214**
三、筹资活动产生的现金流量	
吸收投资收到的现金	0
取得借款收到的现金	1 037 665
收到其他与筹资活动有关的现金	23 562
筹资活动现金流入小计	1 061 227
偿还债务支付的现金	780 068
分配股利、利润或偿付利息支付的现金	467 591
支付其他与筹资活动有关的现金	0
筹资活动现金流出小计	1 247 659
筹资活动产生的现金流量净额	**-186 432**

要求：根据该公司的现金流量表计算公司的现金流入总额和现金流出总额并完成表 5-9（该公司现金流量表总结构分析表格）。

表 5-9 　　　　　　　　GG 公司 20×9 年现金流量表总结构分析表 　　　　　　　单位：万元

项目	20×9 年	流入结构（%）	流出结构（%）
一、经营活动产生的现金流量			
经营活动现金流入小计	9 053 997		
经营活动现金流出小计	7 160 081		
经营活动产生的现金流量净额	1 893 916		
二、投资活动产生的现金流量			
投资活动现金流入小计	137 001		
投资活动现金流出小计	423 215		
投资活动产生的现金流量净额	-286 214		
三、筹资活动产生的现金流量			
筹资活动现金流入小计	1 061 227		
筹资活动现金流出小计	1 247 659		
筹资活动产生的现金流量净额	-186 432		
现金流入总额			
现金流出总额			

7. GG 公司 20×9 年现金流量表的补充资料（单位：百万元）如表 5-10 所示：

表 5-10 　　　　　　　　GG 公司 20×9 年现金流量表（间接法）　　　　　　　单位：百万元

项目	20×9 年 12 月
净利润	49 272
加：资产减值准备	2 354
固定资产折旧、油气资产折耗、生产性生物资产折旧	1 697
无形资产摊销	1 224
长期待摊费用摊销	
处置固定资产、无形资产和其他长期资产的损失	
固定资产报废损失	3
公允价值变动损失	-86

续表

项目	20×9 年 12 月
财务费用	5 998
投资损失	−6 787
递延所得税资产减少	−5 846
递延所得税负债增加	−511
存货的减少	−111 125
经营性应收项目的减少	−90 870
经营性应付项目的增加	188 033
其他	263
经营活动产生的现金流量净额	33 619

假设企业所得税税率为 25%。

要求：根据该表数据计算填列表 5-11。

表 5-11 　　　　　　　GG 公司 20×9 年现金流量表间接法归类计算表　　　　　　单位：百万元

项目	20×9 年 12 月	归类计算
净利润	49 272	
加：资产减值准备	2 354	
固定资产折旧、油气资产折耗、生产性生物资产折旧	1 697	长期资产折旧与摊销：
无形资产摊销	1 224	
长期待摊费用摊销	—	
处置固定资产、无形资产和其他长期资产的损失	—	
固定资产报废损失	3	
公允价值变动损失	−86	非经营税前利润：
财务费用	5 998	
投资损失	−6 787	
递延所得税资产减少	−5 846	
递延所得税负债增加	−511	
存货的减少	−111 125	
经营性应收项目的减少	−90 870	净营运资本增加：
经营性应付项目的增加	188 033	
其他	263	
经营活动产生的现金流量净额	33 619	

七、案例分析题

1. 众所周知，企业的现金流量对企业的意义非凡，因此对企业的现金流量表的分析是财务分析的重要组成内容。根据现金流量表分析的目的，投资者一般会完成以下几个目标。第一，从动态上了解企业现金变动情况和变动原因；第二，判断企业获取现金的能力；第三，评价企业盈利质量。现有 WW 上市公司。该上市公司属于房地产行业。房地产行业的发展关系到国家整个经济命脉，因此对房地产行业的持续关注乃至于研究是财务分析师的重要课程。众所周知，房地产行业深受国家政策的影响非常大。20×1 年是国家对房价严控的一年，出台了多项政策抑制房价过快上涨。在此背景下，20×1 年房地产相对低迷，20×2 年虽然国家仍然对房地产整体上控制，但是在央行利息降低和降准的刺激下，长期压制的购买力逐渐爆发，房地产整体上销售不错。

表 5-12 是该公司 20×2 年和 20×1 年的现金流量表的数据，表 5-13 节选了该公司 20×2 年间接法编制的现金流量表资料，表 5-14 是该公司近五年连续多年的经营活动现金流量。另外，该公司 20×2 年净利润为 1 566 259 万元，销售收入为 10 311 625 万元。

表 5-12 　　　　　　　　　　　　WW 公司的现金流量表 　　　　　　　　　　单位：万元

项目	20×2 年	20×1 年
一、经营活动产生的现金流量		
销售商品、提供劳务收到的现金	11 610 884	10 364 887
收到的税费返还	0	0
收到其他与经营活动有关的现金	548 059	689 467
经营活动现金流入小计	12 158 943	11 054 354
购买商品、接受劳务支付的现金	8 732 365	8 491 824
支付给职工以及为职工支付的现金	290 888	248 085
支付的各项税费	1 808 157	1 469 813
支付其他与经营活动有关的现金	954 937	505 690
经营活动现金流出小计	11 786 347	10 715 412
经营活动产生的现金流量净额	372 596	338 942
二、投资活动产生的现金流量		
收回投资收到的现金	1 200	20 789
取得投资收益收到的现金	16 718	1 876
处置固定资产、无形资产和其他长期资产收回的现金净额	153	112
处置子公司及其他营业单位收到的现金净额	0	0
收到其他与投资活动有关的现金	99 880	63 760
投资活动现金流入小计	117 951	86 537
购建固定资产、无形资产和其他长期资产支付的现金	15 067	26 156
投资支付的现金	50 045	119 507
取得子公司及其他营业单位支付的现金净额	286 084	407 584
支付其他与投资活动有关的现金	12 100	98 547
投资活动现金流出小计	363 296	651 794
投资活动产生的现金流量净额	−245 345	−565 257
三、筹资活动产生的现金流量		
吸收投资收到的现金	299 112	390 494
取得借款收到的现金	4 747 733	2 357 458
收到其他与筹资活动有关的现金	0	0
筹资活动现金流入小计	5 046 845	2 747 952
偿还债务支付的现金	2 686 442	1 997 461
分配股利、利润或偿付利息支付的现金	731 853	669 805
支付其他与筹资活动有关的现金	0	0
筹资活动现金流出小计	3 418 295	2 667 266
筹资活动产生的现金流量净额	1 628 550	80 686
四、汇率变动对现金及现金等价物的影响		
五、现金及现金等价物净增加额	1 755 801	−145 629
加：期初现金及现金等价物余额	3 361 411	3 509 694
六、期末现金及现金等价物余额	5 117 212	3 364 065

表 5-13 　　　　　　　　WW 公司 20×2 年间接法下的现金流量表 　　　　　单位：万元

项目	20×2 年
1．净利润	1 566 259
加：资产减值准备	8 382
固定资产折旧、油气资产折耗、生产性生物资产折旧	15 457
无形资产摊销	2 806
长期待摊费用摊销	0
处置固定资产、无形资产和其他长期资产的损失	467
固定资产报废损失	0
公允价值变动损失	872
财务费用	76 476
投资损失	−92 869
递延所得税资产减少	−71 398
递延所得税负债增加	−10 260
存货的减少	−3 887 039
经营性应收项目的减少	−1 480 659
经营性应付项目的增加	4 235 281
其他	8 823
经营活动产生的现金流量净额	372 598
2．不涉及现金收支的重大投资和筹资活动	0
债务转为资本	0
一年内到期的可转换公司债券	0
融资租入固定资产	0
3．现金及现金等价物净变动情况	0
现金的期末余额	5 117 212
减：现金的期初余额	3 361 411
加：现金等价物的期末余额	0
减：现金等价物的期初余额	0
加：其他原因对现金的影响	0
现金及现金等价物净增加额	1 755 801

表 5-14 　　　　　　　　近五年 WW 公司的经营活动现金流 　　　　　　　单位：万元

项目	经营活动现金流量净额
第一年	−3 415
第二年	925 335
20×0	223 726
20×1	338 942
20×2	372 596

要求：

（1）对该公司现金流量表的主要数据进行一般分析。

（2）对该公司现金流量表的主要数据进行水平分析。

（3）对该公司现金流量表的主要数据进行垂直分析。

（4）对该公司的经营活动现金流量进行充足性分析，判断经营活动现金流量的质量。

（5）对该公司的经营活动现金流量的稳定性或成长性进行分析。

（6）对该公司的投资活动回收现金的能力进行分析和判断。

（7）对该公司的筹资现状进行分析和判断。

（8）选择或设计指标判断该公司的盈利质量。

（9）根据以上所有分析对该公司进行现金流量表的综合判断。

2. 表 5-15～表 5-17 分别列示了 WW 公司 20×9 年利润表部分数据、现金流量表主表和现金流量表补充资料的数据，假设企业所得税税率都为 25%。

表 5-15　　　　　　　　　　　　　WW 公司 20×9 年利润表　　　　　　　　　　单位：百万元

项目	20×9 年 12 月
一、营业收入	297 679
减：营业成本	186 104
税金及附加	23 176
销售费用	7 868
管理费用	10 341
财务费用	5 999
资产减值损失	2 354
加：公允价值变动净收益	87
投资收益	6 788
其中：对联营企业和合营企业的投资收益	6 280
二、营业利润	68 712
加：补贴收入	—
营业外收入	475
减：营业外支出	513
三、利润总额	68 674
减：所得税	18 188
加：影响净利润的其他科目	—
四、净利润	50 486

表 5-16　　　　　　　　　　　　　WW 公司现金流量表主表　　　　　　　　　　单位：百万元

项目	20×9 年 12 月
一、经营活动产生的现金流量	
销售商品、提供劳务收到的现金	398 148
收到的税费返还	—
收到其他与经营活动有关的现金	25 802
经营活动现金流入小计	423 950
购买商品、接受劳务支付的现金	255 895
支付给职工以及为职工支付的现金	14 118
支付的各项税费	54 023
支付其他与经营活动有关的现金	66 295
经营活动现金流出小计	390 331
经营活动产生的现金流量净额	33 619
二、投资活动产生的现金流量	
收回投资收到的现金	1 473

续表

项目	20×9 年 12 月
取得投资收益收到的现金	4 536
处置固定资产、无形资产和其他长期资产收回的现金净额	48
处置子公司及其他营业单位收到的现金净额	1 843
收到其他与投资活动有关的现金	10 892
投资活动现金流入小计	18 792
购建固定资产、无形资产和其他长期资产支付的现金	5 897
投资支付的现金	47 295
取得子公司及其他营业单位支付的现金净额	18 542
支付其他与投资活动有关的现金	14 423
投资活动现金流出小计	86 157
投资活动产生的现金流量净额	−67 365
三、筹资活动产生的现金流量	
吸收投资收到的现金	58 474
取得借款收到的现金	96 053
收到其他与筹资活动有关的现金	14 781
筹资活动现金流入小计	169 308
偿还债务支付的现金	73 854
分配股利、利润或偿付利息支付的现金	40 249
支付其他与筹资活动有关的现金	10 406
筹资活动现金流出小计	124 509
筹资活动产生的现金流量净额	44 799
四、汇率变动对现金及现金等价物的影响	
五、现金及现金等价物净增加额	−289
加：期初现金及现金等价物余额	164 326
六、期末现金及现金等价物余额	175 090

表 5-17 　　　　WW 公司 20×9 年现金流量表补充资料 　　　　单位：百万元

项目	20×9 年 12 月
净利润	49 272
加：资产减值准备	2 354
固定资产折旧、油气资产折耗、生产性生物资产折旧	1 697
无形资产摊销	1 225
长期待摊费用摊销	—
处置固定资产、无形资产和其他长期资产的损失	—
固定资产报废损失	3
公允价值变动损失	−87
财务费用	5 999
投资损失	−6 788
递延所得税资产减少	−5 847
递延所得税负债增加	−512
存货的减少	−111 125
经营性应收项目的减少	−90 871

续表

项目	20×9 年 12 月
经营性应付项目的增加	188 033
其他	264
经营活动产生的现金流量净额	33 617

要求：

（1）计算该公司 20×9 年广义的自由现金流量。

（2）计算该公司 20×9 年经营现金流量充足率。

（3）计算该公司 20×9 年盈利现金比率。

（4）计算该公司 20×9 年销售获现率。

（5）根据上述计算结果对企业 20×8 年的经营活动现金流量的质量和盈利质量做出初步分析。

练习题答案

一、单项选择题

1	2	3	4	5	6	7	8	9	10
C	D	A	D	B	C	C	D	D	D
11	12	13	14	15	16	17	18	19	20
D	A	A	A	B	C	C	B	C	C

二、多项选择题

1	2	3	4	5	6	7	8	9	10
ABD	ABC	ABCDE	CDE	BC	BCDE	ABC	ABC	ABCD	BCE
11	12	13	14	15					
ABCDE	ABC	AB	ABC	AB					

三、判断题

1	2	3	4	5	6	7	8	9	10
√	×	×	×	√	×	√	√	×	√
11	12	13	14	15					
×	×	√	×	√					

2. 改正：这句话改为"从概念内涵上看，现金流量表中的现金并不等同于会计中的现金（含银行存款）"。

3. 改正：这句话改为"交易性金融资产所产生的现金流量，对于制造业企业而言，属于投资活动现金流量"。

4. 改正：这句话改为"应收账款票据贴现所获取的现金按照规定绝大多数属于筹资活动所获得的现金"。

6. 改正：这句话改为"企业对外投资的资金来源可能取决于经营活动产生的现金流量，也可能来源于企业的筹资活动"。

9. 改正：这句话改为"长期债权投资收回的利息在编制现金流量表，应该在'取得投资收益所收到的现金'项目中反映"。

11. 改正：这句话改为"筹资行为的质量分析除了判断是否有不当行为外，还有其他要求，例如筹资方式是否多样化，筹资金额是否过渡融资等"。

12. 改正：这句话改为"企业处置子公司获得的收益，不具有持续性"。

14．改正：这句话改为"企业经营活动现金增长如果主要得益于当期经营性应付项目的增加，即企业通过延缓应付款项的支付来提供经营现金净流量，则这种模式就称为'负债主导型'"。

四、名词解释

1．现金，会计上通常所说的现金是指企业的库存现金。现金流量表中的"现金"，不仅包括库存现金，还包括企业"银行存款"科目核算的存入金融企业的可以随时用于支付的存款。

2．现金等价物，是指企业持有的期限短、流动性强、易于转换为已知金额现金、价值变动风险很小的投资。

3．现金流量，是现代企业和理财学的一个重要概念，是指企业在某个期间或某个项目中现金流入和流出及其净额的总称。

4．经营活动现金流量，是指企业投资活动和筹资活动以外的所有的交易和事项所产生的现金流量。

5．筹资活动现金流，是指导致企业权益资本及债务资本的规模和构成发生变化的各项活动所产生的现金流量。

6．投资活动现金流量，是指企业非流动资产的构建和处置活动以及不包括在现金等价物范围内的投资及其处置活动所产生的现金流量。

7．现金流量质量，是指企业的现金流量能够按照企业的预期目标进行顺畅运转的质量。

8．财务弹性，是指企业在正常生产经营之外，面对市场机遇和市场危险时的应变能力。

9．间接法的现金流量表，是指以利润表中的净利润为起点，调整不涉及现金的收入、费用、营业外收支等项目，并剔除投资活动和筹资活动对现金流量的影响，据此计算出经营活动产生的现金流量。采用间接法编制的企业现金流量表，作为现金流量表主表的补充资料或附注呈现的。

10．现金流入总额，企业现金流入总额通常是指企业经营活动现金流入、投资活动现金流入和筹资活动现金流入汇总计算得到的数据。

五、简答题

1．答：会计上通常所说的现金是指企业的库存现金。但是现金流量表中的"现金"不仅包括库存现金，还包括企业"银行存款"科目核算的存入金融企业的，可以随时用于支付的存款，也包括"其他货币资金"科目核算的外埠存款、银行汇票存款、银行本票存款、信用证保证金存款和在途货币资金等其他货币资金。需要注意的是，银行存款和其他货币资金中包括不能随时用于支付的存款。例如，不能随时支取的定期存款，不应作为现金，而应该作为投资。提前通知金融企业便可支取的定期存款，则应包括在现金范围内。

2．答：现金等价物是指企业持有的期限短、流动性强、易于转换为已知金额现金、价值变动风险很小的投资。判断一项投资是否属于现金等价物，应符合以下4个条件：（1）期限短，一般是指从购买日起，3个月内到期；（2）流动性强；（3）易于转换为已知金额的现金；（4）价值变动风险很小。其中，期限短、流动性强强调了变现能力。易于转换为已知金额的现金、价值变动风险很小，则强调了支付能力的大小。

3．答：从理论上而言，编制现金流量表时，列报现金流量特别是经营活动现金流量的方法有直接法和间接法。我国《企业会计准则第31号——现金流量表》明确要求，企业采用直接法列示企业各项活动产生的现金流量，同时在附注中披露将净利润调节为经营活动现金流量的信息。

4．答：所谓直接法，是指通过现金收入和现金支出的主要类别列示企业的现金流量，即按照现金流量表报表中的分类及其主要内容逐一列示经营活动产生的现金流量，投资活动产生的现金流量和筹资活动产生的现金流量。考虑到企业汇率变动对现金及现金等价物的影响，在直接法下，现金流量表采用报告式结构，分类反映经营活动产生的现金流量、投资活动产生的现金流量、筹资活动产生的现金流量、汇率变动对现金及现金等价物的影响、现金及现金等价物净增加额、期末现金及现金等价物余额 6 类内容。

5. 答：我们通常将现金流量表中的经营活动现金流量理解为以收付实现制为计算基础的企业净收益，而将利润表中的净利润理解为以权责发生制为计算基础的企业净收益，两者计算基础虽然不同，但都表现为企业在某个会计期间因生产经营所产生的收益。基于此，两者之间理论上是可以转换的。这其实也是现金流量表与利润表之间的内在勾稽关系。按照间接法编制的现金流量表，其实就是这种内在勾稽关系的充分体现。

6. 答：概括来说，影响企业现金流量变化的主要因素有以下 5 个方面。

第一，宏观经济环境。

第二，行业特点。

第三，生命周期。

第四，经营战略。

第五，企业经营中基于需要的其他原因。例如，营销策略、信用政策，是否存在关联交易，甚至企业编制现金流量表时出现的差错都会导致现金流量的变动。

7. 答：在创业阶段，企业的现金流量特征主要表现为以下 3 点。第一，经营活动产生的现金流量小于零。在创业阶段，由于销售不畅，企业入不敷出，即使将产品或服务销售出去，也可能是通过赊销方式实现，而成本的发生却是实实在在的现金支付，使得企业现金收入远小于付现成本。由于此时尚未形成规模效应，因此绝大多数企业的净利润也不尽如人意。第二，投资活动产生的现金流出金额巨大，投资活动现金流量净额远小于零。在这个阶段，企业需要大量的现金，以购买生产设备等长期资产，因此企业需要不断将所筹集的资金投放出去。第三，筹资活动现金净流量远远大于零。在这个阶段，企业尚未形成"自我造血"能力，严重依赖外部借款和所有者投入的资金。

8. 答：企业的成长阶段可以进一步分为新兴成长期和高速成长期。

新兴成长期的现金流量的特征主要表现如下。第一，经营活动的现金流量仍然小于零，但是越来越趋于零，个别畅销的企业开始大于零。第二，投资活动产生的现金流出金额仍然巨大。第三，筹资活动产生的现金流量仍然是维系企业正常运转的首要资金来源。

在高速成长期，企业的产品得到市场的广泛接受，市场占有率扩大，企业的投资回报丰厚，经营风险微不足道。此时，企业现金流量的特征主要表现如下。第一，经营活动现金流量大于零，甚至达到了能够弥补所有成本支出的状态。第二，投资活动产生的现金流出呈减缓趋势。第三，对筹资活动产生的现金流量的依赖性大大降低，给股东的回报有所增加。

9. 答：企业成熟阶段的现金流量的特征主要表现在以下 3 个方面。第一，经营活动的现金流量远大于零。经营活动产生的现金流量非常充裕，在弥补了所有的成本后，仍然有大量的剩余。第二，投资活动产生现金流量同样大于零。进入成熟期后，由于规模扩张速度显著降低，前期投资进入回报期，使得企业投资活动产生的现金流入也大幅增加。第三，筹资活动的现金流量逐渐变成负数，企业对外借款和新增资本的依赖度急剧降低。经营活动产生的现金流量和投资收益完全可以满足企业还本付息以及发放现金股利的需求。

10. 答：企业衰退阶段的现金流量的主要特征如下。第一，经营活动产生的现金流量持续下降，甚至入不敷出。第二，投资活动产生的现金流量，因为企业的战略撤退也持续下降。第三，筹资活动的现金流量表现为负数，但企业不再依赖于银行借款筹集资金，而可能更多依赖变卖资产来偿还债务或者支付利息。

11．答：所谓现金流量的质量，是指企业的现金流量能够按照企业的预期目标进行顺畅运转的质量。由于现金流量结构和状态的复杂性，通常不能使用某个特定的指标或标准直接界定其质量的好坏。一般认为，良好的现金流量结构和状态应当具备 3 个特征。第一，企业现金流量的结构与状态体现了企业发展战略的要求。第二，在成熟发展阶段，企业经营活动的现金流量应当与核心利润有一定的对应关系，并能为企业的扩张提供现金流量的支持。第三，筹资活动现金流量能够适应不同发展阶段经营活动、投资活动对现金流量的需求，且无不当融资行为。

12．答：经营活动现金流量质量的分析可以从真实性、充足性、合理性、稳定性和成长性 5 个方面进行。

13．答：一般来说，投资收益按照其所属时间，大体上可分为两类。一类是持有期间收益，比如持有股权期间分得的现金股利；另一类是处置收益，比如处置子公司获得的收益。从特征看，显然前者具有持续性，据此增加的净利润也具有持续性，而后者是偶发行为，此时因为投资收益增加的净利润不具有持续性，盈利质量较差。

14．答：财务弹性，是指企业在正常生产经营之外，面对市场机遇和市场危险时的应变能力。显然，拥有足够现金流量储备的企业可以先人一步抓住市场上稍纵即逝的机会，或者当企业面对突如其来的困难时，能够从容应对。相反，面对再好的机遇，没有现金也只能望洋兴叹，或者一旦市场恶化，企业立即捉襟见肘。

衡量财务弹性的指标有"现金流量充足率""现金投资满足比率""现金流量利息保障倍数"以及"经营性现金流量对即将到期短期负债的比率"。

六、计算分析题

1．解：

（1）现金流量比率=1 893 917÷10 838 852=0.174 7

现金流量债务总额比率=1 893 917÷（10 838 852+271 098）=0.170 5

现金净流量全部债务比率=1 421 271÷（10 838 852+271 098）=0.127 9

（2）流动负债在全部负债中所占的比例=10 838 852÷（10 838 852+271 098）×100%=97.55%

表 5-18 所示为 GG 公司流动负债内部结构占比计算表。

表 5-18　　　　　　　　GG 公司流动负债内部结构占比计算表

项目	20×9 年 12 月 31 日（万元）	结构占比（%）
短期借款	357 877	3.30
应付票据	688 196	6.35
应付账款	2 678 495	24.71
预收款项	642 772	5.93
应付职工薪酬	155 050	1.43
应交税费	830 887	7.67
应付利息	3 618	0.03
应付股利	71	0.00
其他应付款	254 638	2.35
一年内到期的非流动负债	206 149	1.90
其他流动负债	5 021 099	46.33
流动负债合计	10 838 852	100.00

（3）从现金流量比率的数值看，相对于正常值，该公司的现金偿债能力似乎偏低，但考虑到公

司负债中流动负债的占比达 97.55%，而公司流动负债中占比较大的又是应该支付给供应商的应付账款和应付票据，两者分别占了 24.71%和 6.35%。这两种流动负债基本都属于企业在上下游竞争中占据强势地位所导致的。从本质上看，这两种流动负债接近于无成本，虽然属于流动负债，但是如果强势地位不变，基本属于可以长期使用的资金。从这个角度分析，不必担忧该公司的现金偿债能力。

（4）从该公司的现金净流量的组成看，经营活动的现金净流量为正值且数值较高，投资活动的现金净流量为负值，筹资活动的现金净流量为负值。从基本组成看，该公司符合成熟企业现金流量的分布特征。在成熟阶段，公司的经营活动产生了大量的现金净流量，部分满足了企业对外投资的需要。从该公司的投资活动现金净流量看，虽然公司经营活动不错，但是公司的对外投资仍然在继续。从筹资活动的现金净流量看，该公司由于经营活动现金流充足，对外筹资的要求在降低，其能够部分偿还以外的借款。当然这些都是大致推测，这些推测必须根据更多的明细项目来确定。

2．解：

（1）编制主要数据一般分析表，如表 5-19 所示。

表 5-19 　　　　　　　　　　　GG 公司主要数据一般分析表 　　　　　　　　　　　单位：万元

项目	20×9 年	20×8 年	差额
一、经营活动产生的现金流量			
经营活动现金流入小计	9 053 997	7 563 147	1 490 850
经营活动现金流出小计	7 160 080	6 266 163	893 917
经营活动产生的现金流量净额	1 893 917	1 296 984	596 933
二、投资活动产生的现金流量	0	0	0
投资活动现金流入小计	137 001	100 447	36 554
投资活动现金流出小计	423 215	319 046	104 169
投资活动产生的现金流量净额	−286 214	−218 599	−67 615
三、筹资活动产生的现金流量	0	0	0
筹资活动现金流入小计	1 061 228	698 460	362 768
筹资活动现金流出小计	1 247 659	940 858	306 801
筹资活动产生的现金流量净额	−186 431	−242 398	55 967
四、汇率变动对现金及现金等价物的影响	0	0	0
五、现金及现金等价物净增加额	1 421 272	835 987	585 285
加：期初现金及现金等价物余额	2 925 918	2 137 049	788 869
六、期末现金及现金等价物余额	4 347 190	2 973 036	1 374 154

通过表 5-19 可知，第一，GG 公司 20×9 的现金流量净额相比于 20×8 年的是增加的。该公司现金及现金等价物年末比年初净增加额为 1 421 272 万元，其中经营活动 1 893 917 万元、投资活动 −286 214 万元、筹资活动 −186 431 万元。第二，经营活动产生的现金净流量大于零，反映 GG 公司 20×9 年经营活动产生的现金流至少弥补了经营活动的付现成本。但是，该公司经营活动产生的现金是否充足，尚需进一步分析。第三，投资活动产生的现金流量净额为负数，初步估计 GG 公司的对外投资活动处于扩张中。第四，筹资活动产生的现金净流量小于零，估计公司在还本付息和支付股利中花费了大量的资金，导致筹资活动现金流出的增加。

（2）编制水平分析表，如表 5-20 所示。

表 5-20 　　　　　　　　　　　GG 公司 20×9 年水平分析表

项目	20×9 年（万元）	20×8 年（万元）	增减额（万元）	增减（%）
一、经营活动产生的现金流量				

续表

项目	20×9年（万元）	20×8年（万元）	增减额（万元）	增减（%）
销售商品、提供劳务收到的现金	8 553 445	7 021 140	1 532 305	21.82
收到的税费返还	51 158	46 853	4 305	9.19
收到其他与经营活动有关的现金	449 394	495 154	−45 760	−9.24
经营活动现金流入小计	9 053 997	7 563 147	1 490 850	19.71
购买商品、接受劳务支付的现金	3 881 690	3 858 873	22 817	0.59
支付给职工以及为职工支付的现金	573 024	496 395	76 629	15.44
支付的各项税费	1 333 436	817 129	516 307	63.19
支付其他与经营活动有关的现金	1 371 930	1 093 766	278 164	25.43
经营活动现金流出小计	7 160 080	6 266 163	893 917	14.27
经营活动产生的现金流量净额	1 893 917	1 296 984	596 933	46.02
二、投资活动产生的现金流量	0	0	0	0.00
收回投资收到的现金	66 000	32 751	33 249	101.52
取得投资收益收到的现金	4 470	24 135	−19 665	−81.48
处置固定资产、无形资产和其他长期资产收回的现金净额	249	121	128	105.54
处置子公司及其他营业单位收到的现金净额	175	0	175	不适用
收到其他与投资活动有关的现金	66 107	43 440	22 667	52.18
投资活动现金流入小计	137 001	100 447	36 553	36.39
购建固定资产、无形资产和其他长期资产支付的现金	177 731	246 147	−68 416	−27.79
投资支付的现金	233 050	70 407	162 643	231.00
取得子公司及其他营业单位支付的现金净额	0	0	0	0.00
支付其他与投资活动有关的现金	12 434	2 493	9 941	398.81
投资活动现金流出小计	423 215	319 046	104 168	32.65
投资活动产生的现金流量净额	−286 214	−218 599	−67 615	30.93
三、筹资活动产生的现金流量	0	0	0	0.00
吸收投资收到的现金	0	0	0	0.00
取得借款收到的现金	1 037 665	498 790	538 875	108.04
收到其他与筹资活动有关的现金	23 563	199 670	−176 107	−88.20
筹资活动现金流入小计	1 061 228	698 460	362 768	51.94
偿还债务支付的现金	780 068	623 384	156 684	25.13
分配股利、利润或偿付利息支付的现金	467 591	317 474	150 117	47.28
支付其他与筹资活动有关的现金	0	0	0	0.00
筹资活动现金流出小计	1 247 659	940 858	306 800	32.61
筹资活动产生的现金流量净额	−186 431	−242 398	55 966	−23.09
四、汇率变动对现金及现金等价物的影响	0	0	0	0.00
五、现金及现金等价物净增加额	1 421 270	835 987	585 283	70.01
加：期初现金及现金等价物余额	2 925 918	2 137 049	788 869	36.91
六、期末现金及现金等价物余额	4 347 190	2 973 036	1 374 154	46.22

通过水平分析表的相关信息，分析如下。

第一部分，经营活动部分分析如下。

① 经营活动现金流量净额为正值且增加幅度较高，初步说明公司经营状况很好，可能仍然处于高速发展中，同时说明公司自身"造血功能"进一步增强。

② 两个对应项目"销售商品、提供劳务收到的现金"和"购买商品、接受劳务支付的现金"的绝对值（前者为 8 553 445 万元，后者为 3 881 690 万元）相差较大，从增加幅度（前者为 21.82%，后者为 0.59%）看，相差幅度依然很大，说明该公司的上下游竞争中的强势地位不仅依然存在，而且还有逐步扩大趋势。

第二部分，投资活动部分分析如下。

① 公司投资活动的现金流量净额增加了 30.93%，而且该公司连续两年的投资活动现金流量净额都为负值，表明企业仍然处在投资扩张中。

② 从具体项目看，没有特别值得关注或思考的异常项目。

第三部分，筹资活动现金流量分析如下。

① 从筹资活动现金流量净额看，连续两年为负数，说明公司对外部资金的依赖性在下降，从数值上看，企业新筹资的现金流入 1 061 227 万元，比去年增加 51.94%。相比较而言，筹资活动产生的现金流出数值为 1 247 659 万元，比去年增加 32.61%。两相比较，筹资活动产生的现金净流出量在去年的基础上减少了 23.09%。整体说明公司对外部资金的依赖性在 20×9 年有一定的上升。

② 从具体项目看，该公司一方面花费了大量现金偿还负债和支付股利，另一方面借入大量借款，说明公司虽然现金流状况良好，但仍然有对外面资金的基本需求，而且从绝对数值看，这个需求有扩大的趋势。该公司存在借新债还旧债的需求。由此判断，公司整体现金流状况良好，但仍在存在着对外资金的需求。考虑到公司的规模、支付负债和股利的现金需求以及比较充裕的经营现金流，此借新债还旧债的状态应该属于正常状态。

根据上述分析，整体初步判断 GG 公司的现金流量增加幅度较大，但增加的主要来源是企业的经营活动带来的现金流，而投资活动和筹资活动产生的现金流为负值，说明该公司主要是在利用具有造血功能的经营活动现金流在进行投资活动的扩张。从现金流看，该公司基本进入成熟期但仍然具有一定的成长性。

（3）编制结构分析表，如表 5-21 所示。

表 5-21　　　　　　　　　　GG 公司 20×9 年结构分析表

项目	20×9 年（万元）	现金流入（%）	现金流出（%）	内部（%）
一、经营活动产生的现金流量				
销售商品、提供劳务收到的现金	8 553 445			94.47
收到的税费返还	51 158			0.57
收到其他与经营活动有关的现金	449 394			4.96
经营活动现金流入小计	9 053 997	88.31		100.00
购买商品、接受劳务支付的现金	3 881 690			54.21
支付给职工以及为职工支付的现金	573 024			8.00
支付的各项税费	1 333 436			18.62
支付其他与经营活动有关的现金	1 371 931			19.16
经营活动现金流出小计	7 160 080		81.08	100.00
经营活动产生的现金流量净额	1 893 917			
二、投资活动产生的现金流量	0			
收回投资收到的现金	66 000			48.17

续表

项目	20×9年（万元）	现金流入（%）	现金流出（%）	内部（%）
取得投资收益收到的现金	4 470			3.26
处置固定资产、无形资产和其他长期资产收回的现金净额	249			0.18
处置子公司及其他营业单位收到的现金净额	175			0.13
收到其他与投资活动有关的现金	66 107			48.25
投资活动现金流入小计	137 001	1.34		100.00
购建固定资产、无形资产和其他长期资产支付的现金	177 731			42.00
投资支付的现金	233 050			55.07
取得子公司及其他营业单位支付的现金净额	0			0.00
支付其他与投资活动有关的现金	12 434			2.94
投资活动现金流出小计	423 215		4.79	100.00
投资活动产生的现金流量净额	−286 214			
三、筹资活动产生的现金流量	0			
吸收投资收到的现金	0			0.00
取得借款收到的现金	1 037 665			97.78
收到其他与筹资活动有关的现金	23 562			2.22
筹资活动现金流入小计	1 061 227	10.35		100.00
偿还债务支付的现金	780 068			62.52
分配股利、利润或偿付利息支付的现金	467 591			37.48
支付其他与筹资活动有关的现金	0			0.00
筹资活动现金流出小计	1 247 659		14.13	100.00
筹资活动产生的现金流量净额	−186 431			
四、汇率变动对现金及现金等价物的影响	0			
五、现金及现金等价物净增加额	1 421 270			
加：期初现金及现金等价物余额	2 925 918			
六、期末现金及现金等价物余额	4 347 190			
现金流入总额	10 252 225	100.00		
现金流出总额	8 830 954		100.00	

① 分析现金流入总结构。从表 5-21 中可以看出，在现金净流量中，经营活动是现金流入的主要来源，占比达到 88.31%，筹资活动的现金流入占比为 10.35%，而出于投资的需要，投资本身的现金流入仅仅占了 1.34%。这个数据一方面反映了经营活动的强大，另一方面也反映了公司在投资活动中获得的收益较少，说明企业投资回收的效益暂未体现，投资还未进入高效回报期，基本处于没有太多收益的投资初期。

② 从流出结构看，与现金流入相同，经营活动现金流出同样占较高比重，达到 81.08%，其次是筹资活动动用的现金，占比达到 14.13%。从筹资活动的具体流出项目看，还本付息和支付股利是筹资活动流出的主要内容。这一方面反映了到期债务的偿还需求，另一方面反映了公司对股东的现金回报。

③ 从各活动内部流入结构看，经营活动现金流入的 94.47% 来自"销售商品、提供劳务收到的现金"，反映了经营现金流入的质量稳定可靠。对于现金流入贡献微弱的投资活动而言，其对现金流入的贡献微弱，流入的现金中，48.17% 来自"收回投资收到的现金"，48.25% 来自"收到其他与投

资活动有关的现金"。

整体而言，在结构分析中得出的结论基本验证了水平分析中的初步判断。该公司的经营活动现金流比较充分，且是该公司主要的现金来源，但出于经营或投资的需求，该公司仍然有对外借债的需要，存在着借新债还旧债的现象。但从金额上看，经营活动是该公司现金的主要来源，筹资活动是该公司现金的第二来源。到目前为止，该公司重要的投资活动中，现金收益并不是特别理想。

3．解：（1）

A=4 042+69−307=3 804

B=69

C=69−307=−238

D=69−(15+883+11+365+4−1 039+13+0+729−3 437−661)=69−(−3 117)=3 186

（2）经营活动产生的现金净流量与净利润之间存在差距的最主要的原因是两者计算基础不一致。前者依据收付实现制，后者依据权责发生制。本题中，净利润达到 3 186 万元，而现金净流量只有 69 万元，是因为企业存在大量的固定资产折旧、无形资产摊销、长期待摊费用摊销等不需要付出现金的成本。两者的数据相差非常大，从而说明该公司的盈利获现保障程度很低，公司的盈利质量不高。

4．解：盈利现金比率=经营活动现金流量净额÷净利润

根据上述公式计算的结果如表 5-22 所示。

表 5-22　　　　　　　　　　　　　GG 公司等盈利现金比率计算表

项目	GG 公司	青岛海尔	美的集团
经营活动现金流量净额（万元）	1 893 916	700 658	2 478 851
净利润（万元）	1 425 295	669 226	1 164 632
盈利现金比率	1.33	1.05	2.13

从表 5-22 的数据中可以看出，20×9 年 GG 公司盈利现金比率超过 1，优于同行业的青岛海尔的盈利现金比率而低于美的集团的盈利现金比率。盈利现金比率反映企业利润净额中经营现金所占的比重，是考核企业经营活动效益的一个重要指标。GG 电器在 20×9 年的盈利现金比率高达 1.33，说明该企业收入、费用的确认与现金收入之间差距较小，净利润有足够的现金保障，企业盈利质量高；同时，也表明该企业的收账策略正确，能保证大部分应收账款即时收回，能保证经营活动现金流入大于现金流出。

5．解：GG 公司等销售获现比率计算表如表 5-23 所示。

表 5-23　　　　　　　　　　20×9 年 GG 公司等销售获现比率计算表

项目	GG 公司	青岛海尔	美的集团
销售商品、提供劳务收到的现金（万元）	8 553 445	9 121 678	10 549
营业收入（万元）	13 775 035	8 877 544	14 166
销售获现率（%）	62.09	102.75	74.47

从表 5-23 的数据可以看出，20×9 年 GG 公司销售获现比率小于 1，且低于同行业的青岛海尔和美的集团的销售获现比率。这说明本年度 GG 公司的产品销售收入中并非全部以现销的方式存在，而是可能出现了较大的赊销部分。尤其是在和同行业的青岛海尔、美的集团对比之后，我们会发现 GG 公司赊销比率高于青岛海尔和美的集团的赊销比率。通过销售收现比率，由于企业采取了赊销政策，客观上扩大了销售收入，但同时也形成了应收账款的未来坏账风险。从这个角度看，公司盈

利质量有值得担忧的地方。

6．解：GG 公司的总结构分析表如表 5-24 所示。

表 5-24　　　　　　　　　GG 公司现金流量表的总结构分析表　　　　　单位：百万元

项目	年末	流入结构（%）	流出结构（%）
一、经营活动产生的现金流量			
经营活动现金流入小计	9 053 997	88.31	
经营活动现金流出小计	7 160 081		81.08
经营活动产生的现金流量净额	1 893 916		
二、投资活动产生的现金流量			
投资活动现金流入小计	137 001	1.34	
投资活动现金流出小计	423 215		4.79
投资活动产生的现金流量净额	−286 214		
三、筹资活动产生的现金流量			
筹资活动现金流入小计	1 061 227	10.35	
筹资活动现金流出小计	1 247 659		14.13
筹资活动产生的现金流量净额	−186 431		
现金流入总额	10 252 225	100.00	
现金流出总额	8 830 954		100.00

7．解：GG 公司的间接法现金流量表的分类计算如表 5-25 所示。

表 5-25　　　　　　　　　GG 公司的间接法现金流量表的分类计算表　　　　　单位：百万元

项目	20×9 年 12 月	归类计算
净利润	49 272	
加：资产减值准备	2 354	长期资产折旧与摊销：2 354+1 697+1 224=5 275
固定资产折旧、油气资产折耗、生产性生物资产折旧	1 697	
无形资产摊销	1 224	
长期待摊费用摊销	—	
处置固定资产、无形资产和其他长期资产的损失	—	非经营税前利润：3+(−86)+5 998+(−6 787)=−872　注：负数说明非经营税前利润为 872
固定资产报废损失	3	
公允价值变动损失	−86	
财务费用	5 998	
投资损失	−6 787	
递延所得税资产减少	−5 846	净营运资本增加：−5 846+(−511)+(−111 125)+(−90 870)+188 033 +263=−20 056
递延所得税负债增加	−511	
存货的减少	−111 125	
经营性应收项目的减少	−90 870	
经营性应付项目的增加	188 033	
其他	263	
经营活动产生的现金流量净额	33 619	

七、案例分析题

1．解：

（1）WW 公司现金流量表的主要数据如表 5-26 所示。

表 5-26 　　　　　　　　　　WW 公司现金流量表的主要数据 　　　　　　　　　单位：万元

项目	20×2 年	20×1 年
一、经营活动产生的现金流量		
经营活动现金流入小计	12 158 943	11 054 354
经营活动现金流出小计	11 786 347	10 715 412
经营活动产生的现金流量净额	372 596	338 942
二、投资活动产生的现金流量	0	0
投资活动现金流入小计	117 951	86 537
投资活动现金流出小计	363 296	651 794
投资活动产生的现金流量净额	−245 345	−565 257
三、筹资活动产生的现金流量	0	0
筹资活动现金流入小计	5 046 845	2 747 952
筹资活动现金流出小计	3 418 295	2 667 266
筹资活动产生的现金流量净额	1 628 550	80 686
四、汇率变动对现金及现金等价物的影响	0	0
五、现金及现金等价物净增加额	1 755 801	−145 629
期初现金及现金等价物余额	3 361 411	3 509 694
期末现金及现金等价物余额	5 117 212	3 364 065

通过对现金流量表的主要数据的观察可以发现以下事项。第一，WW 公司期末现金及现金等价物余额增加了，说明公司的整体现金流在增加。第二，WW 公司经营活动产生的现金流为正值，其中 20×2 年实现 372 596 万元，比 20×1 年有所增长，说明经营活动产生的现金流至少弥补了经营活动的付现成本且在不断发展中。第二，连续两年的投资活动现金流量净额均小于零，初步估计WW 公司的对外投资活动处于扩张中。第三，连续两年的筹资活动现金流量净额均大于零，初步判断 WW 公司因为投资活动或者经营活动的需要，主动进行了外部融资，且外部融资金额持续增长，说明公司对现金的需求比较高，公司自身经营活动产生的现金流不足以满足公司对现金的需要。

（2）主要数据的水平分析（出于页面原因，此外将金额单位处理成亿元）如表 5-27 所示。

表 5-27 　　　　　　　　　　WW 公司 20×2 年主要数据的水平分析表

项目	20×2 年（亿元）	20×1 年（亿元）	增加额（亿元）	增加幅度（%）
一、经营活动产生的现金流量				
经营活动现金流入小计	1 215.89	1 105.44	110.45	9.99
经营活动现金流出小计	1 178.63	1 071.54	107.09	9.99
经营活动产生的现金流量净额	37.26	33.89	3.37	9.94
二、投资活动产生的现金流量	0	0		
投资活动现金流入小计	11.80	8.65	3.15	36.42
投资活动现金流出小计	36.33	65.18	−28.85	−44.26
投资活动产生的现金流量净额	−24.53	−56.53	32	−56.61
三、筹资活动产生的现金流量	0	0		
筹资活动现金流入小计	504.68	274.80	229.88	83.65

续表

项目	20×2年（亿元）	20×1年（亿元）	增加额（亿元）	增加幅度（%）
筹资活动现金流出小计	341.83	266.73	75.10	28.16
筹资活动产生的现金流量净额	162.85	8.07	154.79	1 918.09
四、汇率变动对现金的影响	0	0		
五、现金及现金等价物净增加额	175.58	−14.57	190.16	1 305.15
期初现金及现金等价物余额	336.14	350.97	−14.83	−4.23
期末现金及现金等价物余额	511.73	336.40	175.33	52.12

从表 5-27 的数据可以看出，本年度的现金及现金等价物余额的增加幅度较大，达到 52.12%。从具体 3 个活动来看，经营活动净额增加了 9.94%；投资活动产生的现金流量为负值，表明 WW 公司处在投资扩张中，但扩张速度下降，相比 20×1 年，20×2 年的投资活动产生的现金流量下降了 56.61%；从筹资活动看，WW 公司新筹资的现金流入增加幅度较大，达到了 83.65%，相较筹资活动产生的现金流出数值增加幅度较小，为 28.16%。两相比较，筹资活动产生的现金净流入量在去年的基础上增加了 1 918.09%，充分反映了 WW 公司筹资速度的增加。根据上述分析，初步判断 WW 公司的现金流量增加幅度较大，但增加的主要来源是 WW 公司的筹资活动带来的现金流，其次为经营活动的现金流，而投资活动产生的现金流为负值，再次说明该 WW 公司可能在利用具有"造血"功能的经营活动现金流和具有"输血"功能的筹资活动现金流进行大幅度的投资活动的扩张。从 20×1 年的数据初步判断，这样的扩张应该在 20×1 年甚至更早的年份就开始了。因此，初步判断 WW 公司仍然处于投资扩张期。考虑到房地产行业的整体趋势，在市场占用率不高、品牌较响、市场认可度较高的前提下，基本认为这是该公司的正常经营战略，而且这样的经营战略应该能够给企业带来盈利。

（3）主要数据的结构分析（出于页面原因，此处将金额单位处理成亿元了）如表 5-28 所示。

表 5-28 　　　　　　　　　　WW 公司 20×2 年度现金流量结构分析表

项目	20×2年（亿元）	20×2年流入占比（%）	20×2年流出占比（%）	现金净流量占比（%）
一、经营活动产生的现金流量				
经营活动现金流入小计	1 215.89	70.19		
经营活动现金流出小计	1 178.63		75.71	
经营活动产生的现金流量净额	37.26			21.22
二、投资活动产生的现金流量	0			
投资活动现金流入小计	11.80	0.68		
投资活动现金流出小计	36.33		2.33	
投资活动产生的现金流量净额	−24.53			−13.97
三、筹资活动产生的现金流量	0			
筹资活动现金流入小计	504.68	29.13		
筹资活动现金流出小计	341.83		21.96	
筹资活动产生的现金流量净额	162.85			92.75
现金流入总额	1 732.37	100.00		
现金流出总额	1 556.79		100.00	
现金净流量	175.58			100.00

根据表 5-28 的数据，首先可以看出，在现金净流量中，经营活动产生的现金流量占比为 21.22%，投资活动产生的现金流量占比为−13.97%；筹资活动产生的现金流量占比为 92.75%，再次验证了前

面的分析，即 20×2 年 WW 公司仍然处于投资扩张期，其资金主要来源于筹资活动，其次为经营活动。这说明 WW 公司的经营活动产生的现金流暂时无法充分满足该公司进一步投资的欲望，当然经营活动的充足性程度需要进一步分析。

其次，从现金流入的角度看，经营活动是现金流入的主要来源，占比达到 70.19%，筹资活动的现金流入占比为 29.13%，而出于投资的需要，投资本身的现金流入仅仅占了 0.68%。这说明 WW 公司的投资回收的效益暂未体现，基本处于没有太多收益的投资初期。

最后，从现金流出的角度看，虽然 WW 公司的投资扩张比较明显，但从占比看，投资所花费的资金仅仅为所有流出现金的 2.33%，而筹资活动的现金流出占比达到 21.96%，经营活动是主体活动，占比达到 75.71%。根据对筹资现金流出数据的进一步观察，发现 WW 公司在借入更多借款的同时（474.77 亿元），也偿还了较多的负债（268.64 亿元），同时也支付了相当多的现金股利（73.18 亿元中，从财务费用的数据看，主要表现为现金股利），一方面，说明该公司在还本付息和支付股利中花费了大量的资金，另一方面，表明该公司存在借新款还旧债的嫌疑，但考虑到现实中不少企业存在长款短借的现象，此处暂时不做更多评价。

（4）经营活动现金净流量充足性判断如下。

① 从绝对值角度衡量 WW 公司经营活动现金流量净额的充足性。

首先，根据 WW 公司 20×2 现金流量表可知，WW 公司经营活动现金净流量为 372 596 万元。由 WW 公司的现金流量表补充资料可知，

$$\frac{\text{本期}}{\text{折旧额}}+\frac{\text{无形资产、长期待摊}}{\text{费用摊销额}}+\frac{\text{待摊费用}}{\text{摊销额}}+\frac{\text{预提费用}}{\text{提取额}}=15\,457+2\,806=18\,263(\text{万元})$$

从数据结果看，显然 WW 公司的经营活动现金流量净额远远超过其非付现成本。两者的差额大约为 354 333 万元，说明该公司 20×2 年在弥补了所有的付现成本后能够产生非常充足的资金弥补折旧等主要非付现成本。当然从另一个角度看，这也是房地产行业固定资产占比较低、销售产品价格比较高的必然结果。

其次，计算该公司的狭义自由现金流量。

$$\frac{\text{狭义自由}}{\text{现金流量}}=\frac{\text{经营活动产生}}{\text{的现金净流量}}-\left(\frac{\text{资本}}{\text{支出}}+\frac{\text{现金}}{\text{股利}}\right)=372\,596-(15\,067+731\,853)=-374\,324(\text{万元})$$

显然，在考虑到资本支出和现金股利支出后，该公司并没有产生资本市场上特别看重的自由现金流量。

② 从相对量的角度衡量该公司现金流量的充足性，分别计算了以下指标。

第一，现金流量充裕率。

$$\frac{\text{现金流量}}{\text{充裕量}}=\frac{\text{经营活动}}{\text{净流量}}\div\left(\frac{\text{购建固定资}}{\text{现金支出}}+\frac{\text{偿还借款}}{\text{现金流出}}+\frac{\text{支付}}{\text{现金股利}}\right)$$

根据 WW 公司的现金流量表进行如下计算。

$$\frac{\text{购建固定}}{\text{资产现金}}+\frac{\text{偿还借款}}{\text{现金流出}}+\frac{\text{支付现金}}{\text{股利支出}}=15\,067+2\,686\,442+731\,853=3\,433\,362(\text{万元})$$

WW 公司的现金流量充足率=372 596÷3 433 362≈0.108 5

通过分析，可以发现该公司虽然通过经营活动产生的现金流能够弥补其所有成本并有较大的剩

余，但由于房地产的高负债率，该公司需要偿还较高额度的负债，同时还需要支付较高额度的现金股利，所以 WW 公司的现金流远没有达到可以产生足够多自由现金流的状态。也就是说，在考虑到企业未来仍然有还本付息和现金股利支付的前提下，企业的经营活动的现金流现在并不充足，将来也很有可能出现不足。

第二，经营现金流量对资本支出比率。

现金流量对资本支出比率=经营活动净流量÷购建固定资产现金支出

现金流量对资本支出比率=372 596÷15 067≈24.73

该数据说明，WW 公司经营活动现金流量净额在仅仅用于满足自身资本支出的单一现金需求时，是相当充足的。但是考虑到房地产行业的基本特征，固定资产占比少，总资产中绝大多数表现为流动资产，流动资产中又绝大多数表现为存货，这样的结果应该是理所当然的。

第三，经营现金流量对借款偿还比率。

经营现金流量对借款偿还比率=经营活动净流量÷偿还借款现金流出

经营现金流量对借款偿还比率=372 596÷2 686 442≈0.138 7

显然，表面上比较充足的经营活动现金流量净额相对于 WW 公司客观存在的还本付息的需求显得比较弱了。这也从另外一个侧面反映了该公司偿还到期债务本息才是其现金支出的重点，也是房地产行业依赖外部资金的自然结果。

第四，经营现金流量对股利支付比率。

经营现金流量对股利支付比率=经营活动净流量÷支付股利的现金流量

经营现金流量对股利支付比率=372 596÷731 853≈0.509 1

显然，比较充足的经营活动现金流量净额也不能满足该公司发放现金股利的单一需求该公司发放现金股利的资金来源部分取决于外部资金的筹资。

第五，折旧摊销影响比率。

折旧摊销影响比率=（折旧费用+摊销费用）÷经营活动产生的现金净流量

折旧摊销影响比率=18 263÷372 596=0.049

该数据表明，WW 公司净利润与经营性现金流量的差异比较小，净利润的质量比较好。

通过以上指标的计算，可以初步判断，WW 公司经营活动产生的现金流入量在弥补企业付现成本和非付现成本后的净额整体上是比较充足的，能够满足企业资本支出的现金需求。但考虑到大额的还本付息和现金股利的需求，WW 公司的经营活动现金流量净额是远远不够的。WW 公司必须通过外部筹资行为才能够满足其偿还到期债务和发放现金股利的需求。

（5）经营活动现金净流量稳定性或成长性的判断如下。

经营活动现金净流量成长比率还不足以反映企业的成长程度，因此，要借助 WW 公司近五年的经营活动现金流量进行分析，如表 5-29 所示。

表 5-29　　　　WW 公司近五年经营活动现金流量成长性分析表

项目	经营活动现金流量净额（万元）	环比增加值（万元）	环比增加率（%）
第一年	−3 415		
第二年	925 335	928 750	271 96.19
20×0	223 726	−701 609	−75.82
20×1	338 942	115 216	51.50
20×2	372 596	33 654	9.93

20×2 年经营活动现金流量成长率为 9.93%，成长性尚可，但相对于 20×1 年，成长性明显下降。

观察第一年后的整体数据，明显可以看出该行业经营活动现金流量受到外部环境的影响甚大。例如，在 2008 年，受金融风暴和宏观调控的双重影响，经营活动现金流量净额为负值；第二年，在国家政策的刺激下，经营活动现金流量净额又大幅上升。表 5-29 的数据说明，房地产行业的现金流跟国家对房地产或扶持或打压的政策密切相关，也提醒投资者房地产行业的健康发展更多地取决于外界环境和国家相关政策。

（6）投资活动回收现金的能力分析如表 5-30 所示。

表 5-30　　　　　　　　WW 公司投资活动现金流量明细项目水平分析表

项目	20×2 年（万元）	20×1 年（万元）	增加值（万元）	增加率（%）
二、投资活动产生的现金流量	0	0		
收回投资收到的现金	1 200	20 789	−19 589	−94.23
取得投资收益收到的现金	16 718	1 876	14 842	791.15
处置固定资产、无形资产和其他长期资产收回的现金净额	153	112	41	36.61
处置子公司及其他营业单位收到的现金净额	0	0	0	0.00
收到其他与投资活动有关的现金	99 880	63 760	36 120	56.65
投资活动现金流入小计	117 951	86 537	31 414	36.30
购建固定资产、无形资产和其他长期资产支付的现金	15 067	26 156	−11 089	−42.40
投资支付的现金	50 045	119 507	−69 462	−58.12
取得子公司及其他营业单位支付的现金净额	286 084	407 584	−121 500	−29.81
支付其他与投资活动有关的现金	12 100	98 547	−86 447	−87.72
投资活动现金流出小计	363 296	651 794	−288 498	−44.26
投资活动产生的现金流量净额	−245 345	−565 257	319 912	−56.60

投资活动产生的收益，从持有时间上看，有持有收益和处置收益之分。从表 5-30 中的数据可以看出，该公司未发生处置收益，但 20×2 年取得投资收益收到的现金为 16 718 万元，相对于 20×1 年上升 791.15%。该收益与投资现金流出 363 296 万元相比，数额较小，说明该公司的投资效益尚未完全体现。考虑到较大的现金投资额的发生，暂时预测未来的盈利能力会因为现在的投资得到一定程度的提升。

（7）筹资活动筹集现金的能力分析如表 5-31 所示。

表 5-31　　　　　　　　WW 公司投资活动现金流量明细项目水平分析表　　　　　　单位：万元

项目	20×2 年（万元）	20×1 年（万元）	增加值（万元）	增加率（%）
三、筹资活动产生的现金流量	0	0		
吸收投资收到的现金	299 112	390 494	−91 382	−23.40
取得借款收到的现金	4 747 733	2 357 458	2 390 275	101.39
收到其他与筹资活动有关的现金	0	0	0	0.00
筹资活动现金流入小计	5 046 845	2 747 952	2 298 893	83.66
偿还债务支付的现金	2 686 442	1 997 461	688 981	34.49
分配股利、利润或偿付利息支付的现金	731 853	669 805	62 048	9.26
支付其他与筹资活动有关的现金	0	0	0	0.00
筹资活动现金流出小计	3 418 295	2 667 266	751 029	28.16
筹资活动产生的现金流量净额	1 628 550	80 686	1 547 864	1 918.38

从表 5-31 中 20×2 年和 20×1 年的筹资数据的对比中明显可以看出，WW 公司采用了借新债还旧债的方式，主要解决了还本付息和支付现金股利的需求，同时也部分解决了投资活动所需现金。这说明该公司在房地产黄金发展的 10 年中，规模扩展很快，但对外部资金的依赖依然较重。结合经营活动现金流量充足性的分析，该公司的经营活动现金流量虽然充足，但没有达到非常好的状态，从另一方面推测，也可能是房地产商品房销售的特征导致的。在年报期间，该公司正好处于经营活动现金流量的低潮期。对此，我们应关注未来的季报和中报。

（8）选择或设计指标判断 WW 公司的盈利质量。

① 盈利现金比率（盈余现金保障倍数）的计算公式如下。

盈利现金比率=经营活动净流量÷净利润

盈利现金比率反映企业利润净额中经营现金所占的比重，是考核企业经营活动效益的一个重要指标。该指标越大，说明企业收入、费用的确认与现金收入之间差距较小，净利润有足够的现金保障，企业盈利质量高，经营状况和效益好；同时，也表明企业的收账策略正确，能保证大部分应收账款即使收回，能保证经营活动现金流入大于现金流出。

WW 公司盈利现金比率=372 596÷1 566 259×100%≈23.79%

显然，该公司的盈利现金保障程度不高。

② 销售收现比率的计算如下。

销售收现比率=销售商品、提供劳务收到的现金÷销售净收入

WW 公司销售收现比率=11 610 884÷10 311 624×100%≈112.60%

从该数据看，WW 公司的盈利质量尚可。

上述两个数据的计算结果，一个说明了 WW 公司盈利的获现能力并不是特别高，另一个从销售的角度说明了 WW 公司在销售环节收现比率还是可以的，公司整体的盈利获现能力不强受到了除销售环节的其他因素的影响。因此，需要结合更多的数据来观察。根据该公司现金流量表的间接表发现，大量的递延所得税的影响和应收应付项目都影响了公司的现金的回流，使得该公司的现金流量不如净利润表现得那么出色。

（9）根据以上分析综合判断，该公司存在的主要问题是经营活动现金流量的现金相对充分，但没有充分到能够满足企业还本付息、支付股利以及投资等所有现金需要。第一，从现金的充足性看，仍然不足。因为经营活动现金流量的不充足，部分影响了盈利的获现能力，使得净利润的数据质量不高；第二，公司仍然处于扩张期，对资金的需求比较大；第三，公司外部筹集资金的需求处于扩充中。

2．解：

（1）计算该公司 20×9 年广义自由现金流量。

广义自由现金流量=经营活动现金流量净额-资本支出

$$=33 619-5 896$$

$$=27 723（百万元）$$

（2）计算该公司 20×9 年经营现金流量充足率。

经营现金流量充足率

=经营活动现金流量净额÷（购建固定资产现金支出+偿还债务现金支出+支付现金股利）

$$=33 619÷(5 896+73 854+40 249)×100\%$$

$$=33 619÷119 999×100\%=28.02\%$$

又或

=33 619÷(5 896+73 854+40 249−5 999)×100%[①]

=33 619÷(119 999−5 999)×100%

=33 619÷114 000×100%=29.49%

无论哪个数据都表明该公司经营活动现金流量的充足程度不够理想。

（3）计算该公司 20×9 年盈利现金比率。

盈利现金比率=经营活动现金流量净额÷净利润

=33 619÷50 486×100%=66.59%

（4）计算该公司 20×9 年销售获现率。

销售获现率=销售商品、提供劳务收到的现金÷营业收入

=398 148÷297 679×100%=133.75%

（5）根据上述计算结果对企业 20×9 年的经营活动现金流量的质量和盈利质量做出初步分析。

该企业的销售获现率即使没有考虑增值税税率调低的政策变化，也是超过了理论数据，所以从销售获现能力看，公司盈利质量相当不错。

从盈利现金比率的计算结果看，该公司的经营活动现金流量净额仅仅占净利润的 68%，公司整体盈利的获现能力较差。根据原始现金流量表的数据看，该公司的获现能力在经营活动中相当不错（可参看销售获现率 1.33），说明公司在投资活动的获现能力不佳或者其他活动对企业的净利润中现金获得产生了影响比较大，降低了公司净利润的盈利质量。

从经营现金流量充足率看，其远远小于 1，说明公司的充足程度不是特别高，即公司经营活动现金流量净额不能同时满足资本支出、现金股利和偿还债务的需要。这虽然不影响公司的现金周转，但必要的外部融资需求是肯定的。从现金流量表筹资活动的数据看，WW 公司确实也在开展外部融资活动。

---

① 注：此处因为表中没有直接的利息费用现金支出，所以用 5 999 元暂时替代利息支出，大抵计算一下经营现金流量充足率，反映经营活动现金流量的状况。

所有者权益变动表分析 | 第6章

知识点回顾

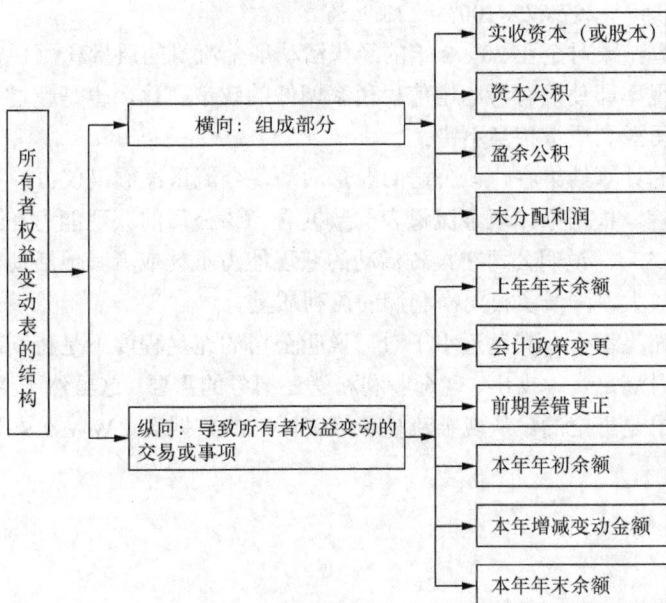

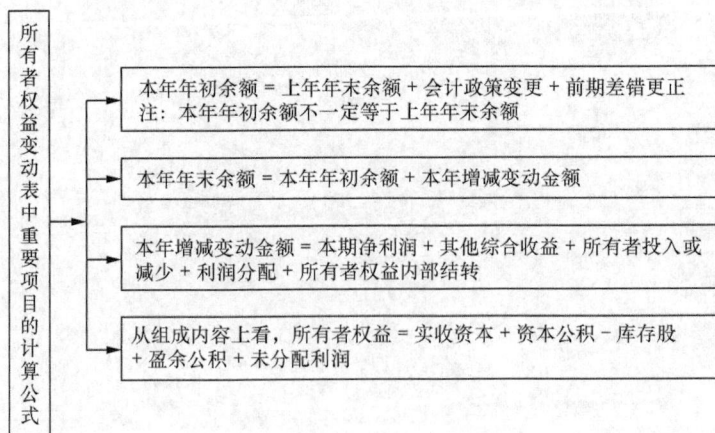

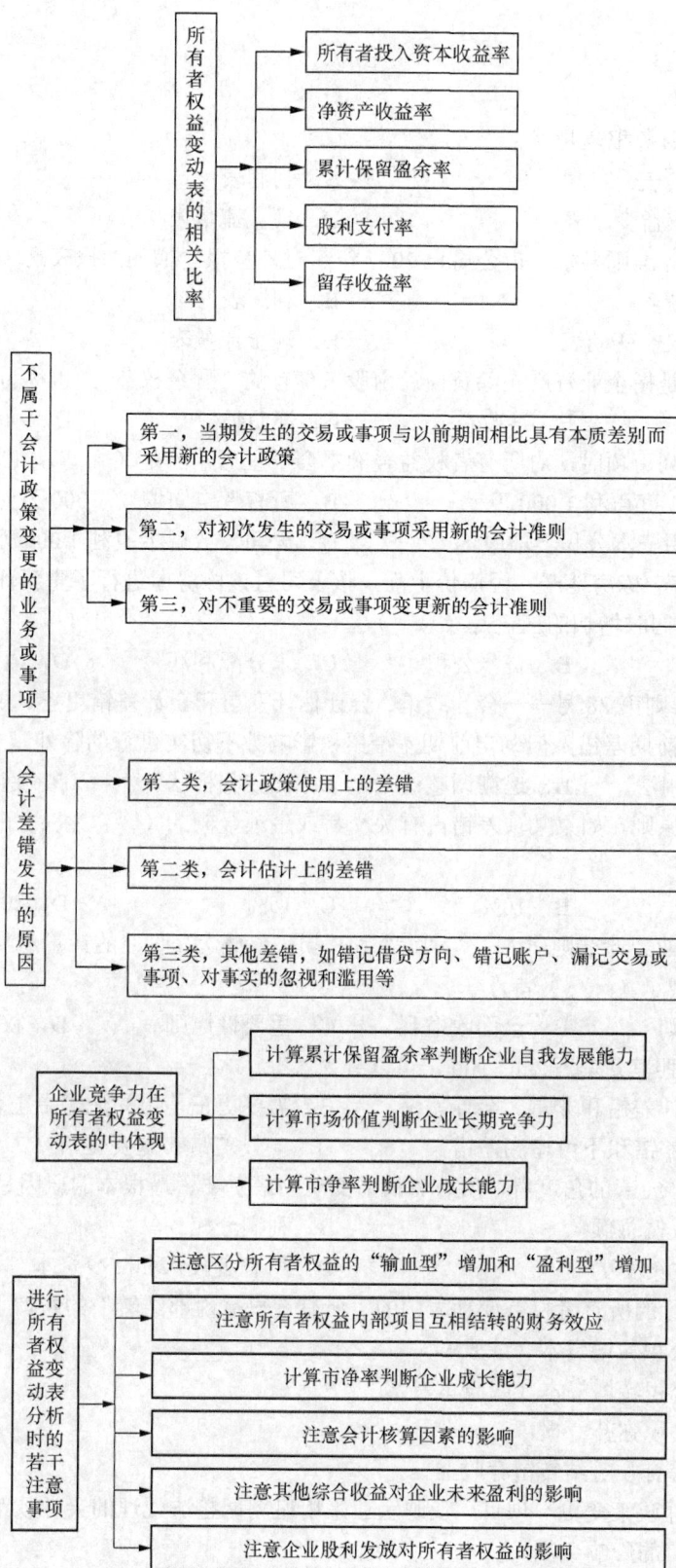

```
                              ┌─→ 所有者投入资本收益率
                              │
                              ├─→ 净资产收益率
        所有者权益变          │
        动表的相关比率 ──────┼─→ 累计保留盈余率
                              │
                              ├─→ 股利支付率
                              │
                              └─→ 留存收益率
```

```
                                    ┌─→ 第一，当期发生的交易或事项与以前期间相比具有本质差别而
                                    │     采用新的会计政策
        不属于会计政策变更          │
        的业务或事项 ──────────────┼─→ 第二，对初次发生的交易或事项采用新的会计准则
                                    │
                                    └─→ 第三，对不重要的交易或事项变更新的会计准则
```

```
                          ┌─→ 第一类，会计政策使用上的差错
                          │
        会计差错发生的     ├─→ 第二类，会计估计上的差错
        原因 ─────────────┤
                          └─→ 第三类，其他差错，如错记借贷方向、错记账户、漏记交易或
                                事项、对事实的忽视和滥用等
```

```
                              ┌─→ 计算累计保留盈余率判断企业自我发展能力
        企业竞争力在所有者    │
        权益变动表的中体现 ──┼─→ 计算市场价值判断企业长期竞争力
                              │
                              └─→ 计算市净率判断企业成长能力
```

```
                          ┌─→ 注意区分所有者权益的"输血型"增加和"盈利型"增加
                          │
                          ├─→ 注意所有者权益内部项目互相结转的财务效应
        进行所有者权益      │
        变动表分析时的      ├─→ 计算市净率判断企业成长能力
        若干注意事项 ──────┤
                          ├─→ 注意会计核算因素的影响
                          │
                          ├─→ 注意其他综合收益对企业未来盈利的影响
                          │
                          └─→ 注意企业股利发放对所有者权益的影响
```

练习题

一、单项选择题

1. 出现最晚的财务报表是（   ）。
   A. 资产负债表   B. 利润表
   C. 所有者权益变动表   D. 现金流量表

2. 我国企业会计准则要求上市公司自 2007 年起对外呈报新增加的报表是（   ）。
   A. 资产负债表   B. 利润表
   C. 所有者权益变动表   D. 现金流量表

3. 所有者权益是指企业资产扣除负债后由股东享有的"剩余权益"，也称为（   ）。
   A. 净资产   B. 净收益   C. 净负债   D. 净流量

4. 公司发生下列事项时，对所有者权益金额不会产生影响的是（   ）。
   A. 公司本年度盈利 1 000 万元   B. 所有者定向增发 1 000 万元
   C. 公司拟用资本公积转增股本   D. 公司发放现金股利 1 000 万元

5. W 公司拥有一栋房地产。因房价上涨，该公司对该栋房屋进行了重新评估，评估后的价值增加了 1 000 万元，同时增加的应该是（   ）。
   A. 净利润   B. 资本公积   C. 未分配利润   D. 盈余公积

6.《企业会计准则第 28 号——会计政策、会计估计变更和会计差错更正》规定，企业应当采用（   ）更正重要的前期差错，但确定前期差错累积影响数不切实可行的除外。
   A. 未来适用法   B. 追溯调整法   C. 比较分析法   D. 趋势分析法

7. 按照重要性原则，如果某项差错占有关交易或事项金额的（   ）以上，则可以被认为是重大会计差错。
   A. 5%   B. 10%   C. 15%   D. 20%

8. 我国现行企业会计准则引入了"利得"和"损失"概念，收益的计量从收入费用观转变为资产负债观，充分体现了（   ）特点。
   A. 谨慎原则   B. 全面收益观   C. 重要性原则   D. 权责发生制

9. 会计差错按照其影响程度的不同，可以分为（   ）。
   A. 重大会计差错和非重大会计差错   B. 需要更正差错和无需更正差错
   C. 可追溯差错和不可追溯差错   D. 一般差错和重要差错

10. 从企业生产经营的角度看，所有者权益变动的最主要、最根本的原因是（   ）
    A. 综合收益总额   B. 利润分配
    C. 会计政策变更   D. 所有者投入和减少资本

11. 2018 年执行的所有者权益变动表中的"所有者权益内部结转"的新增子项目是（   ）。
    A. 资本公积转增资本（或股本）
    B. 盈余公积转增资本（或股本）
    C. 盈余公积弥补亏损
    D. 其他综合收益结转留存收益

12. 企业"会计政策变更"项目，反映企业采用追溯调整法处理的会计政策变更的累积影响数对企业期初（   ）的影响金额。
    A. 净利润   B. 综合收益总额   C. 所有者投入资本   D. 留存收益

13. 企业投资者在所有者权益或股本中所占的份额计入"实收资本（股本）"，超过部分应该计入"（　　）"。

    A．盈余公积　　　　B．资本公积　　　　C．未分配利润　　　D．其他综合收益

14. 某企业本年净利为 2 000 万元。股利分配时，该企业的股票的市价为 30 元/股，流通在外的普通股股数为 1 000 万股，股利分配政策为 10 送 2 股，则稀释后每股收益为（　　）。

    A．1.67　　　　　　B．2　　　　　　　　C．3　　　　　　　D．12

15. 下列指标中，反映企业历年来利用自己经营成果进行扩大生产的能力的指标是（　　）。

    A．所有者投入资本收益率　　　　　　B．净资产收益率

    C．累计保留盈余率　　　　　　　　　D．留存收益率

16. 下列指标中，反映企业当年收益中利用自己经营成果进行扩大生产的能力的指标是（　　）。

    A．所有者投入资本收益率　　　　　　B．净资产收益率

    C．累计保留盈余率　　　　　　　　　D．留存收益率

17. 企业四大报表中，使用"矩阵"列报的报表是（　　）。

    A．资产负债表　　　B．利润表　　　　　C．现金流量表　　　D．所有者权益变动表

18. 下列企业中，我国科创板首家"同股不同权"过会的企业是（　　）。

    A．阿里巴巴　　　　B．百度　　　　　　C．优刻得　　　　　D陌陌

19. 在"同股不同权"制度下，持有 B 股的投资者具有的特权是（　　）。

    A．收益权　　　　　B．转让权　　　　　C．表决权　　　　　D．分配权

20. 在"同股不同权"制度下，B 股投资者受到限制的是（　　）。

    A．收益权　　　　　B．转让权　　　　　C．表决权　　　　　D．分配权

二、多项选择题

1. 《企业会计准则第 30 号——财务报表列报》第三十条要求，所有者权益变动表应当至少单独列示反映的信息有（　　）

    A．净利润

    B．直接计入所有者权益的利得和损失

    C．会计政策变更和差错更正的累积影响金额

    D．所有者投入资本和向所有者分配利润

    E．按照规定提取的盈余公积

2. （　　）可能会引起所有者权益金额的变动。

    A．企业盈利或亏损　　　　　　　　　B．企业发放股利

    C．企业增发股票、认购或购买自家股票　D．资本公积转增资本（或股本）

    E．盈余公积弥补亏损

3. 所有者权益变动表的横向项目有（　　）。

    A．实收资本或股本　　　　　　　　　B．会计政策变更

    C．资本公积　　　　　　　　　　　　D．盈余公积

    E．未分配利润

4. 所有者权益变动表的纵向项目有（　　）。

    A．本年年初余额　　B．会计政策变更　　C．上年年末余额

    D．前期差错更正　　E．未分配利润

5. "会计政策变更"项目，反映企业采用追溯调整法处理的会计政策变更的累积对企业期初留存收益的影响金额，影响金额主要涉及（　　）项目。

    A. 实收资本　　　　B. 会计政策变更　　C. 资本公积

    D. 盈余公积　　　　E. 未分配利润

6. 下列项目中，属于所有者权益内部结转的有（　　）。

    A. 盈余公积转增资本　　　　　　　　B. 盈余公积弥补亏损

    C. 股票分割　　　　　　　　　　　　D. 股票回购

    E. 资本公积转增资本

7. 引起所有者权益金额变动的有"输血型"和"盈利型"两类。下列项目中，（　　）属于"输血型"变动的选项。

    A. 发放股票股利　　B. 净利润增加　　　C. 接受捐赠

    D. 债转股　　　　　E. 增发股票

8. 根据《企业会计准则第 30 号——财务报表列报》中的第三十六条，所有者权益变动表至少应当单独列示反映下列信息的项目（　　）。

    A. 综合收益总额

    B. 会计政策变更和前期差错更正的累积影响金额

    C. 所有者投入资本和向所有者分配利润

    D. 按照规定提取的盈余公积

    E. 所有者权益各组成部分的期初和期末余额及其调节情况

9. 下列事项或业务中，不属于会计政策变更的有（　　）。

    A. 当期发生的交易或事项与以前期间相比具有本质差别而采用了新的会计准则

    B. 对初次发生的交易或事项采用新的会计准则

    C. 对不重要的交易或事项变更新的会计政策

    D. 按照国家统一的会计制度或要求变更会计政策

    E. 企业将某项股权投资从成本法改成权益法核算

10. 下列项目中，影响当期所有者权益本年增减变动金额变动的项目是（　　）。

    A. 净利润　　　　　　　　　　　　　B. 其他综合收益

    C. 所有者投入和减少资本　　　　　　D. 利润分配

    E. 所有者权益内部结转

11. 关于合并所有者权益变动表，下列说法中，正确的是（　　）。

    A. 母公司对子公司的长期股权投资应当与母公司在子公司所有者权益中所享有的份额相互抵消

    B. 母公司与子公司的其他内部交易对所有者权益变动的影响应当抵消

    C. 子公司的其他内部交易对所有者权益变动的影响应当抵消

    D. 合并所有者权益变动表也可以根据合并资产负债表和合并利润表进行编制

    E. 母公司对子公司、子公司相互之间持有对方长期股权投资的投资收益应当抵消

12. 2018 年执行的所有者权益变动表的横向项目有（　　）。

    A. 实收资本　　　B. 其他权益工具　　C. 资本公积

    D. 其他综合收益　　　　　　　　　　E. 盈余公积

13．2018 年执行的所有者权益变动表的纵向项目有（　　　）。

　　A．净利润　　　　　　　　　　　B．其他综合收益

　　C．综合收益总额　　　　　　　　D．所有者投入和减少资本

　　E．利润分配

14．所有者权益变动表中的"其他权益工具"具体有（　　　）。

　　A．优先股　　　　B．普通股　　　　C．公司债券

　　D．永续债　　　　E．权证

15．企业下列（　　　）行为会引起所有者权益金额的变动。

　　A．企业发放现金股利　　　　　　B．企业增发股票

　　C．企业发行公司债券　　　　　　D．企业发行优先股

　　E．企业发行可转换债券

16．在追溯调整法下，需要调整财务报表最早期间的留存收益的期初余额，影响的项目主要涉及（　　　）项目。

　　A．盈余公积　　　B．未分配利润　　　C．资本公积

　　D．实收资本　　　E．其他综合收益

17．"股份支付计入所有者权益的金额"项目，反映企业处于等待期中的以权益结算的股份支付换取职工或其他方提供服务的内容，在行权日，按实际行权的权益工具数量计算确定的金额，再相应计入（　　　）项目的金额。

　　A．实收资本（或股本）　　　　　B．资本公积

　　C．盈余公积　　　　　　　　　　D．未分配利润

　　E．其他综合收益

18．所有者权益变动表中的"所有者投入和减少资本"，反映企业当年所有者追加投入的资本和减少的资本。本项目具体包含的子项目有（　　　）。

　　A．所有者投入的普通股　　　　　B．所有者分配利润

　　C．其他权益工具持有者投入资本　D．股份支付计入所有者权益的金额

　　E．其他的所有者投入或减少资本的行为

19．直接反映企业所有者投资效果的指标有（　　　）。

　　A．投入资本收益率　　　　　　　B．净资产收益率

　　C．总资产报酬率　　　　　　　　D．销售净利率

　　E．总资产周转率

20．企业采用的会计政策，在每一会计期间和前后各期应当保持一致，不得随意变更。但是以下情况（　　　）可以变更会计政策。

　　A．法律、行政法规或者国家统一的会计制度等要求变更

　　B．会计政策变更能够提供更可靠、更相关的会计信息

　　C．会计政策变更能够使得所有者利益最大化

　　D．会计政策变更能够促使企业合理避税

　　E．会计政策变更能够帮助管理层进行盈余管理

21．前期差错通常包括（　　　）。

　　A．计算错误

　　B．应用会计政策错误

    C．疏忽或曲解事实以及舞弊产生的影响

    D．存货、固定资产盘盈等

    E．会计估计上的差错

22．通过所有者权益变动表的阅读，可以了解（　　　　）。

    A．企业偿债能力

    B．企业在一定时期所有者权益总量的增减变动情况

    C．企业在一定时期的所有者权益增减变动的重要结构性信息

    D．一定时期企业所有者权益增减变动的原因

    E．企业获现能力

三、判断题

1．所有者权益变动表是以所有者（或股东）的视度详细列示企业拥有的净资产变动的报表。

                （　　　）

2．简单地讲，所有者权益变动表实际上是对资产负债表中所有者权益部分的详细分解说明。

                （　　　）

3．会计变更会计政策和会计估计意味着企业利润质量的恶化。   （　　　）

4．所有者权益变动表可以反映债权人所拥有的权益，据以判断对债权人的负债的保障程度。

                （　　　）

5．从勾稽关系看，所有者权益变动表中，所有者权益净变动额等于资产负债表中的期初所有者权益与期末所有者权益之间的差额。   （　　　）

6．从勾稽关系看，所有者权益变动表中净利润等于利润表中的净利润。   （　　　）

7．公司初次发生的或者不重要的交易或事项采用新的会计政策不属于会计政策变更。

                （　　　）

8．无论是否为重大会计差错，都应在发现前期差错的当期进行前期差错更正，在所有者权益变动表中适时披露。   （　　　）

9．所有者权益变动表中，"上年年末余额"项目与"本年年初余额"相等。   （　　　）

10．会计政策变更可以采用追溯调整法和未来适用法。为了提供更可靠、更相关的会计信息，会计政策变更主要应当采用未来适用法。   （　　　）

11．公司送股行为不会导致企业资产的流出，也不会引起负债的增加和所有者权益的变动，但是会引起所有者权益内部结构的变化。   （　　　）

12．利润表中的综合收益总额在所有者权益变动表中构成了所有者权益变动额的主要内容。

                （　　　）

13．所有者权益变动表产生的重要原因是全面收益观的逐渐形成。   （　　　）

14．企业四大报表中现金流量表是唯一使用"矩阵"形式的报表。   （　　　）

15．企业发放现金股利不会减少所有者权益，但会导致所有者权益内部项目之间互转，影响所有者权益内部结构。   （　　　）

四、名词解释

1．所有者权益

2．其他综合收益

3．直接计入所有者权益的利得和损失

4．会计政策

5．会计政策变更累积影响数

6．前期差错

7．会计政策变更

8．追溯调整法

9．前期差错更正

10．未来适用法

五、简答题

1．简单介绍一下所有者权益变动表的结构与格式。

2．简述人们在进行所有者权益变动表分析时需注意的事项。

3．简述如何从所有者权益变动表看企业竞争力。

4．会计差错发生的原因有哪些？

5．简述会计政策变更的处理方法。

6．什么叫"同股不同权"？简单介绍我国第一家"同股不同权"企业产生背景。

7．如何理解所有者权益变动表与利润表之间的勾稽关系？

8．我国允许"同股不同权"治理结构的背景是什么？

9．如何理解所有者权益变动表与资产负债表之间的勾稽关系？

10．所有者权益变动表主要向人们传达哪些信息？

六、计算分析题

1．GG 公司 20×9 年利润表显示净利润为 5 200 万元、其他综合收益为 1 000 万元。当年企业所得税税率为 25%。根据以上资料计算该公司的综合收益总额。

2．GG 公司 20×9 年利润表中显示净利润为 5 200 万元。当年，归属于母公司所有者的净利润为 5 000 万元。该公司当年须支付优先股股利 500 万元。另外，该公司的股本年初、年末没有发生变化，均为 2 500 万股。根据以上资料计算该公司的基本每股收益。

3．GG 公司 20×9 年利润表显示净利润综合收益总额为 5 950 元、资产负债表显示，股本没有发生变化，期初、期末均为 2 500 万元，新增其他权益工具——优先股为 500 万元，另外，发行优先股过程中。资本公积增加 450 万元。本年发放现金股利 1 000 万元，未计提盈余公积。根据以上资料计算本年度所有者权益增加变动额。

4．GG 公司 20×9 年所有者权益的上年年末金额为 9 000 万元，20×9 年年度因为会计政策调整采用追溯调整法而发生会计政策变更金额 1 000 万元，同时发生前期差错更正金额 800 万元。已知该公司本年度所有者权益增减变动金额为 5 900 万元。（1）该公司 20×9 年的所有者权益的本年年初金额是多少？（2）该公司 20×9 年年末所有者权益的本年年末余额是多少？

5．GG 公司 20×6 年～20×9 年净利润、实收资本、资本公积、所有者投入资本余额如表 6-1 所示。

表 6-1　　　　　　　　　　GG 公司 20×6 年～20×9 年净利润等资料表　　　　　　　　单位：万元

项目	20×6 年	20×7 年	20×8 年	20×9 年
净利润	2 650	4 570	5 986	7 080
实收资本	2 817	3 007	3 007	3 007
资本公积	117	3 190	3 194	3 198

要求：根据以上资料计算该公司的所有者投入资本收益率，并做适当分析。

6．GG 公司 20×6 年～20×9 年利润表、资产负债表的部分资料如表 6-2 所示。

表 6-2 　　　　　　　　　　　　GG 公司 20×6 年～20×9 年相关资料表 　　　　　　　　　单位：万元

项目	20×6 年	20×7 年	20×8 年	20×9 年
盈余公积	2 498	2 955	2 955	2 955
未分配利润	6 205	8 814	11 687	14 255
所有者权益	11 639	17 968	20 871	23 374

要求：根据表 6-2 的数据计算该公司的累积保留盈余率，并做简单分析。

7. GG 公司资产负债表中的所有者权益如表 6-3 所示。

表 6-3 　　　　　　　　　　　　　GG 公司资产负债表节选 　　　　　　　　　　　单位：百万元

项目	20×9 年 12 月 31 日	20×8 年 12 月 31 日
实收资本（或股本）	11 039	11 039
资本公积	8 005	8 329
盈余公积	47 393	35 900
未分配利润	91 724	77 171
所有者权益（或股东权益）合计	235 620	186 673
负债和所有者（或股东权益）合计	1 528 579	1 165 346

已知该公司本年度归属于母公司的净利润为 33 772 百万元。20×9 年度的利润分配政策是：每 10 股派 10 元（含税）。

要求：

（1）计算 20×9 年度所有者投入资本收益率。

（2）计算 20×9 年年末累计保留盈余率。

（3）计算 20×9 年度基本每股收益。

（4）计算 20×9 年度每股股利。

（5）计算 20×9 年度股利支付率。

七、案例分析题

GG 公司 20×3 年及 20×4 年所有者权益变动表的纵向项目如表 6-4 所示。表中会计政策变更的主要原因系财政部 20×4 年发布的《企业会计准则第 2 号——长期股权投资》等 8 项会计准则变更，要求：对该公司的所有者权益变动表进行简要的水平分析和垂直分析。

表 6-4 　　　　　　　　　　　GG 公司所有者权益变动表纵向项目 　　　　　　　　　单位：百万元

项目	20×4 年	20×3 年
一、上年年末余额	20 964	17 968
加：会计政策变更	−92	−105
二、本年年初余额	20 872	17 863
三、本年增减变动金额	2 505	3 008
（一）综合收益总额	7 012	6 000
1. 本年净利润	7 080	5 986
2. 其他综合收益	−68	14
（二）所有者投入和减少资本	0.05	0
3. 股东投入资本	0.05	0
（三）利润分配	−4 511	−3 007
4. 对所有者（或股东）的分配	−4 511	−3 007

续表

项目	20×4 年	20×3 年
(四)股东权益内部结转		
(五)专项储备		
(六)其他	4	15
四、本年年末余额	23 377	20 871

练习题答案

一、单项选择题

1	2	3	4	5	6	7	8	9	10	11
C	C	A	C	B	B	B	B	A	A	D
12	13	14	15	16	17	18	19	20		
D	B	A	C	D	D	C	C	B		

二、多项选择题

1	2	3	4	5	6	7	8	9	10	11
ABCDE	ABC	ACDE	ABCDE	BDE	ABE	CDE	ABCDE	ABC	ABCD	ABCDE
12	13	14	15	16	17	18	19	20	21	22
ABCDE	CDE	AD	ABDE	AB	AB	ACDE	AB	AB	ABCDE	BCD

三、判断题

1	2	3	4	5	6	7	8	9	10	11
√	√	×	×	√	√	√	√	×	×	√
12	13	14	15							
√	√	×	×							

3. 改正：这句话改为"会计变更会计政策和会计估计不一定意味着企业利润质量的恶化"。

4. 改正：这句话改为"所有者权益变动表是反映所有者所拥有的权益，但是也可以据以判断对债权人的保障程度。"

9. 改正：这句话改为"根据所有者权益变动表的结构，'上年年末余额'项目与'本年年初余额'项目之间的关系应该是'本年年初余额=上年年末余额+会计政策变更+前期差错更正'"。

10. 改正：这句话改为"会计政策变更可以采用追溯调整法和未来适用法。为了提供更可靠、更相关的会计信息，会计政策变更主要应当采用追溯调整法。如果在追溯中累积影响数不能合理取得，可以使用未来适用法，但应在附注中说明"。

14. 改正：这句话改为"企业四大报表中所有者权益表是唯一使用'矩阵'形式的报表"。

15. 改正：这句话改为"企业发放股票股利不会减少所有者权益，但会导致所有者权益内部项目之间的互转，影响所有者权益内部结构"。

四、名词解释

1. 所有者权益，是指企业资产扣除负债后由所有者权益享有的剩余收益，其在股份制企业又被称为股东权益。

2. 其他综合收益，反映企业当年直接计入资产负债表中所有者权益项目的利得和损失。

3. 直接计入所有者权益的利得和损失，是指不应计入当期损益，会导致所有者权益发生增减变动的，与所有者投入资本或者向所有者分配利润无关的利得或损失。

4. 会计政策，是指企业在会计确认、计量和报告中所采用的原则、基础和会计处理方法。

5．会计政策变更累积影响数，是指按照变更后的会计政策对以前各期计算的列报前期最早期初留存收益应有金额与现有金额之间的差额。

6．前期差错，是指由于没有运用或错误运用可靠信息对前期财务报表中的项目金额造成的省略或错报。前期差错通常包括计算错误、应用会计政策错误、会计估计错误、疏忽或曲解事实及舞弊产生的影响等。

7．会计政策变更，是指企业对其发生的相同交易或事项由原来的会计政策更改为另一会计政策的行为。

8．追溯调整法，是指对某项交易或事项变更会计政策，视同该项交易或事项初次发生时即采用变更后的会计政策，并以此对财务报表相关项目进行调整的方法。

9．前期差错更正，是指企业应当在重要的前期差错发现后的财务报表中，调整前期相关数据。

10．未来适用法，是指将变更后的会计政策应用于变更日及以后发生的交易或者事项，或者在会计估计变更当期和未来期间确认会计估计变更影响数的方法。

五、简答题

1．答：相对于资产负债表、利润表和现金流量表，所有者权益变动表的结构与格式存在明显的不同。为了明确反映构成所有者权益的各组成部分当期的增减变动情况，所有者权益变动表采用矩阵的形式列示。一方面，要求在表中纵向列示导致所有者权益变动的交易或事项，改变了以往仅仅按照所有者权益的各组成部分反映所有者权益变动情况，从而使所有者权益变动的来源对一定时期所有者权益变动情况进行全面反映；另一方面，横向按照所有者权益各组成部分及其总额列示交易或事项对所有者权益的影响。此外，企业还需提供各项目前后期金额的比较。因此，所有者权益变动表就各项目需要再分为"本年金额"和"上年金额"两栏分别填写。

2．答：

（1）注意区分所有者权益的"输血型"增加和"盈利型"增加。

（2）注意所有者权益内部项目互相结转的财务效应。

（3）注意企业股权结构的变化及方向性含义。

（4）注意会计核算因素的影响。

（5）注意其他综合收益对企业未来盈利的影响。

（6）注意企业股利发放对所有者权益的影响。

3．答：

（1）计算累计保留盈余率，以判断企业自我发展能力。

（2）计算市场价值，以判断企业长期竞争力。

（3）计算市净率，以判断企业成长能力。

4．答：会计差错发生的原因可以归纳为以下3类。第一，会计政策适用上的差错。例如，按照国家统一的会计制度规定，为构建固定资产而发生的借款费用，在固定资产达到预定可使用状态后发生应计入当期损益，如继续资本化，则属于采用了法律或者会计准则等行政法规、规章所不允许的会计政策。第二，会计估计上的差错，比如由于经济业务中不确定的影响，过大、过小地计提坏账准备。第三，其他差错。例如，错记借贷方向、错记账户、漏记交易或事项等。

5．答：会计政策变更可以采用追溯调整法和未来适用法进行处理。为了能够提供更可靠、更相关的会计信息，会计政策变更主要应当采用追溯调整法。所谓追溯调整法，是指对某项交易或事项变更会计政策，视同该项交易或事项初次发生时采用变更后的会计政策，并以此对财务报表相关项目进行调整的方法。如果累计数不能合理取得，可以使用未来适用法，但应在附注中说明。采用追溯调整法必然产生会计政策变更的累积影响数。累积影响数是按变更后的会计政策，对以前各期追溯计算的列报前期最早期初留存收益应有余额与现有余额之间的差额。会计政策变更的累积影响数需要在所有者权益变动表中单独列示。

6. 答：同股不同权，也称"AB 股结构"，又称"双层股权结构"，是指资本结构中包含两类或多类不同投票权的普通股架构。其中，B 类股一般由管理层持有，而管理层普遍为原始创始人股东及其团队，A 类股通常为外围股东持有，这类股东通常表现为企业发展过程中的风险投资者、战略投资者，因为看好公司前景，愿意牺牲一定的表决权作为入股筹码。2019 年 9 月 30 日讯，上交所科创板上市委日前召开审议会议，审议通过北京金山办公软件股份有限公司、优刻得科技股份有限公司、江苏卓易信息科技股份有限公司 3 家企业的科创板首发上市申请。该消息公布后，市场基本聚焦到在优刻得公司，忽略了其他两家公司，原因是优刻得公司的招股说明书显示，优刻得设置了特别表决权，即俗称"同股不同权"。至此，优刻得成为目前科创板过会的第一家"同股不同权"企业。

7. 答：2014 年 1 月，财政部以财会[2014]7 号颁布了新修订的《企业会计准则第 30 号——财务报表列报》，重新调整了资产负债表、利润表和所有者权益变动表的格式，进一步显示了全面收益观对各大报表的影响。以公式表示如下

综合（全面）收益=净利润+其他综合收益的税后净额（注：考虑所得税的影响）

基于此，上市公司对外公布的利润表中，都会增加一项"其他综合收益的税后净额"，并在此基础上计算出"综合收益总额"。对外公布的所有者权益变动表也将净利润和其他综合收益的税后净额（即其他综合收益）合并为"综合收益总额"直接作为所有者权益增加的一个原因，其他综合收益的具体内容不在所有者权益变动表中详细列示，而选择了在更重要的利润表中的"其他综合收益的税后净额"项目下直接列示，这个变化是更加强调全面损益的体现。

8. 答：2019 年前，"同股不同权"的中国企业只能在境外上市，比如在美国纳斯达克上市的陌陌等。2018 年，为了留住互联网行业的优质公司，国务院出台《关于推动创新创业高质量发展打造"双创"升级版的意见》，明确允许科技企业实行"同股不同权"治理结构。2019 年 1 月 30 日，《关于在上海证券交易所设立科创板并试点注册制的实施意见》的正式出台明确同股不同权企业可以在科创板上市。

9. 答：所有者权益变动表其实是资产负债表中所有者权益的进一步解释，两者之间的关系非常明确。资产负债表中的所有者权益反映的是期初和期末两个时点的所有者权益，而所有者权益变动表反映了企业从期初到期末的所有者权益的变动情况。两张报表之间的关系可以用下列公式表示。

$$\frac{资产负债表}{所有者权益期末余额} = \frac{资产负债表}{所有者权益期初余额} \pm \frac{所有者权益}{变动额}$$

其中，所有者权益变动额的具体信息可以通过所有者权益变动表提供。所以，所有者权益变动表可以看成对资产负债表中所有者权益的进一步补充和解释，分析者可以通过对所有者权益变动表的解读更深入地了解企业的财务状况。

10. 答：所有者权益变动表可以向人们传达 3 个方面的信息：（1）企业在一定时期所有者权益总量的增减变动情况；（2）企业在一定时期的所有者权益增减变动的重要结构性信息；（3）一定时期内，企业所有者权益增减变动的原因。按照企业会计准则的规定，我国上市公司自 2007 年起正式对外呈报所有者权益变动表。

六、计算分析题

1. 解：综合收益总额=5 200+1 000×(1−25%)=5 200+750=5 950（万元）

2. 解：基本每股收益=(归属于母公司所有者净利润−优先股股利)÷股本加权平均数

=(5 000−500)÷2 500=1.8（元/股）

3．解：所有者权益本年增减变动金额=综合收益总额+所有者投入或减少资本+利润分配+所有者权益内部结转

$$=5\ 950+500+450+(-1\ 000)=5\ 900（万元）$$

4．解：

（1）本年年初余额=上年年末余额+会计政策变更+前期差错更正

$$=9\ 000+1\ 000+(-800)=9\ 200（万元）$$

（2）本年年末余额=本年年初余额+本年增减变动金额

$$=9\ 200+5\ 900=15\ 100（万元）$$

5．解：所有者投入资本收益率=净利润÷投入资本平均余额

投入资本平均余额（时点）=实收资本+资本公积

根据以上公式，相关计算结果如表6-5所示。

表6-5　　　　GG公司20×6年～20×9年所有者投入资本收益率计算表

项目	20×6年	20×7年	20×8年	20×9年
净利润（万元）	2 650	4 570	5 986	7 080
实收资本（万元）	2 817	3 007	3 007	3 007
资本公积（万元）	117	3 190	3 194	3 198
所有者投入资本余额（万元）	2 934	6 197	6 201	6 205
所有者投入资本收益率（%）	90.32	73.75	96.53	114.10

从表中可以看出，GG公司20×6年～20×9年的净利润均在逐年上升，所有者投入资本平均余额也在20×7年出现大幅上升并且在接下来的两年中趋于平稳。20×7年，由于净利润增长速度低于所有者投入资本增长速度，导致20×7年GG公司所有者投入资本收益率出现暂时性的下降。20×7年以后，净利润增长速度明显高于所有者投入资本增长速度，导致了20×8年、20×8年GG公司所有者投入资本收益率开始上升至较高水平。

总之，从所有者投入资本收益率看，该公司所有者投入资本效果非常好。

6．解：累积保留盈余率=(盈余公积+未分配利润)÷所有者权益

根据上述公式，相关计算结果如表6-6所示。

表6-6　　　　　　　　GG公司累积保留盈余率计算表

项目	20×6年	20×7年	20×8年	20×9年
盈余公积（万元）	2 498	2 955	2 955	2 955
未分配利润（万元）	6 205	8 814	11 687	14 255
所有者权益（万元）	11 639	17 968	20 871	23 374
累计保留盈余率（%）	74.77	65.50	70.15	73.63

该指标反映了企业依靠自己经营成果进行扩大生产的能力。该指标的数值越高，说明企业自身扩大生产能力越强。

从表中数据可以看出，GG公司20×6年～20×9年4年的累计保留盈余率指标值都很高。这说明GG公司规模扩张的资金中大部分源于公司自己盈利，也说明GG公司的盈利能力较强。

7．解：

（1）投入资本平均余额=(11 039+8 005+11 039+8 329)÷2

$$=19\ 206（百万元）$$

所有者投入资本收益率

=净利润÷投入资本平均余额

=33 772÷19 206×100%=175.84%

（2）累计保留盈余率

=(盈余公积+未分配利润)÷所有者权益

=(47 393+91 724)÷235 620×100%=59.04%

（3）基本每股收益

=归母公司净利润÷发行在外的普通股的加权平均数

=33 772÷11 039=3.06（元/股）

（4）每股股利=10÷10=1（元/股）

（5）股利支付率=每股现金股利÷基本每股收益

=1÷3.06×100%=32.68%

留存收益率=1-股利支付率=1-32.68%=67.32%

七、案例分析题

解：（1）所有者权益变动表的水平分析如表 6-7 所示。

表 6-7 　　　　　　　　　　　所有者权益变动表的水平分析表

项目	20×4 年 （百万元）	20×3 年 （百万元）	增减额 （百万元）	增减变动率 （%）
一、上年年末余额	20 964	17 968	2 996	16.67
加：会计政策变更	-92	-105	13	-12.38
二、本年年初余额	20 872	17 863	3 009	16.84
三、本年增减变动金额	2 505	3 008	-503	-16.72
（一）综合收益总额	7 012	6 000	1 012	16.87
1. 本年净利润	7 080	5 986	1 094	18.28
2. 其他综合收益	-68	14	-82	-585.71
（二）所有者投入和减少资本	0	0	0	不适用
3. 股东投入资本	0	0	0	不适用
（三）利润分配	-4 511	-3 007	-1 504	50.02
4. 对所有者（或股东）的分配	-4 511	-3 007	-1 504	50.02
（四）股东权益内部结转				
（五）专项储备				
（六）其他	4	15	-11	-73.33
四、本年年末余额	23 377	20 871	2 506	12.01

从水平分析表中可以看出，GG 公司 20×4 年度所有者权益比 20×3 年度增加了 2 996 百万元，增加幅度为 16.67%。

从表中可以发现，造成所有者权益增加的主要原因为本年净利润的增加。本年净利润所带来的所有者权益的增加属于"盈利型"而非"输血型"的增加。而企业通过生产经营等活动形成的这种"盈利型"收益，往往具有持续性，能够表明企业未来发展前景良好。

从表中可以看出，GG 公司 20×4 年发生了会计政策变更，导致所有者权益减少。从 20×4 年报、20×3 年年报的附注内容可以发现，造成会计政策变更的原因是财政部 2014 年发布的《企业会计准则第 2 号——长期股权投资》等 8 项会计准则变更。根据此判断变更动机单纯，变更结果不是源自调剂利润的目的。

此外，20×4 年度的其他综合收益相较 20×3 年度出现了大幅下跌，虽然金额较小，但是也影响到了所有者权益总数。因为没有相关资料，所以此处无法判断是什么原因造成的，但从 GG 公司全面收益的角度来看，我们可以预测可能因为其他综合收益的下降对公司未来的盈利产生一定的影响。

（2）所有者权益变动表的垂直分析如表 6-8 所示。

表 6-8   GG 公司所有者权益变动表的垂直分析表

项目	20×4 年（百万元）	20×3 年（百万元）	20×4 年（%）	20×3 年（%）	占比变动率（%）
一、上年年末余额	20 964	17 968	89.68	86.09	3.59
加：会计政策变更	−92	−105	−0.39	−0.50	0.11
二、本年年初余额	20 872	17 863	89.28	85.59	3.70
三、本年增减变动金额	2 505	3 008	10.72	14.41	−3.70
（一）综合收益总额	7 012	6 000	30.00	28.75	1.25
1. 本年净利润	7 080	5 986	30.29	28.68	1.61
2. 其他综合收益	−68	14	−0.29	0.07	−0.36
（二）所有者投入和减少资本	0	0	0.00	0.00	0.00
3. 股东投入资本	0	0	0.00	0.00	0.00
（三）利润分配	−4 511	−3 007	−19.30	−14.41	−4.89
4. 对所有者（或股东）的分配	−4 511	−3 007	−19.30	−14.41	−4.89
（四）股东权益内部结转			0.00	0.00	0.00
（五）专项储备			0.00	0.00	0.00
（六）其他	4	15	0.02	0.07	−0.05
四、本年年末余额	23 377	20 871	100.00	100.00	0.00

从表 6-8 中可以看出，GG 公司 20×4 年所有者权益本年净利润占比高达 30.29%，说明净利润是公司所有者权益增加的主要原因。这符合正常的预期。

此外，本年度利润分配的金额为 4 511 百万元，金额和占比相较于 20×3 年均有所上升，且上升幅度较大。企业的股利发放主要以现金股利的方式。这向市场传递出以下信息。第一，公司过去一年内经营良好，能产生丰富的现金流，满足投资项目需求并足以支付现金；第二，公司管理层对公司未来经营充满信心，并显示了其良好的经营决策和管理能力；第三，公司管理层对投资者的负责态度。

合并财务报表分析 | 第7章

知识点回顾

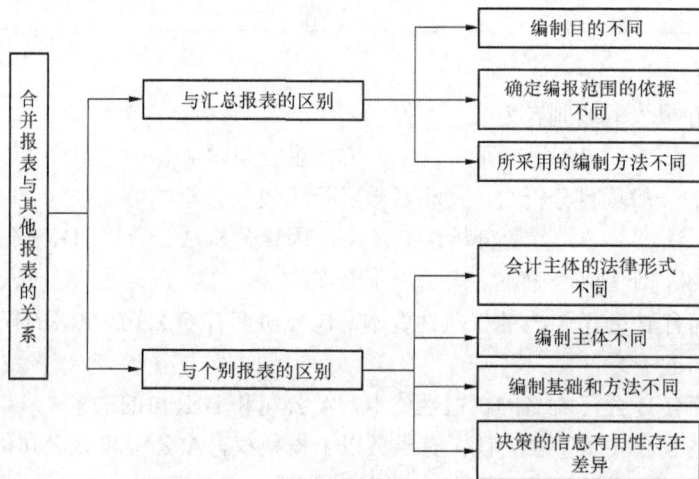

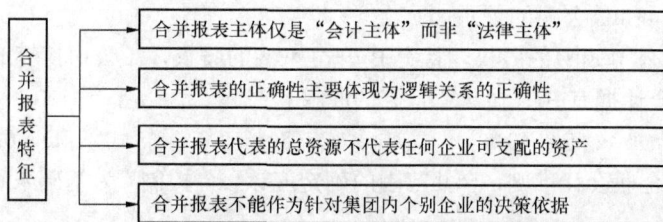

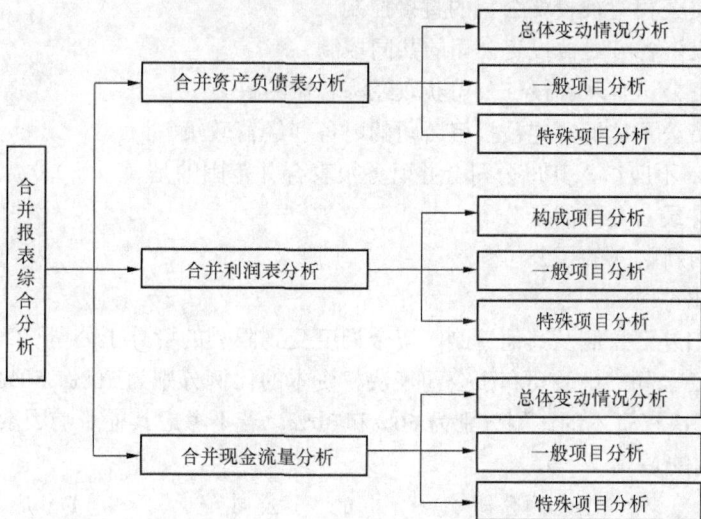

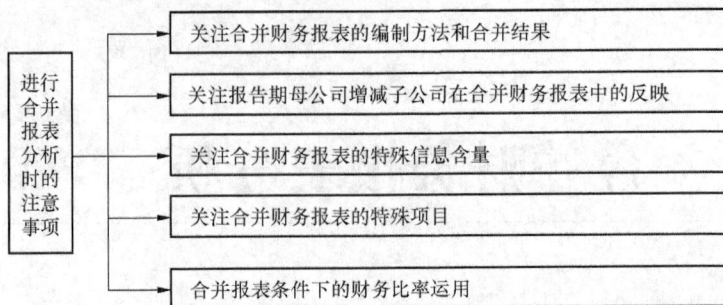

```
                  ┌─────────────────────────────────────────┐
              ┌──→│ 关注合并财务报表的编制方法和合并结果        │
              │   └─────────────────────────────────────────┘
  ┌────┐      │   ┌─────────────────────────────────────────┐
  │进行│      ├──→│ 关注报告期母公司增减子公司在合并财务报表中的反映 │
  │合并│      │   └─────────────────────────────────────────┘
  │报表│      │   ┌─────────────────────────────────────────┐
  │分析│──────┼──→│ 关注合并财务报表的特殊信息含量              │
  │时的│      │   └─────────────────────────────────────────┘
  │注意│      │   ┌─────────────────────────────────────────┐
  │事项│      ├──→│ 关注合并财务报表的特殊项目                 │
  └────┘      │   └─────────────────────────────────────────┘
              │   ┌─────────────────────────────────────────┐
              └──→│ 合并报表条件下的财务比率运用              │
                  └─────────────────────────────────────────┘
```

练习题

一、单项选择题

1. 企业集团合并报表的编制者为（　　　）。

　　A. 母公司　　　　　　B. 子公司　　　　　C. 企业集团　　　　　D. 以上答案均正确

2. 在合并报表的一般项目分析中，用相对数进行比较、分析的方法是（　　　）。

　　A. 差量分析法　　　B. 趋势分析法　　　C. 因素分析法　　　D. 倍数分析法

3. 对 A 公司来说，下列哪一种说法不属于控制？（　　　）

　　A. A 公司拥有 B 公司 50%的权益性资本，B 公司拥有 C 公司 100%的权益性资本，A 公司和 C 公司的关系

　　B. A 公司拥有 B 公司 51%的权益性资本，A 公司和 B 公司的关系

　　C. A 公司在 B 公司董事会会议上有半数以上投票权，A 公司和 B 公司的关系

　　D. A 公司拥有 B 公司 60%的股份，拥有 C 公司 10%的股份，B 公司拥有 C 公司 42%的股份，A 公司和 C 公司的关系

4. F 公司拥有 A 公司 80%的股权，持有 B 公司 40%的股权，A 公司持有 B 公司 30%的股权，则 F 公司直接和间接合计拥有 B 公司（　　　）的股权。

　　A. 30%　　　　　　　B. 40%　　　　　　C. 70%　　　　　　　D. 62%

5. 根据我国现行企业会计准则，合并范围的确定应该以"控制"为基础来确定。这里的"控制"（　　　）。

　　A. 仅指投资公司对被投资公司的直接控制

　　B. 不包括投资各方对被投资公司的共同控制

　　C. 仅指投资公司有从被投资公司获取经济利益的权力

　　D. 仅指投资公司能够决定被投资公司的财务和经营政策

6. 下列企业中，不应纳入其母公司合并财务报表合并范围的是（　　　）。

　　A. 从事特殊经营业务的子公司

　　B. 报告期内新购入的子公司

　　C. 合营企业

　　D. 受所在国外汇管制及其他管制，资金调度受到限制的境外子公司

7. 甲公司拥有乙公司、丙公司和丁公司表决权资本的比例分别为 70%、50%和 40%，乙公司拥有戊公司和丁公司表决权资本的比例分别为 60%和 30%。若不考虑其他影响因素，则不应纳入甲公司合并财务报表范围的是（　　　）。

　　A. 乙公司　　　　　　B. 丙公司　　　　　C. 丁公司　　　　　D. 戊公司

8. 编制的目的主要是满足公司利益相关者了解企业集团整体财务状况、经营成果和现金流量的

需求的财务报表是（　　　）。

  A．汇总报表 B．合并报表 C．母公司报表 D．个别报表

 9．合并报表的编制基础是（　　　）。

  A．是纳入其合并范围的个别报表数据的加总

  B．构成企业集团的母、子公司的个别财务报表

  C．是根据总账、明细账和其他有关资料编制的，有其自身固有的一套编制方法和程序

  D．汇总报表

 10．母公司编制合并报表时所涉及的合并范围，应当以（　　　）为基础加以确定。

  A．管理层决策 B．经营范围 C．董事会决议 D．控制

 11．下列哪类报表，可以通过企业报表与账簿、凭证以及实物之间"可验证性"来检验报表编制的正确与否？（　　　）

  A．汇总报表 B．合并报表 C．资产负债表 D．个别报表

 12．合并会计报表的会计主体是（　　　）。

  A．母公司   B．子公司

  C．母公司的会计部门   D．母公司和子公司组成的企业集团

 13．合并报表所反映的应收、应付账款金额相比母公司报表所反映的金额会减少，可能的原因是（　　　）。

  A．集团内部投资 B．集团内部销售 C．集团对外投资 D．集团内部关联交易

 14．编制合并会计报表抵消分录的目的在于（　　　）。

  A．将母子公司个别会计报表各项目加总

  B．将个别报表各项目加总数据中集团内部经济业务的重复因素予以抵销

  C．代替设置账簿、登记账簿的核算程序

  D．反映全部内部投资、内部交易、内部债权债务等会计事项

 15．下列比率中，在合并报表中要谨慎运用的是（　　　）。

  A．存货周转率 B．净资产收益率 C．总资产报酬率 D．核心利润率

 16．我国企业会计准则基本实现了与国际会计准则趋同，强调合并财务报表应该以"控制"为基础，采用的合并财务报表理论是（　　　）。

  A．母公司理论 B．实体理论 C．所有权理论 D．现金流量理论

 17．（　　　）必须采用抵销内部投资、内部交易、债权债务等内部会计事项对个别会计报表的影响后编制。它剔除了集团内部交易对报表整体的影响。

  A．汇总报表 B．合并报表 C．母公司报表 D．个别报表

 18．在我国现行会计准则中，处理少数股权的披露问题主要采用的理论是（　　　）。

  A．母公司理论 B．所有权理论 C．实体理论 D．现金流量理论

 19．同一报表项目的"合并数"大大小于"母公司数"，很可能是集团存在大量的（　　　）造成的。

  A．关联交易 B．内部销售 C．内部投资 D．内部关联交易

 20．进行合并报表分析时，了解和分析企业集团的实际状况和特点非常重要，具体应关注的内容有（　　　）。

  A．母子公司的关系   B．母子公司的管理与控制模式

  C．集团内关联交易程度   D．以上答案均正确

二、多项选择题

1. 关于确定合并财务报表范围的叙述正确的是（　　）。

A. 合并财务报表的合并范围应当以控制为基础予以确定

B. 在确定能否控制被投资单位时应当考虑潜在表决权因素

C. 小规模的子公司应纳入合并财务报表的合并范围

D. 经营业务性质特殊的子公司不纳入合并财务报表的合并范围

E. 境外子公司不纳入合并财务报表的合并范围

2. 母公司应将其排除在合并财务报表合并范围之外的有（　　）。

A. 所有者权益为负数的子公司　　　　B. 宣告破产的原子公司

C. 联营企业　　　　　　　　　　　　D. 设在境外的子公司

E. 已经清理整顿的原子公司

3. 下列关于母子公司的特征的描述中，正确的是（　　）。

A. 母子公司合并前后均为独立的法人

B. 母公司必须同时控制多个子公司

C. 母公司必须是企业

D. 子公司必须是被母公司控制的企业，且只能由一个母公司控制

E. 子公司可以是企业，也可以是主体

4. 合并报表的局限性体现在（　　）等方面。

A. 合并报表能够综合反映整个集团的财务状况和经营成果

B. 合并财务报表无法满足债权人的信息需要

C. 股东从合并财务报表中得到的信息也非常有限

D. 合并财务报表对其他外部信息使用者不具有决策有用性

E. 合并财务报表会使一些财务比率失去意义

5. 合并财务报表包括（　　）。

A. 合并资产负债表　　　　　　　　　B. 合并利润表

C. 合并所有者权益变动表　　　　　　D. 合并现金流量表

E. 合并利润分配表

6. 和母公司资产负债表相比，合并资产负债表可能会增加（　　）。

A. 商誉　　　　　　　　　　　　　　B. 外币报表折算差额

C. 少数股东权益　　　　　　　　　　D. 归属于母公司所有者的净利润

E. 少数股东对子公司增加权益性投资

7. 国际通行的合并财务报表理论主要有（　　）。

A. 母公司理论　　　B. 所有权理论　　　C. 实体理论

D. 现金流量理论　　　E. 可持续发展理论

8. 控制包括以下三要素（　　）。

A. 投资方拥有对被投资方的权力

B. 通过参与被投资方的相关活动而享有可变回报

C. 对被投资方的回报产生影响的活动

D. 有能力运用对被投资方的权力影响其回报金额

E. 控制的主体是唯一的，不是两方或多方

9. 和母公司利润表相比，合并利润表可能会增加（　　）。

    A．商誉　　　　　　　　　　　B．外币报表折算差额

    C．少数股东权益　　　　　　　D．归属于母公司所有者的净利润

    E．少数股东对子公司增加权益性投资

10．企业要实现快速扩张，可以通过（　　）等途径来获得对更多资本的控制权，从而增强竞争实力，获得更大的资本增值。

    A．兼并　　　　　　B．收购　　　　　　C．参股

    D．扩股　　　　　　E．租赁

三、判断题

1．合并会计报表的会计主体是母公司和子公司组成的企业集团。（　　）

2．合并报表和汇总报表编报范围的依据是相同的。（　　）

3．一家企业可以被另一家企业所控制，也可以被多家所企业控制，所以说控制的主体不是唯一的，可以是一方，也可以是两方甚至多方。（　　）

4．从法律的角度看，企业集团不是法人，它只是一个"企业法人联合体"或经济组织。（　　）

5．合并报表主体不仅是一个"会计主体"，而且是"法律主体"。（　　）

6．合并报表能够综合反映整个集团的财务状况和经营成果，可以满足外部利益相关者对信息的需求。（　　）

7．编制合并资产负债表时，不仅要抵销母公司与子公司之间的债权、债务，也要抵销子公司之间的债权、债务。（　　）

8．在进行合并利润表分析时，会增加一些特殊项目分析，如"归属于母公司所有者权益（或股东权益）合计"项目。（　　）

9．和个别利润表相比，合并利润表的"综合收益总额"项目下增加了"归属于公司所有者的综合收益总额"和"归属于少数股东的综合收益总额"项目。（　　）

10．在合并报表条件下，资产负债率已经失去了个别企业条件下的意义。（　　）

11．企业集团是以资本为主要联结纽带的母子公司为主体，以集团章程为共同行为规范的母公司、子公司、参股公司及其他成员企业或机构共同组成的具有一定规模的企业法人联合体，企业集团一般具有法人资格。（　　）

12．在合并资产负债表中，将"少数股东权益"视为普通负债处理的合并方法论的基础是实体理论。（　　）

13．合并报表编制的正确性体现为编制过程逻辑关系的正确性。（　　）

14．对于信息使用者，尤其是对于母公司的股东、管理层以及债权人来说，合并报表能直接作为决策依据。（　　）

15．内部和外部关联方交易在进行合并报表编制时均需被剔除，不予反映。（　　）

16．合并报表是将母、子公司个别财务报表的数据加总后再抵销集团内部交易和事项编制而成的。（　　）

17．在合并报表条件下，某些反映某项资产活力的比率——存货周转率、固定资产周转率等不宜使用。（　　）

18．在利用合并报表数据分析时，反映整个集团的效益状况的比率——净资产收益率、总资产报酬率等不宜使用。（　　）

四、名词解释题

1. 合并报表

2. 汇总报表

3. 企业集团

4. 少数股权

5. 控制

6. 母公司

7. 子公司

8. 内部关联方

9. 合并报表附注

10. 倍数分析法

五、简答题

1. 简述合并报表和汇总报表的区别。

2. 简述合并报表和个别报表的区别。

3. 简述合并报表的特征。

4. 简述母子公司的定义及其特征。

5. 简述合并报表的组成内容。

6. 简述合并报表的局限性。

7. 简述如何透过合并报表解读企业的财务状况。

8. 简述对合并财务报表进行分析时应重点关注的方面。

9. 简述对合并报表分析要慎用比率分析的原因。

10. 简述实体理论。

六、计算分析题

1. A 企业集团 20×9 年资产负债表的部分资料如表 7-1 所示。

表 7-1 A 企业集团 20×9 年资产负债表部分资料

项目	20×9 年 12 月 31 日		合并倍数
	合并数（千元）	母公司数（千元）	
其他应收款	6 000	13 800	
存货	24 000	9 000	
固定资产	716 200	450 000	
资产总计	1 100 000	974 000	

要求：（1）请计算资产负债表中各项目的合并倍数；

（2）根据上述资料，请对 A 企业集团 20×9 年年末其他应收款、存货、固定资产及资产总计的合并数和母公司数之间的差异进行简要分析。

2. B 公司 20×9 年度利润表简表如表 7-2 所示。

表 7-2 B 公司 20×9 年度利润表简表

项目	20×9 年度		合并倍数
	合并数（万元）	母公司数（万元）	
营业收入	950	800	

续表

项目	20×9 年度		合并倍数
	合并数（万元）	母公司数（万元）	
营业成本	660	580	
管理费用	45	36	
销售费用	60	50	
财务费用	7	6	
利润总额	10	−4	

要求：

（1）请计算利润表中各项目的合并倍数；

（2）根据上述资料，请对 B 公司 20×9 年度利润表有关项目的合并数和母公司数之间的差异进行简要分析。

3．C 公司 20×9 年度有关现金流量的资料如表 7-3 所示。

表 7-3　　　　　　　　　　C 公司 20×9 年度现金流量表简表

项目	20×9 年度		合并倍数
	合并数（万元）	母公司数（万元）	
销售商品、提供劳务收到的现金	700	590	
购买商品、接受劳务支付的现金	370	420	
投资支付的现金	64	98	
购建固定资产、无形资产和其他长期资产支付的现金	60	50	
投资活动产生的现金流量净额	−150	−120	

要求：（1）请计算现金流量表中各项目合并倍数；

（2）根据上述资料，请对 C 公司 20×9 年度现金流量表有关项目的合并数和母公司数差异进行简要分析。

4．D 公司 20×8 年度和 20×9 年度资产负债表的相关资料如表 7-4 所示。

表 7-4　　　　　　　D 公司 20×8 和 20×9 年年末资产负债表的部分资料

项目	20×9 年 12 月 31 日		合并倍数	20×8 年 12 月 31 日		合并倍数
	合并数（千元）	母公司数（千元）		合并数（千元）	母公司数（千元）	
其他应收款	6 000	13 800		5 800	15 600	
流动资产合计	44 000	36 800		41 000	38 000	
资产总计	84 000	89 200		80 500	91 000	

要求：（1）请计算资产负债表中各项目的合并倍数；

（2）根据上述资料，请对 D 公司内部关联方交易程度进行简要分析。

5．E 公司 20×9 年度部分报表的相关资料如表 7-5 所示。

表 7-5　　　　　　　　　　E 公司 20×9 年年末部分报表资料　　　　　　　　　单位：万元

项目	20×9 年度		合并倍数
	合并数（万元）	母公司数（万元）	
存货	8 500	6 700	
固定资产	9 700	1 200	

项目	20×9 年度		合并倍数
	合并数（万元）	母公司数（万元）	
营业收入	19 500	6 800	
营业成本	7 000	3 500	

要求：（1）请计算表 7-5 中各项目的合并倍数；

（2）请计算 20×9 年度母公司和合并后的存货周转率和固定资产周转率；

（3）根据上述资料，请对 E 公司资产管理质量进行简要分析。

七、案例分析题

LSW 是一家基于一云多屏并构架、实现全终端覆盖的网络视频服务商。自 2010 年 8 月登录深圳证券交易所创业板后，该公司的业绩增长迅速。LSW 20×9 年度合并报表和母公司报表的主要指标如表 7-6 所示。

表 7-6　　　　　　20×9 年 LSW 合并报表和母公司报表主要指标比较表

主要指标	合并报表	母公司报表
盈利能力		
营业毛利率（%）	14.53	46.85
营业利润率（%）	0.70	24.84
营业净利率（%）	1.89	22.61
总资产报酬率（%）	2.44	9.55
净资产收益率（%）	3.83	8.58
偿债能力		
流动比率	0.81	1.11
速动比率	0.65	1.08
现金流量比率	0.05	0.09
资产负债率（%）	62.23	56.87
营运能力		
存货周转率	13.24	19.00
流动资产周转率	2.50	0.74
总资产周转率（次）	0.98	0.42
发展能力		
销售增长率（%）	188.79	61.00
资产增长率（%）	76.31	93.81
净利润增长率（%）	42.75	84.78

要求：分析比较 20×9 年 LSW 合并报表和母公司报表的主要指标。

练习题答案

一、单项选择题

1	2	3	4	5	6	7	8	9	10
A	D	A	C	B	C	D	B	B	D
11	12	13	14	15	16	17	18	19	20
D	D	D	B	A	B	B	C	D	D

二、多项选择题

1	2	3	4	5	6	7	8	9	10
ABC	BCE	ADE	BCDE	ABCD	ABC	ABC	ABD	DE	ABCDE

三、判断题

1	2	3	4	5	6	7	8	9	10
×	×	×	√	×	×	√	×	√	√

11	12	13	14	15	16	17	18
×	×	√	×	×	√	√	×

1．改正：这句话改为"合并会计报表的会计主体是母公司"。

2．改正：这句话改为"合并报表和汇总报表编报范围的依据是不同的。汇总报表所涉及的编报范围主要是以企业的行政隶属关系作为确定的依据；合并报表是以母公司对另一企业的控制关系作为确定编报范围（即合并范围）的依据"。

3．改正：将"控制的主体不是唯一的"改为"控制的主体是唯一的"。

5．改正：这句话改为"合并报表主体仅是'会计主体'而非'法律主体'"。

6．改正：这句话改为"合并报表虽然能够综合反映整个集团的财务状况和经营成果，但其反映的会计信息存在局限性，不能满足外部利益相关者对信息的需求"。

8．改正：这句话改为"在进行合并资产负债表分析时，会增加一些特殊项目分析，如'归属于母公司所有者权益（或股东权益）合计'"。

11．改正：这句话改为"企业集团是以资本为主要联结纽带的母子公司为主体，以集团章程为共同行为规范的母公司、子公司、参股公司及其他成员企业或机构共同组成的具有一定规模的企业法人联合体。企业集团不是法人。它只是一个'企业法人联合体'或经济组织"。

12．改正：这句话改为"在合并资产负债表中，将'少数股东权益'视为普通负债处理的合并方法论的基础是母公司理论"。

14．改正：这句话改为"对于信息使用者，尤其是对于母公司的股东、管理层以及债权人来说，合并报表具有一定的决策意义，但不能直接作为决策依据"。

15．改正：这句话改为"内部关联方交易在进行合并报表编制时均需被剔除，不予反映"。

18．改正：这句话改为"在利用合并报表数据分析时，反映整个集团的效益状况的比率——净资产收益率、总资产报酬率等可以使用"。

四、名词解释题

1．合并报表，是合并财务报表、合并会计报表的简称，是指母公司编制的，以合并范围内企业的个别财务报表为基础、抵销集团内部交易或事项对个别财务报表的影响后编制而成的，用于综合反映母公司和其全部子公司形成的企业集团整体财务状况、经营成果和现金流量的财务报表。

2．汇总报表，主要是指由行政管理部门根据所属企业报送的报表，对其各项目进行加总编制的报表。

3．企业集团，是以资本为主要联结纽带的母子公司为主体，以集团章程为共同行为规范的母公司、子公司、参股公司及其他成员企业或机构共同组成的具有一定规模的企业法人联合体。

4．少数股权，少数股东在企业中享有的权益称为"少数股东权益"，简称"少数股权"。

5．控制，是指投资方拥有对被投资方的权力，通过参与被投资方的相关活动而享有可变回报，并且有能力运用对被投资方的权力影响其回报金额。

6．母公司，是指控制一个或一个以上主体（包括企业、被投资单位中可分割的部分及企业所控制的结构化主体等）的主体。

7．子公司，是指被母公司控制的主体。母公司和子公司相互依存，合并前后均为独立的法人。

8．内部关联方，是指以上市公司为母公司所形成的纳入合并报表编制范围的有关各方。

9．合并报表附注，附注是对在资产负债表、利润表、现金流量表和所有者权益变动表等报表中列示项目的文字描述或明细资料，以及对未能在这些报表中列示项目的说明等。

10．倍数分析法，是以合并报表中的数据除以母公司报表中相对应的数据，用相对数进行比较、分析的一种方法。

五、简答题

1．答：合并报表和汇总报表的区别有以下几点。

（1）编制目的不同。

（2）确定编报范围的依据不同。

（3）所采用的编制方法不同。

2．答：合并报表和个别报表的区别有以下几个方面。

（1）会计主体的法律形式不同。

（2）编制主体不同。

（3）编制基础和方法不同。

（4）决策的信息有用性存在差异。

3．答：合并报表的特征有以下几个方面。

（1）合并报表主体仅是"会计主体"而非"法律主体"。

（2）合并报表的正确性主要体现为逻辑关系的正确性。

（3）合并报表代表的总资源不代表任何企业可支配的资产。

（4）合并报表不能作为针对集团内个别企业的决策依据。

4．答：母公司，是指控制一个或一个以上主体（含控制的主体，包括企业、被投资单位中可分割的部分企业所控制的结构化主体）的主体。而子公司，是指被母公司控制的主体。母公司和子公司相互依存，母子公司合并前后均为独立的法人。

母公司特征表现为：控制一个或一个以上主体；可以是企业，也可以是主体。

子公司特征表现为：必须是被母公司控制的主体，且只能由一个母公司控制；可以是企业，也可以是主体。

5．答：

合并报表的组成内容包括：

（1）合并资产负债表；

（2）合并利润表；

（3）合并所有者权益表；

（4）合并现金流量表；

（5）合并报表附注。

6．答：（1）合并财务报表无法满足债权人的信息需要。

（2）股东从合并财务报表中得到的信息也非常有限。

（3）合并财务报表对其他外部信息使用者不具有决策有用性。

（4）合并财务报表会使一些财务比率失去意义。

7．答：合并报表可以通过以下几个方面解读与企业财务状况相关的信息。

（1）比较集团内母子公司的资源结构及其状况。

（2）帮助判断内部关联方交易的程度。

（3）揭示整个集团的资产管理质量，发现内部管理的薄弱环节。

（4）比较母子公司的基本获利能力和费用管理效率方面的差异。

（5）分析整个企业集团的扩张战略及其实施后果。

8. 答：合并财务报表分析应重点关注以下 5 个方面的问题。

（1）关注合并财务报表的编制方法和合并结果。

（2）关注母公司在报告期合并财务报表中对增减子公司事项的反映。

（3）关注合并财务报表的特殊信息含量。

（4）关注合并财务报表的特殊项目。

（5）合并报表条件下的财务比率运用。

9. 答：在合并报表下运用比率分析要特别谨慎，因为合并报表所反映的集团整体情况是不完备的，有关集团内部交易和事项的情况在编制合并报表时已做抵销。因此，运用合并报表数据进行比率分析应当慎重。此外，流动比率、资产负债率、毛利率等比率也已经失去了个别企业条件下的意义。

10. 答：经济实体理论突出强调的观点是：合并财务报表应该为合并主体的全体股东服务，而不应该单为母公司的股东提供信息。所以，这种理论指导下的合并资产负债表揭示的是合并主体的净资产，包括少数股东拥有的净资产；合并损益表中的净收益揭示的是合并主体的净收益，包括属于少数股东的净收益。可见，经济实体理论将合并主体中的少数股东和多数股东一视同仁，其合并财务报表正确揭示了合并主体所控制的净资产和净收益，比较符合会计理论对会计报表的基本要求。这种理论不论在股权集中的情况下还是在股权分散的情况下都是适用的。它对多数股东权益和少数股东权益的处理是比较合理和公正的。

六、计算分析题

1. 解：

（1）资产负债表中各项目合并倍数的计算结果如表 7-7 所示。

表 7-7 资产负债表各项合并倍数表

项目	20×9 年 12 月 31 日		合并倍数（千元）
	合并数（千元）	母公司数（千元）	
其他应收款	6 000	13 800	0.43
存货	24 000	9 000	2.67
固定资产	716 200	450 000	1.59
资产总计	1 100 000	974 000	1.13

（2）从表 7-7 可以看出，其他应收款越合并越小，母公司的其他应收款远比合并报表的其他应收款规模大，说明母公司的其他应收款的主要债务人是纳入合并范围的子公司，A 集团内部依赖关联方交易的程度比较高。

从存货的规模看，合并倍数为 2.67。在以上市公司为母公司的企业集团内，存货主要集中在子公司，而从规模看，产生存货的技术装备——固定资产，则主要集中在上市公司。这就说明从资产的管理效率来说，上市公司以外的子公司对固定资产的利用是高效的，而上市公司（母公司）对固定资产的使用效率则相对较低。

总资产分析。合并报表的总资产金额与母公司报表的总资产金额相比，增加额很小，可能的原因是合并报表中的其他应付款等资产类项目金额远小于母公司报表中的金额。其次，子公司存货量占总资产的比重较高，其存货量是否适宜及存货质量高低需要通过进一步分析判断。

2．解：

（1）利润表中各项目的合并倍数如表 7-8 所示。

表 7-8   利润表中各项目合并倍数计算表

项目	20×9 年度		合并倍数
	合并数（万元）	母公司数（万元）	
营业收入	950	800	1.19
营业成本	660	580	1.14
管理费用	45	36	1.25
销售费用	60	50	1.20
财务费用	7	6	1.67
利润总额	10	-4	-2.50

（2）从表 7-8 可以看出，20×9 年合并报表与母公司个别报表相比，营业收入的合并倍数为 1.19，营业成本的合并倍数为 1.14，说明母子公司间的内部交易量较大。

母公司毛利率为 27.5%[(800-580)÷800×100%]，低于合并数，即 30.53%[(950-660)÷950×100%]。这说明母公司毛利率低于子公司毛利率，子公司整体获利能力高于母公司。

母公司 3 项期间费用均低于合并数，合并报表与母公司个别报表相比，销售费用、管理费用的增减幅度不大，应该进一步考虑母子公司之间是否存在固定资产的租赁业务、母子公司之间是否有广告代理、有否业务委托等交易。

B 公司利润总额的合并倍数是-2.50，母公司整体利润总额是负数，合并利润来源于子公司。

3．解：

（1）现金流量表中各项目的合并倍数如表 7-9 所示。

表 7-9   现金流量表中各项目合并倍数计算表

项目	20×9 年度		合并倍数
	合并数（万元）	母公司数（万元）	
销售商品、提供劳务收到的现金	700	590	1.19
购买商品、接受劳务支付的现金	370	420	0.88
投资支付的现金	64	98	0.65
购建固定资产、无形资产和其他长期资产支付的现金	210	50	4.20
投资活动产生的现金流量净额	-150	-120	1.25

（2）从表 7-9 可以看出，20×9 年合并报表与母公司个别报表相比，销售商品、提供劳务收到的现金的合并倍数是 1.19，购买商品、接受劳务支付的现金的合并倍数是 0.88，反映了母子公司间的产品交易较多，整个集团对外销售收现活动集中在母公司。

投资支付的现金的合并倍数是 0.65，合并现金流量的数据小于母公司的数据。这说明上市公司年内的主要投资方面是以控股投资方式实现的。

购建固定资产、无形资产和其他长期资产支付的现金的合并倍数是 4.20，整个企业集团的固定资产比母公司的固定资产多。这说明年内固定资产、无形资产等的投资主要集中在子公司，子公司在整个集团的经营活动中占有越来越重要的地位。

投资活动产生的现金流量净额的合并倍数是 1.25。这说明，从报表信息看，投资活动以现金流出为主，且投资活动产生的现金流出量主要是母公司产生的。

4．解：

（1）资产负债表中各项目的合并倍数如表 7-10 所示。

表 7-10　　　　　　　　资产负债表中各项目合并倍数计算表

项目	20×9 年 12 月 31 日		合并倍数	20×8 年 12 月 31 日		合并倍数
	合并数（千元）	母公司数（千元）		合并数（千元）	母公司数（千元）	
其他应收款	6 000	13 800	0.43	5 800	15 600	0.37
流动资产合计	44 000	36 800	1.20	41 000	38 000	1.08
资产总计	84 000	89 200	0.94	80 500	91 000	0.88

（2）从表 7-10 可以看出，其他应收款越合并越小，母公司的其他应收款远比合并报表的其他应收款规模大，说明母公司向子公司提供了大量资金援助，母公司其他应收款的主要债务人是纳入合并范围的子公司，D 公司内部依赖关联方交易的程度比较高。

母公司的其他应收款在 20×8 年和 20×9 年年末占流动资产比重、占资产的比重都相当高，可以判断母公司的偿债能力不强。

5．解：

（1）E 公司报表中各项目的合并倍数如表 7-11 所示。

表 7-11　　　　　　　　E 公司各项目合并倍数计算表

项目	20×9 年度		合并倍数
	合并数（千元）	母公司数（千元）	
存货	8 500	6 700	1.27
固定资产	9 700	1 200	8.08
营业收入	19 500	6 800	2.87
营业成本	7 000	3 500	4.57

（2）20×9 年度母公司的存货周转率=3 500÷6 700=0.52 次

母公司的固定资产周转率=6 800÷1 200=5.67 次

20×9 年度合并后的存货周转率=7 000÷8 500=0.82 次

合并后的固定资产周转率=19 500÷9 700=2.01 次

（3）首先，子公司在整个集团内，整体拥有较少的存货和较多的固定资产；其次，比较合并报表和母公司报表在固定资产原值周转速度方面的差异，反映出母公司固定资产推动营业收入的能力远远高于子公司；最后，母公司整体在 20×9 年占用存货平均水平较高，且存货周转速度低于子公司，子公司的毛利率高于母公司。

对于子公司来说，未来提高盈利能力的关键点在于提高其拥有的固定资产的利用率。

七、案例分析题

解：从表 7-6 中可以看出以下信息。

（1）盈利能力分析。

从表 7-6 可以看出，LSW 母公司 20×9 年的营业毛利率为 46.85%、营业利润率为 24.84%，其初始获利能力是比较高的，公司主营业务活动能给公司带来巨额利润。

LSW 合并报表的营业毛利率（14.53%）和营业利润率（0.70%）远低于母公司数据，说明子公司自身经营活动获利能力不高，整个企业集团的总资产报酬率为 2.44%，净资产收益率为 3.83%。而母公司的总资产报酬率为 9.55%，净资产收益率为 8.58%。

（2）偿债能力分析。

从表 7-6 可以看出，LSW 母公司 20×9 年的流动比率为 1.11、速动比率为 1.08，高于合并报表的流动比率（0.81）和速动比率（0.65），说明母公司的短期偿债能力优于子公司，且企业的存货数量不是太多。LSW 母公司 20×9 年资产负债为 56.87%，低于合并报表的资产负债率（62.23%），表明母公司长期偿债能力优于子公司长期偿债能力。

（3）营运能力分析。

从表 7-6 可以看出，LSW 母公司 20×9 年的存货周转率为 19 次，高于合并报表的存货周转率（13.24 次），存货周转次数越多，表明存货占用水平越低，流动性越强，企业的短期偿债能力也越强。

但从流动资产周转率和总资产周转率来看，合并数要高于母公司数据，表明子公司在整个资产的管理效率方面要优于母公司。

（4）发展能力分析。

从表 7-6 可以看出，LSW 母公司 20×9 年的净利润增长率为 84.78%、资产增长率为 93.81%，说明母公司的资产规模在不断扩大，未来经营发展能力较强。LSW 子公司 20×9 年的净利润增长率为 42.75%、资产增长率为 76.31%，增长速度低于母公司增长速度。但从销售增长率看，LSW 子公司的销售增长率为 188.79%，远高于母公司的 61%，说明子公司目前在急速扩张过程中，未来的发展潜力很大。

财务报表粉饰分析

第8章

知识点回顾

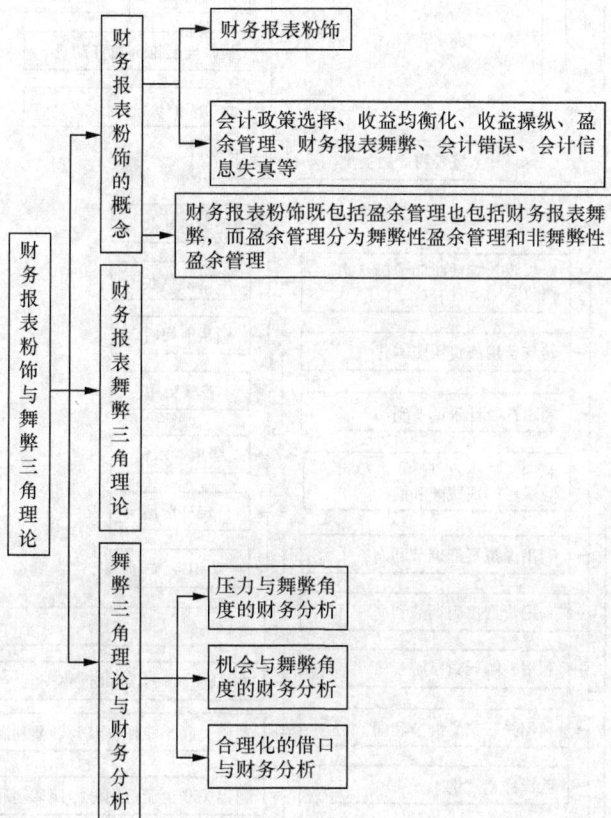

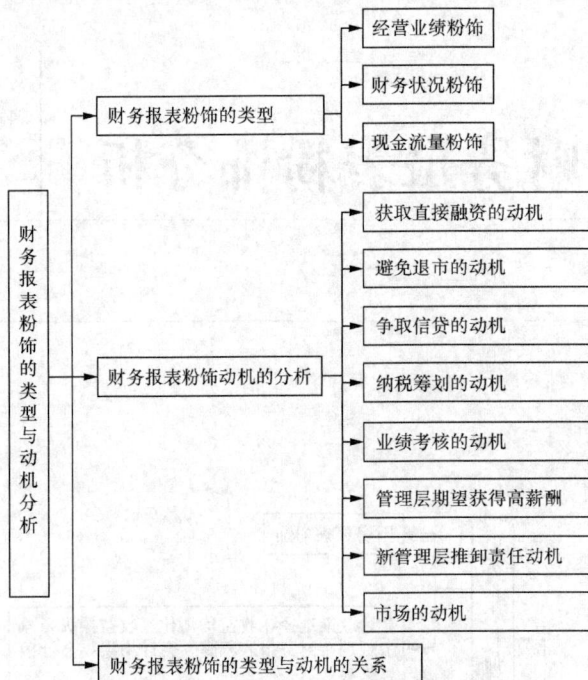

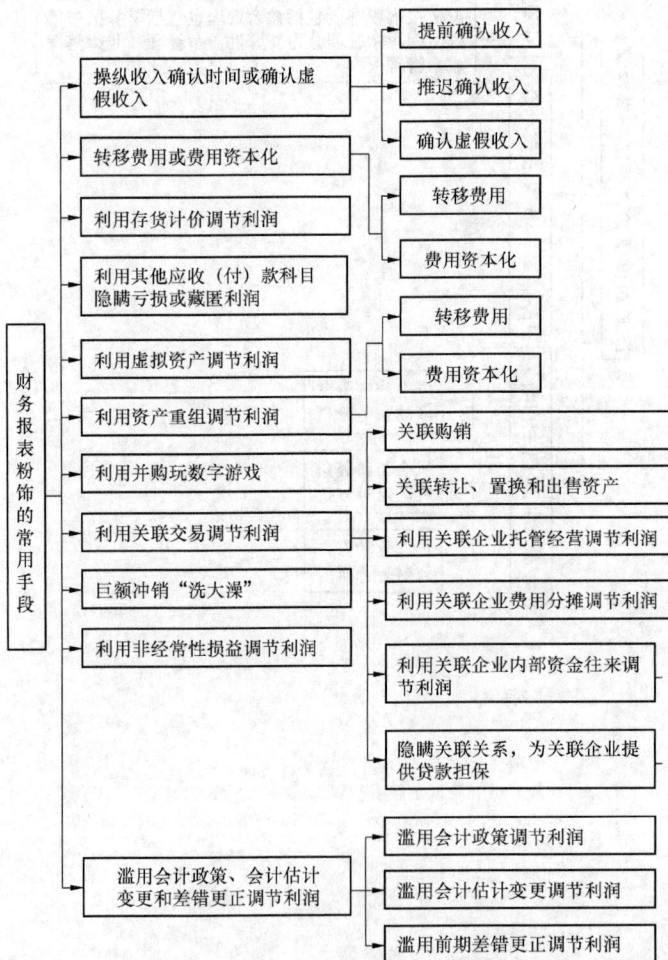

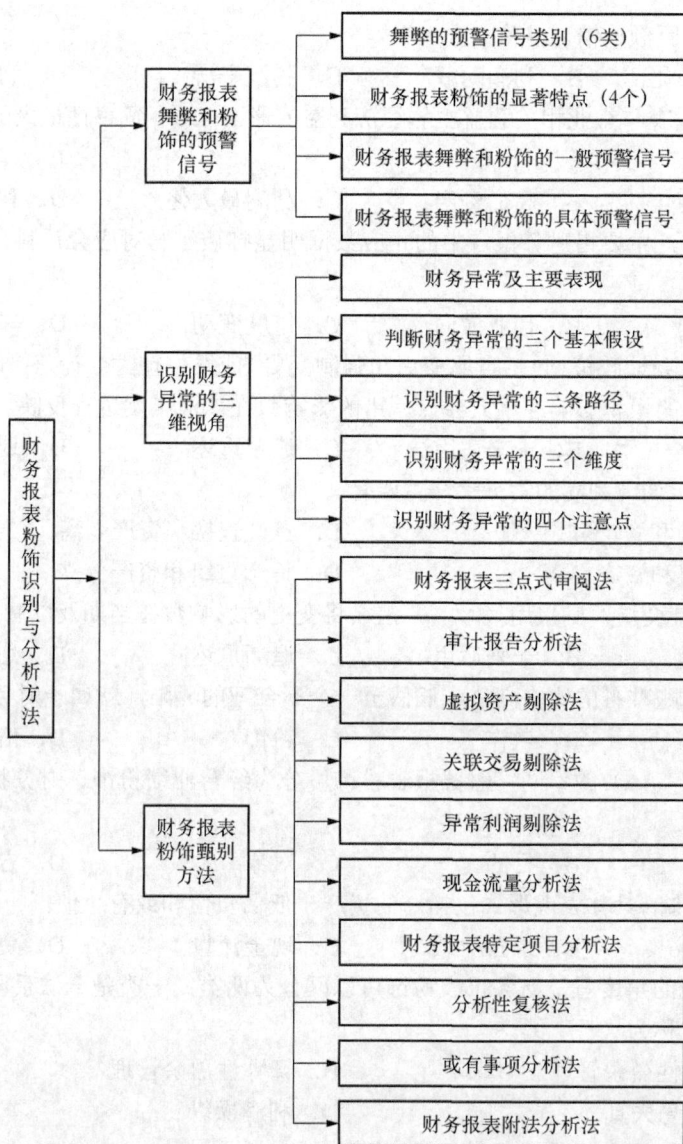

```
                                        ┌──────────────────────────┐
                                    ┌──▶│  舞弊的预警信号类别（6类）  │
                                    │   └──────────────────────────┘
                    ┌──────────┐    │   ┌──────────────────────────┐
                    │ 财务报表  │   ├──▶│ 财务报表粉饰的显著特点（4个）│
                    │ 舞弊和粉  │   │   └──────────────────────────┘
                ┌──▶│ 饰的预警  │──┤   ┌──────────────────────────┐
                │   │ 信号      │   ├──▶│ 财务报表舞弊和粉饰的一般预警信号│
                │   └──────────┘    │   └──────────────────────────┘
                │                   │   ┌──────────────────────────┐
                │                   └──▶│ 财务报表舞弊和粉饰的具体预警信号│
                │                       └──────────────────────────┘
                │                       ┌──────────────────────────┐
                │                   ┌──▶│     财务异常及主要表现      │
                │                   │   └──────────────────────────┘
                │                   │   ┌──────────────────────────┐
                │   ┌──────────┐    ├──▶│   判断财务异常的三个基本假设  │
                │   │ 识别财务  │   │   └──────────────────────────┘
                │   │ 异常的三  │   │   ┌──────────────────────────┐
                ├──▶│ 维视角    │──┼──▶│   识别财务异常的三条路径    │
┌──────┐        │   │          │    │   └──────────────────────────┘
│ 财务  │       │   └──────────┘    │   ┌──────────────────────────┐
│ 报表  │       │                   ├──▶│   识别财务异常的三个维度    │
│ 粉饰  │       │                   │   └──────────────────────────┘
│ 识别  │──────┤                   │   ┌──────────────────────────┐
│ 与分  │       │                   └──▶│   识别财务异常的四个注意点  │
│ 析方  │       │                       └──────────────────────────┘
│ 法    │       │                       ┌──────────────────────────┐
└──────┘        │                   ┌──▶│    财务报表三点式审阅法     │
                │                   │   └──────────────────────────┘
                │                   ├──▶│      审计报告分析法        │
                │                   │   └──────────────────────────┘
                │                   ├──▶│      虚拟资产剔除法        │
                │   ┌──────────┐    │   └──────────────────────────┘
                │   │ 财务报表  │   ├──▶│      关联交易剔除法        │
                │   │ 粉饰甄别  │   │   └──────────────────────────┘
                └──▶│ 方法      │──┼──▶│      异常利润剔除法        │
                    │          │    ├──▶│      现金流量分析法        │
                    └──────────┘    ├──▶│    财务报表特定项目分析法    │
                                    ├──▶│      分析性复核法          │
                                    ├──▶│      或有事项分析法        │
                                    └──▶│     财务报表附法分析法      │
```

练习题

一、单项选择题

1. 只要是蓄意制造会计信息失真的行为都属于（　　）的范畴。

    A．舞弊性盈余管理　　　　　　　　　B．财务报表粉饰

    C．非舞弊性盈余管理　　　　　　　　D．会计错误

2. 所谓会计错误，是指导致财务报表错报的（　　）行为。

    A．故意　　　　　B．非故意　　　　　C．舞弊　　　　　D．欺诈

3. （　　）是舞弊研究领域第一个系统性的理论，是美国注册会计师协会第 99 号审计准则公告的主要内容。与其他理论相比，它更为简洁。

    A．舞弊三角理论　　　B．冰山理论　　　　C．GONE 理论　　　　D．舞弊风险因子理论

4.（　　）亦称巨额冲销，俗称"洗大澡"。

    A．利润最小化   B．利润隐藏   C．利润平滑   D．利润清洗

5．就粉饰财务报表与企业相关利益主体经济利益的影响来看，危害性最大的财务报表粉饰形式是（　　）。

    A．利润均衡化   B．高估资产   C．利润最大化   D．利润最小化

6．（　　）异常，主要指财务报告中的相应数据明显打破了与对应会计科目之间应该存在的勾稽关系。

    A．企业纵向   B．行业横向   C．年度变动   D．勾稽关系

7．上市公司变更会计政策（包括自愿变更和强制变更）或发生重大会计差错时，必须采用（　　）法，将会计政策变更的累积影响或重大会计差错的影响数在以前年度进行反映。

    A．追溯调整   B．未来适用法   C．追溯重述   D．划线更正

8．利用资产重组调节利润的常见手法主要有（　　）。

    A．资产置换和资产分裂   B．资产置换和资产剥离

    C．资产重组和资产剥离   D．资产重组和资产分立

9．对于会计估计变更，则采用（　　）法，将变更的影响数在当期及以后各期反映。

    A．追溯调整   B．未来适用   C．追溯重述   D．划线更正

10．人为地将坏账准备的比例高估或低估至一个不合理的界限，就属于财务报表（　　）。

    A．舞弊   B．欺诈   C．粉饰   D．信息失真

11．按照粉饰（　　）的不同，财务报表粉饰可分为经营业绩粉饰、财务状况粉饰和现金流量粉饰3种类型。

    A．手段   B．目的   C．对象   D．方法

12．（　　）粉饰的具体表现形式包括高估资产、低估负债和或有负债。

    A．财务状况   B．经营业绩   C．现金流量   D．资产负债质量

13．从法律法规的角度看，财务报表粉饰可以区分为两类：一类是合法手段的粉饰；另一类是非法手段的粉饰，也称为（　　）。

    A．非舞弊性盈余管理   B．舞弊性盈余管理

    C．会计信息失真   D．利润操纵

14．财务报表粉饰既包括盈余管理，也包括（　　）。

    A．舞弊性盈余管理   B．非舞弊性盈余管理

    C．会计信息失真   D．财务报表舞弊

15．会计信息失真由3种失真构成，即违法性失真、规范性失真和（　　）。

    A．技术性失真   B．经营业绩失真   C．现金流量失真   D．财务状况失真

16．就舞弊三角理论而言，舞弊发生的根本原因是（　　）。

    A．态度或借口   B．动机或压力   C．机会或压力   D．动机或借口

17．就舞弊三角理论而言，舞弊发生的必要条件是（　　）。

    A．态度   B．压力   C．机会   D．借口

18．就舞弊三角理论而言，舞弊发生的重要条件是（　　）。

    A．态度或借口   B．动机或压力   C．机会或压力   D．动机或借口

19．经营业绩粉饰有四种具体形式，即利润最大化、利润最小化、利润清洗和（　　）。

    A．利润均衡化   B．利润隐藏化   C．利润正常化   D．"洗大澡"

20．现金流量粉饰的典型做法是（　　）。

　　A．制造经营活动产生的现金流量　　B．制造投资活动产生的现金流量

　　C．突击制造不可持续的现金流量　　D．混淆现金流量的类别

二、多项选择题

1．关于财务报表舞弊的形成，理论上有多种解释，这些理论主要有（　　）等。

　　A．"冰山理论"（二因素论）　　B．舞弊三角理论（三因素论）

　　C．"GONE 理论"（四因素论）　　D．五因素论

　　E．"舞弊风险因子理论"（多因素理论）

2．按照粉饰对象的不同，财务报表粉饰可分为（　　）等类型。

　　A．资产粉饰　　B．成本费用粉饰　　C．经营业绩粉饰

　　D．财务状况粉饰　　E．现金流量粉饰

3．经营业绩粉饰包括（　　）等具体形式。

　　A．利润最大化　　B．利润最小化　　C．利润均衡化

　　D．利润清洗　　E．利润理想化

4．经营业绩粉饰中典型的使利润最大化的做法是（　　）。

　　A．提前确认收入　　B．推迟结转成本　　C．亏损挂账

　　D．资产重组　　E．关联交易

5．现金流量粉饰的主要形式有（　　）。

　　A．突击制造现金流量　　B．现金流量均衡化

　　C．现金流量最大化　　D．现金流量隐匿

　　E．混淆现金流量的类别

6．就粉饰财务报表对与企业相关利益主体经济利益的影响来看，危害性最大的财务报表粉饰是利润最大化，即所谓的（　　）的类型。

　　A．虚盈实亏　　B．隐瞒负债　　C．高估资产

　　D．低估负债　　E．突击制造现金流量

7．舞弊的预警信号可分为（　　）等类别。

　　A．会计异常　　B．内部控制缺陷　　C．分析性异常

　　D．奢侈生活方式　　E．异常行为、暗示与投诉

8．财务报表舞弊和粉饰的一般预警信号，可归纳为（　　）以及财务结果层面的预警信号等。

　　A．行业层面的预警信号　　B．经营层面的预警信号

　　C．管理层面的预警信号　　D．组织结构层面的预警信号

　　E．关系层面的预警信号

9．财务报表舞弊和粉饰的具体预警信号，则可从（　　）等方面进行把握。

　　A．负债　　B．销售收入　　C．销售成本

　　D．费用　　E．信息披露

10．与一般舞弊（如行贿、受贿和挪用资产等）相比，财务报表粉饰具有（　　）等显著的特点。

　　A．企业高管层往往牵涉其中　　B．上下串通、内外勾结等群体舞弊司空见惯

　　C．通常以维护企业利益为幌子　　D．造成的损害更具破坏性

　　E．以上选项都正确

11. 注册会计师出具的审计报告包括（ ）等类型。
    A. 无保留意见审计报告　　　　　　B. 带强调事项段的无保留意见审计报告
    C. 保留意见审计报告　　　　　　　D. 否定意见审计报告
    E. 无法表示意见审计报告
12. 获取资本市场直接融资的动机包括（ ）等。
    A. 获取首次公开发行股票资格　　　B. 获取接受直接投资
    C. 获取公司债券发行资格　　　　　D. 获取银团贷款
    E. 获取再融资资格

三、判断题

1. 欺诈与错误的区别仅在于行为人是否是故意的。（　　）
2. 舞弊通常涉及欺骗、信任和计谋，舞弊的结果是对受害方造成了损失。（　　）
3. 财务报表粉饰属于非故意行为，会计差错属于故意行为。（　　）
4. 公司财务报表舞弊，会极大地降低公司财务报告信息的质量，降低公司相应的财务风险。
（　　）
5. 舞弊三角理论表明，压力、机会和合理化借口 3 个因素缺一不可，否则舞弊行为不能发生。
（　　）
6. 集体性的行业造假往往发生在景气行业中，在行业由不景气转向景气拐点时也极易诱发行业
造假。（　　）
7. 重大错报可分为跨表错报和表内错报两种，其区别在于前者不会导致另外一张表也存在错报。
（　　）
8. 非经常性损益由于它不具备持续性和稳定性，因而对利润的影响是永久的。（　　）
9. 如果企业的经营活动产生的现金净流量长期低于核心净利润，则意味着企业经营性资产的
质量不高。（　　）
10. 如果应收账款周转率和存货周转率急剧上升，则很可能是由于上市公司虚构收入和利润，
同时又未等额增加收入和成本，进而导致应收账款和存货的急剧增加所致。（　　）

四、名词解释题

1. 财务报表粉饰
2. 盈余管理
3. 会计错误
4. 会计信息失真
5. 舞弊三角理论（三因素论）
6. 经营业绩粉饰
7. 利润最大化
8. 利润清洗（或"巨额冲销"，或"洗大澡"）
9. 财务状况粉饰
10. 现金流量粉饰
11. 非经常性损益
12. 填塞分销渠道
13. 资产重组
14. 财务报表三点式审阅法

15. 关联交易剔除法

16. 现金流量分析法

17. 财务报表附注

18. 分析性复核法

五、简答题

1. 盈余管理、财务报表舞弊和财务报表粉饰三者之间的关系如何？

2. 简述财务报表舞弊三角理论的基本内容。

3. 简述舞弊三角理论与财务分析的关系。

4. 按照粉饰对象的不同，财务报表粉饰有哪几种类型？各种类型的具体形式是什么？

5. 我国企业财务报表粉饰的主要动机有哪些？

6. 我国上市公司粉饰报表的常见手段有哪些？

7. 财务异常及主要表现是什么？

8. 识别财务异常有哪几个维度或视角？

9. 识别财务异常应注意哪几点？

10. 常见的财务报表粉饰甄别方法有哪些？

11. 运用现金流量分析法分析企业是否存在财务报表粉饰行为时应当注意哪两点？

12. 虚拟资产剔除法的运用包括哪两个方面的内容？

13. 企业是否以不等价交换的方式与关联企业发生交易，从而达到财务报表粉饰之目的，应着重从哪些方面加以甄别？

练习题答案

一、单项选择题

1	2	3	4	5	6	7	8	9	10
B	B	A	D	C	D	A	B	B	A
11	12	13	14	15	16	17	18	19	20
C	A	D	D	A	B	C	A	A	C

二、多项选择题

1	2	3	4	5	6	7	8	9	10
ABCE	CDE	ABCD	ABCDE	AE	ABCD	ABCDE	ABCDE	ABCDE	ABCDE
11	12								
ABCDE	ACE								

三、判断题

1	2	3	4	5	6	7	8	9	10
√	√	×	×	√	×	√	×	√	×

3. 改正：此句改为"财务报表粉饰属于故意行为，会计差错属于非故意行为"。

4. 改正：将"降低公司相应的财务风险"改为"增加公司相应的财务风险"。

6. 改正：将"景气行业"改为"不景气行业"；将"由不景气转向景气"改为"由景气转向不景气"。

8. 改正：将"永久的"改为"暂时的"。

10. 改正：将"如果应收账款周转率和存货周转率急剧上升"改为"如果应收账款周转率和存货周转率急剧下降"。

四、名词解释题

1. 财务报表粉饰，是指公司管理层通过人为操纵，使财务报表反映"预期"财务状况、经营成果和现金流量的行为。

2. 盈余管理，是指有目的地干预对外财务报告的过程，以获取某些私人利益的披露管理；或者是公司管理层以会计政策的可选择性为前提条件，在会计法律法规允许的范围内，通过对相关经济业务的会计处理方法的选择、运用来控制和调整会计报表盈余，使之能够趋于预定的目标，从而达到合理避税，维持股价，或者使企业管理当局的管理业绩得到认可的目的。

3. 会计错误，是指导致财务报表错报的非故意行为。

4. 会计信息失真，是指会计信息不能如实、准确地反映会计对象，包括会计信息的有意造假和无意失实。

5. 舞弊三角理论（三因素论），由美国著名的反舞弊专家 W. Steven Albrecht 博士（1995）提出。该理论认为，舞弊行为的发生需要有动机/压力（Incentive/Pressure）、机会（Opportunity）和合理化的借口（Rationalization）等三大因素。当这 3 个因素共同作用时，舞弊就很可能发生。这 3 个因素的作用方式是两两相互作用，从而形成一个类似三角形的作用机制，只要其中一个因素足够强烈，即使其他两个因素较弱，也会诱发舞弊。

6. 经营业绩粉饰，是财务报表粉饰中按照粉饰对象的不同进行分类后的类型之一。它包括利润最大化、利润最小化、利润均衡化和利润清洗 4 种具体形式。

7. 利润最大化，是经营业绩粉饰的具体形式之一，典型的做法是提前确认收入、推迟结转成本、亏损挂账、资产重组、关联交易。

8. 利润清洗，利润清洗亦称巨额冲销，俗称"洗大澡"，就是上市公司在报告年度故意通过会计手段制造"亏过头"现象。它是经营业绩粉饰的具体形式之一，其做法是在某一特定会计期间，将坏账、存货积压、长期投资损失、闲置固定资产、待处理流动资产和待处理固定资产等所谓虚拟资产一次性处理为损失，以便卸掉包袱，为以后会计期间拓展盈利空间。这种"亏过头"可分为以下两种情况。一种是将以前年度虚增的利润在报告年度冲掉，另一种则是将报告年度内的利润推移到以后年度。

9. 财务状况粉饰，是财务报表粉饰中按照粉饰对象的不同进行分类后的类型之一，其具体表现形式包括高估资产、低估负债和或有负债。

10. 现金流量粉饰，是财务报表粉饰中按照粉饰对象的不同进行分类后的类型之一，其主要形式有突击制造现金流量、混淆现金流量的类别等。

11. 非经常性损益，是指与公司正常经营业务无直接关系，以及虽与公司正常经营业务相关，但由于其性质特殊和偶发性，影响报表使用人对公司经营业绩和盈利能力做出正常判断的各项交易和事项产生的损益。

12. 填塞分销渠道，是一种向未来期间预支收入的恶性促销手段。卖方通过向买方（通常是经销商）提供优厚的商业刺激，诱使买方提前购货，从而在短期内实现销售收入的大幅增长，以达到美化其财务业绩的目的。

13. 资产重组，是指企业资产的拥有者、控制者与企业外部的经济主体进行的，对企业资产的分布状态进行重新组合、调整、配置的过程，或对设在企业资产上的权利进行重新配置的过程。

14. 财务报表三点式审阅法，是基于财务报表特性和重要项目，从 3 个方面（或 3 个角度）对财务报表是否造假进行审查、解读与分析的财务报表粉饰分析方法。

15. 关联交易剔除法，是指在分析一个上市公司的盈利能力时，将来自关联企业的营业收入和利润予以剔除，从而判断公司盈利对关联企业的依存度，推断公司盈利能力是否扎实可靠、利润来源是否确定。

16. 现金流量分析法，是指将企业经营活动产生的现金净流量、投资活动产生的现金净流量分别与核心利润、投资收益进行调整、比对与分析，以判断企业的经营性资产的核心利润、投资性资产的投资收益的质量。

17. 财务报表附注，是对在资产负债表、利润表、现金流量表和所有者权益变动表等报表中列示项目的文字描述或明细资料，以及对未能在这些报表中列示的项目的说明等。

18. 分析性复核法，是指对企业重要的财务比率或趋势的异常变动及其与预期数据和相关信息的差异进行分析判断的方法。通过比较分析、比率分析、结构百分比分析和趋势分析等常用分析性复核法，可以发现财务报表中的异常波动，进而甄别企业财务报表粉饰行为。

五、简答题

1. 答：所谓财务报表粉饰，是指公司管理层通过人为操纵，使财务报表反映"预期"财务状况、经营成果和现金流量的行为。财务报表粉饰主要强调财务报表粉饰行为的目的性，即达到某种"预期"的报表效果，无论达到这种效果的手段是在企业会计准则的范围内，还是违背了企业会计准则。从法律法规的角度看，财务报表粉饰可以分为两类：一类是合法手段的粉饰，也称为非舞弊性盈余管理；另一类是非法手段的粉饰，也称为利润操纵，或舞弊性盈余管理，这属于一般意义上的会计信息失真。

盈余管理是指有目的地干预对外财务报告的过程，以获取某些私人利益的披露管理。盈余管理是公司管理层以会计政策的可选择性为前提条件，在会计法律法规允许的范围内，通过相关经济业务的会计处理方法的选择、运用来控制和调整会计报表盈余，使之能够趋于预定的目标，从而达到合理避税、维持股价或者使企业管理当局的管理业绩得到认可的目的。

财务报表舞弊是有意识的行为，其行为表现为违法违纪，其手段具有欺骗性，其目的是获取一定的利益。

财务报表粉饰、盈余管理与财务报表舞弊的关系如下。①财务报表粉饰是一个较为宽泛的概念，既包括合法手段的财务报表粉饰，即非舞弊性盈余管理，又包括非法手段的财务报表粉饰，即收益操纵或舞弊性盈余管理——典型的财务报表舞弊行为。②财务报表舞弊与盈余管理最大的区别则在于是否遵守了会计准则及相关信息披露法规，共同点在于均为公司内部人或实际控制人故意采取的不实报告财务信息的一种行为。③广义地看，性质严重的盈余管理行为可以看作是一种财务欺诈行为。但是必须意识到，企业会计准则是一份不完备的契约，具有相当大的弹性和空间。因此，以企业会计准则作为盈余管理与财务报表舞弊的划分界限必然存在"灰色地带"。④财务报表粉饰既包括盈余管理，也包括财务报表舞弊。虽然盈余管理和财务报表舞弊难以完全区分，而且企业管理当局总是会为自身的盈余管理行为找出各种借口，但其实质都属于财务报表粉饰范畴。

2. 答：舞弊三角理论由美国著名的反舞弊专家 W. Steven Albrecht（1995）提出。W.Steven Albrecht 认为，舞弊行为的发生需要有动机/压力（Incentive/Pressure）、机会（Opportunity）和合理化的借口（Rationalization）三大因素。当这 3 个因素共同作用时，舞弊就很可能发生。这 3 个因素的作用方式是两两相互作用，从而形成一个类似三角形的作用机制，只要其中一个因素足够强烈，即使其他两个因素较弱也会诱发舞弊。动机或压力是舞弊发生的根本原因。机会是舞弊发生的必要条件。态度或借口是舞弊发生的重要条件。

3. 答：借助舞弊三要素理论，能够为财务分析提供合适的切入角度。①分析舞弊发生的各种规律性特征，可以增强财务分析中发现问题的能力。②对于公司财务分析而言，借助舞弊分析，辨识公司有无舞弊行为发生，是提高财务分析水平的基础和重要前提。

可以从舞弊三角理论的压力、机会与借口三因素及它们之间的关系考察舞弊三角理论与财务分析的关系。

（1）压力与舞弊角度的财务分析。上市公司管理层可能面临的最直接、最主要的压力主要来自资本市场、财务分析师预测、董事会目标考核的压力、管理层股权激励等方面。公司管理层迫于压力，而这些压力经常会诱发公司管理层进行报表舞弊，从而构成财务分析的切入点。

（2）机会与舞弊角度的财务分析。舞弊三角理论表明，压力、机会和合理化借口3个因素缺一不可，否则舞弊行为不能发生。因此，如果没有合适的机会，管理层也是无法将压力转化为从事舞弊行为的"动力"。第一，企业会计准则存在可能的机会与舞弊空间，为管理层进行报表舞弊提供了可能。第二，两难处境中的审计师，直接面对的是公司管理层（包括对审计师的聘约的签订、审计收费的商定、审计结果的处理等）。客观上必然存在难以及时发现管理层舞弊的可能性。

（3）合理化的借口与财务分析。舞弊三角中的合理化或合理化的借口，其实就是道德问题。从舞弊三因素对舞弊产生的影响角度来看，管理层的个人道德或许是其中非常重要甚至是最重要的因素。当管理层感受到压力时，外部环境和内部控制等方面也存在机会。管理层是否真正将舞弊行为付诸实施，关键还是看个人的道德水平。当财务分析的舞弊分析视角最后聚焦于对管理层个人道德水准的分析时，财务分析就会变得更具个性化。

财务分析人员不仅要关注财务报表数据，而且要关注相关的行业、宏观等市场层面的数据，还要关注被分析的公司的主要当事人员（特别是管理层）的个性与价值观等。

4．答：（1）按照粉饰对象的不同，财务报表粉饰可分为经营业绩粉饰、财务状况粉饰和现金流量粉饰。（2）各种类型的具体形式是：①经营业绩粉饰包括利润最大化、利润最小化、利润均衡化和利润清洗。②财务状况粉饰包括高估资产、低估负债和或有负债。③现金流量粉饰的主要包括突击制造现金流量、混淆现金流量的类别等。

5．答：根据证券监管部门披露的大量财务舞弊和报表粉饰案例，我国企业财务报表粉饰的主要动机可概括为8种：（1）获取直接融资动机；（2）避免退市动机；（3）争取信贷动机；（4）纳税筹划动机；（5）业绩考核动机；（6）管理层期望获得高薪酬动机；（7）新管理层推卸责任动机；（8）市场动机。

6．答：我国上市公司粉饰报表的常见手段归纳起有以下11种：（1）操纵收入确认时间或确认虚假收入；（2）转移费用或费用资本化；（3）利用存货计价调节利润；（4）利用其他应收（付）款隐瞒亏损或藏匿利润；（5）利用虚拟资产调节利润；（6）利用资产重组调节利润；（7）利用并购玩数字游戏；（8）利用关联交易调节利润；（9）巨额冲销，即"洗大澡"；（10）利用非经常性损益调节利润；（11）滥用会计政策或会计估计变更和差错更正调节利润等。

7．答：（1）财务异常，是指重大错报的财务征兆。（2）财务异常主要表现在以下3个方面。①勾稽关系异常，主要指财务报告中的相应数据明显打破了与对应会计科目之间应该存在的勾稽关系；②年度变动异常，指的是不同年度报告的数据明显地出现异常，违背了企业经营运作的规律，同时也可能会违背科目之间的勾稽关系；③行业横向异常，指的是根据行业可比特性，报告数据所反映的业绩明显超过同行业可比公司的业绩。

8．答：识别财务异常有内在分析、历史分析和行业分析三维视角。

9．答：识别财务异常应注意以下4点。（1）财务异常的时空识别；（2）财务异常的层面识别（层面包括行业层面和公司层面）；（3）财务异常的指标变动识别；（4）财务异常的内在关系识别。

10．答：常见的财务报表粉饰甄别方法有以下10种：（1）财务报表三点式审阅法；（2）审计报告分析法；（3）虚拟资产剔除法；（4）关联交易剔除法；（5）异常利润剔除法；（6）现金流量分析法；（7）财务报表特定项目分析法；（8）分析性复核法；（9）或有事项分析法；（10）财务报表附注分析法。

11. 答：运用现金流量分析法分析企业是否存在财务报表粉饰行为时应当注意以下两点。

（1）经营活动产生的现金净流量最容易被粉饰和调整。如果企业经营活动现金流量主要来源于主营业务收入收现能力的提高，说明企业经营活动现金流量质量较好。反之，如果企业经营活动现金流量主要来源于存货、经营性应收项目和经营性应付项目，即经营活动现金流量比例过高，则意味着企业经营活动现金流量质量较低。对此，利益相关者应关注和警惕。

（2）要特别关注现金流量表中的"收到其他与经营（投资、筹资）活动有关的现金"和"支付其他与经营（投资、筹资）活动有关的现金"项目。对收到和支付"其他与经营（投资、筹资）活动有关的现金"金额巨大的公司应视为异常，尤其是"收到其他与经营活动有关的现金"。

12. 答：虚拟资产剔除法的运用包括以下两个方面。

（1）将虚拟资产总额与净资产比较，如果虚拟资产总额接近或超过净资产，则说明企业的持续经营能力可能有问题，也可能表明企业在过去几年因人为夸大利润而形成"资产泡沫"。

（2）将当期虚拟资产的增加额和增加幅度与当期的利润总额和利润增加幅度比较，如果前者高于后者，说明企业当期的利润表有"水分"。财务分析人员应采取措施消除"资产泡沫""注水利润"，以保证财务报表数据的真正可信。

13. 答：应着重从以下 4 个方面甄别企业是否以不等价交换的方式与关联企业发生交易，从而达到财务报表粉饰之目的。

（1）关注某些特殊年度关联交易量是否正常。这是判断财务报表粉饰的重要线索。

（2）关注关联交易价格是否公平。这是认定财务报表粉饰的重要标准。

（3）关注关联企业之间债权债务及债务担保等对公司财务状况的影响。

（4）将上市公司的财务报表与其母公司编制的合并财务报表进行对比分析。

财务分析篇

财务能力分析 | 第9章

知识点回顾

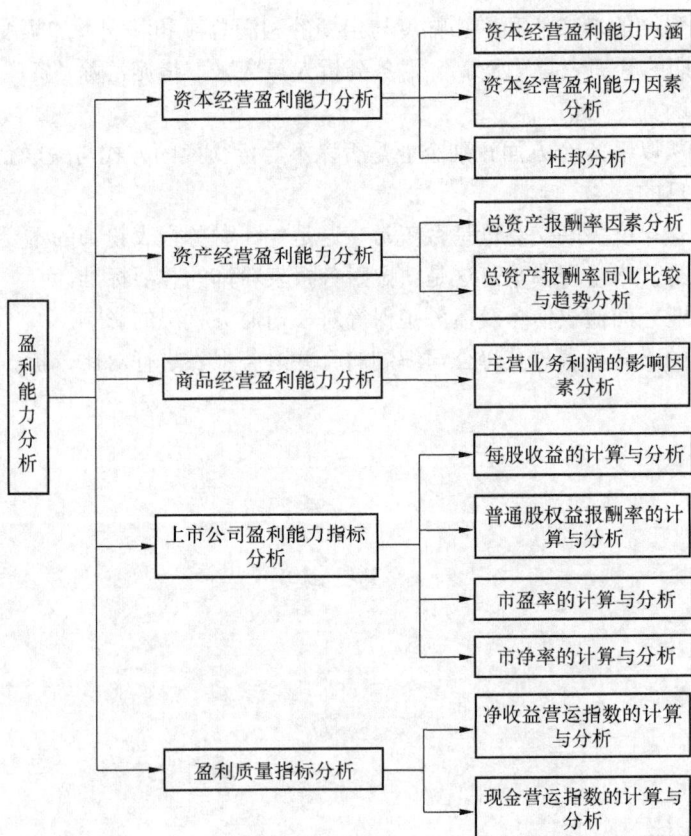

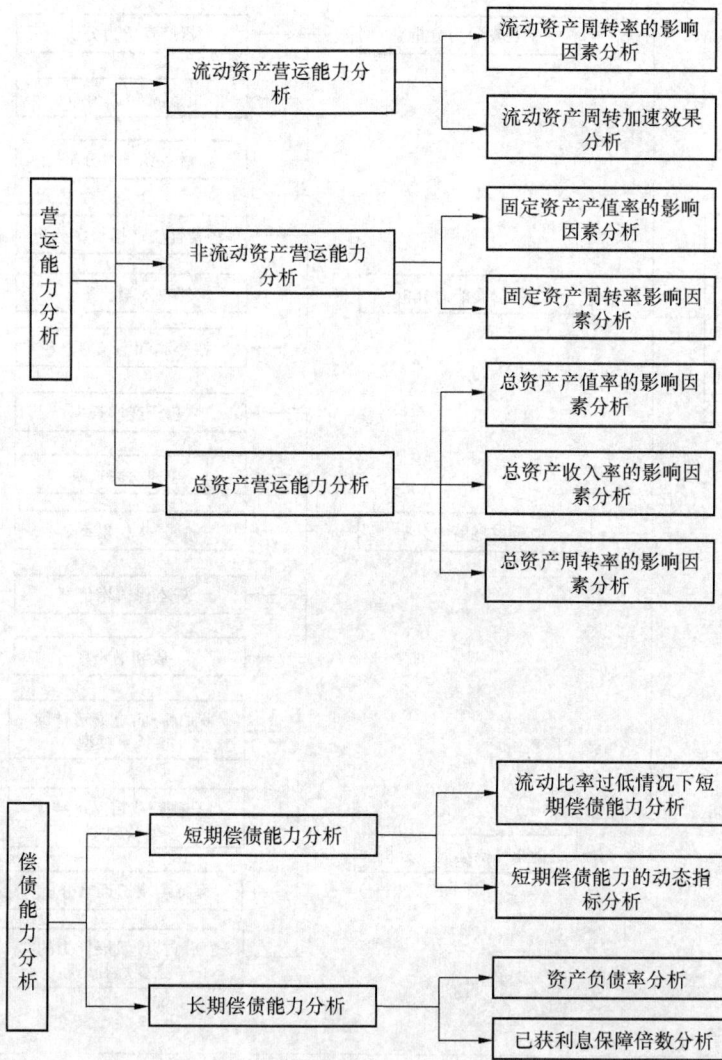

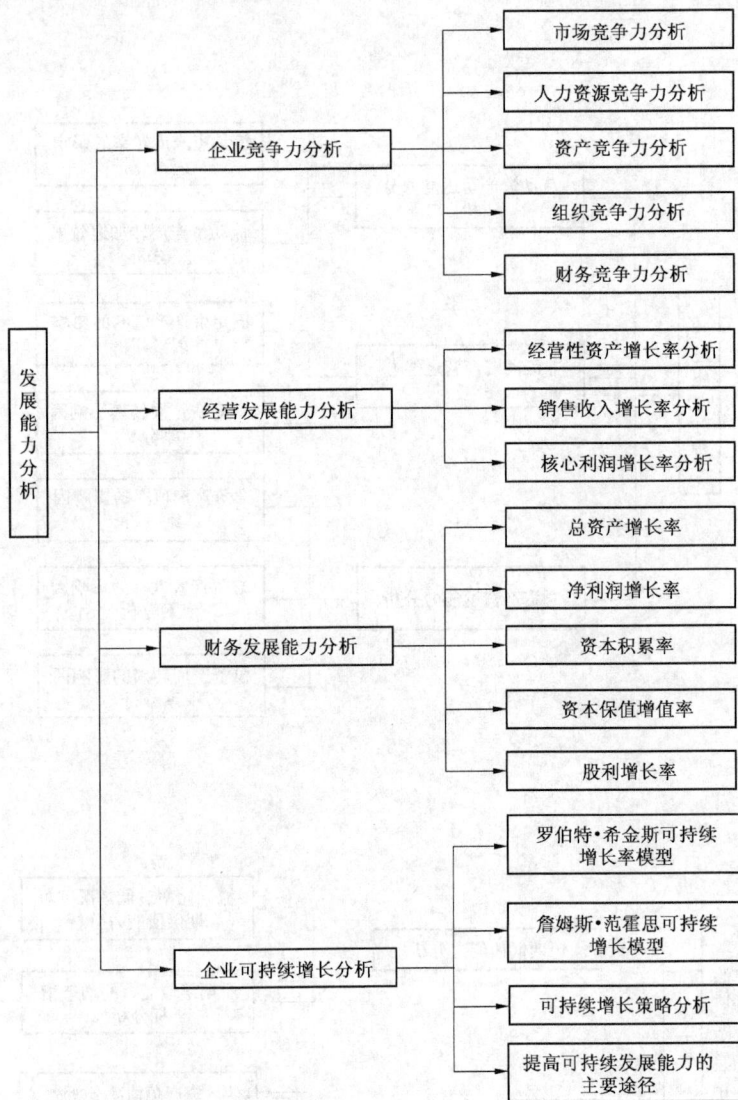

发展能力分析

- 企业竞争力分析
  - 市场竞争力分析
  - 人力资源竞争力分析
  - 资产竞争力分析
  - 组织竞争力分析
  - 财务竞争力分析
- 经营发展能力分析
  - 经营性资产增长率分析
  - 销售收入增长率分析
  - 核心利润增长率分析
- 财务发展能力分析
  - 总资产增长率
  - 净利润增长率
  - 资本积累率
  - 资本保值增值率
  - 股利增长率
- 企业可持续增长分析
  - 罗伯特·希金斯可持续增长率模型
  - 詹姆斯·范霍恩可持续增长模型
  - 可持续增长策略分析
  - 提高可持续发展能力的主要途径

练习题

一、单项选择题

1. 下列选项中，权益乘数表述不正确的是（　　）。

    A．权益乘数=1+产权比率   B．权益乘数=1÷(1−资产负债率)

    C．权益乘数=资产÷所有者权益   D．权益乘数=所有者权益÷资产

2. A 公司 2019 年销售净利率比 2018 年下降 5%，总资产周转率提高 10%。假定其他条件与 2018 年相同，那么 A 公司 2019 年净资产收益率比 2018 年提高（　　）。

    A．4.5%   B．5.5%   C．10%   D．10.5%

3. B 公司今年与上年相比，销售收入增长 10%，净利润增长 8%，资产总额增加 12%，负债总额增加 9%。可以判断，与上年相比，该公司今年的净资产收益率是（　　）了。

    A．上升   B．下降   C．不变

    D．不一定，取决于所有者权益和净利润的增长幅度

4．C 公司上年净利润为 250 万元，流通在外的普通股的加权平均股数为 100 万股，优先股为 50 万股，优先股每股股息为每股 1 元。如果上年年末普通股的每股市价为 30 元，则 C 公司的市盈率为（　　）。

    A．12　　　　　　　　B．15　　　　　　　　C．18　　　　　　　　D．22.5

5．2019 年某企业营业收入为 450 万元，流动资产周转率为 1.5。2018 年该企业营业收入为 330 万元，流动资产周转率为 1.2。在保持营业收入规模不变的情况下，2019 年该企业由于流动资产周转率上升而减少的流动资产金额为（　　）万元。

    A．65　　　　　　　　B．75　　　　　　　　C．85　　　　　　　　D．95

6．若流动比率大于 1，则下列关系式中成立的是（　　）。

    A．营运资本＞0　　　　　　　　　　　　B．速动比率＞1

    C．资产负债率＜1　　　　　　　　　　　D．资产负债率＞1

7．在计算利息保障倍数时，利息费用是指（　　）。

    A．财务费用的利息费用和计入资产负债表的资本化利息

    B．财务费用的利息费用和资本化利息的本期费用化部分

    C．资本化利息

    D．财务费用的利息

8．下列各项中，可能导致企业资产负债率变化的经济业务是（　　）。

    A．收回应收账款　　　　　　　　　　　B．用现金购买债券

    C．接受所有者投资转入的固定资产　　　D．以固定资产对外投资（按账面价值作价）

9．下列指标中，不能用来反映企业偿债能力的是（　　）。

    A．现金流量比率　　B．利息保障倍数　　C．资产净利率　　　　D．资产负债率

10．下列选项中，不属于可持续增长率假设条件的是（　　）。

    A．销售净利率不变　　　　　　　　　　B．应收账款周转率不变

    C．留存收益率不变　　　　　　　　　　D．资产负债率不变

11．某企业 2018 年营业收入为 36 000 万元，流动资产平均余额为 4 000 万元，非流动资产平均余额为 8 000 万元。假定没有其他资产，则该企业 2018 年的总资产周转率为（　　）次。

    A．3　　　　　　　　　B．3.4　　　　　　　　C．4.5　　　　　　　　D．6

12．下列各项中，不会影响流动比率的业务是（　　）。

    A．用存货进行对外长期投资　　　　　　B．用现金购买固定资产

    C．用现金购买短期债券　　　　　　　　D．从银行取得长期借款

13．已知某企业的资产负债率为 50%，则该企业的产权比率为（　　）。

    A．50%　　　　　　　B．100%　　　　　　　C．200%　　　　　　　D．不能确定

14．D 公司 2019 年年初发行在外的普通股股数为 10 000 万股，2019 年 4 月 1 日向全体股东每 10 股送红股 2 股，工商注册登记变更已完成。D 公司于 2019 年 12 月 1 日新发行普通股 4 500 万股。假设 D 公司 2019 年实现净利润 5 000 万元，则基本每股收益为（　　）。

    A．0.3　　　　　　　　B．0.42　　　　　　　C．0.48　　　　　　　D．0.42

15．下列各项指标中，能够综合反映投资者对股票投资收益和投资风险预期的是（　　）。

    A．每股收益　　　　　　　　　　　　　B．市盈率

    C．营业净利率　　　　　　　　　　　　D．每股净资产

16．某公司 2019 年与上年度相比，营业收入增长 10.9%，净利润增长 8.8%，平均资产总额增

长 12.6%，平均负债总额增加 10.5%。该公司 2019 年的净资产收益率与上一年相比（   ）。

    A．不变   B．下降   C．上升   D．不确定

17．当流动资产占用量不变时，流动资产周转加快会形成流动资金的（   ）。

    A．绝对浪费额   B．相对浪费额   C．绝对节约额   D．相对节约额

18．应收账款周转率的下降可能是由于（   ）。

    A．放宽了信用政策

    B．加快了收账速度

    C．赊销收入增长的速度快于应收账款的周转速度

    D．收回了以前期间大量的应收账款

19．提高固定资产产值率的关键在于（   ）。

    A．提高销售率   B．增加生产设备

    C．增加生产用固定资产   D．提高生产设备产值率

20．企业年初流动比率为 2.2，速动比率为 1；年末流动比率为 2.4，速动比率为 0.9。发生这种情况的原因可能是（   ）。

    A．存货增加   B．应收账款增加   C．应付账款增加   D．预收账款增加

二、多项选择题

1．杜邦分析法是利用各种财务比率之间的内在联系构建的一个综合指标体系，是对企业财务状况和经济效益进行综合分析与评价的一种系统分析方法。虽然杜邦分析体系在实践中广泛运用，但仍存在一定的缺陷，主要体现在（   ）。

    A．财务分析指标的内在不配比   B．长期性的特点

    C．忽视现金流信息   D．时效性的特点

    E．短期性的特点

2．市盈率指标的计算需涉及的参数有（   ）。

    A．净利润   B．普通股股利   C．每股市价

    D．优先股股利   E．每股净资产

3．假设其他因素不变，影响固定资产产值率的因素有（   ）。

    A．生产设备产值率   B．流动资产占总资产比重

    C．生产设备占生产用固定资产的比重   D．固定资产占总资产比重

    E．存货周转率

4．在其他条件不变的情况下，会引起总资产周转率指标上升的经济业务有（   ）。

    A．用现金偿还负债   B．借入一笔短期借款

    C．用银行存款购入一台设备   D．用银行存款支付本期电话费

    E．接受实物投资

5．反映企业总资产营运能力的指标有（   ）。

    A．总资产产值率   B．总资产报酬率   C．总资产收入率

    D．总资产周转率   E．总资产增长率

6．下列各项中，反映企业短期偿债能力的指标是（   ）。

    A．流动比率   B．资产负债率   C．现金比率

    D．利息保障倍数   E．速动比率

7. 假设其他因素不变，下列变动中有助于提高总资产报酬率的有（　　）。

  A．提高流动资产周转率　　　　　B．提高成本收入率

  C．提高非流动资产占总资产比重　　D．增加息税前利润

  E．提高流动资产垫支周转率

8. 一个企业竞争能力的最直接的外部表现和最直接的评价方式就是该企业的市场竞争力，那么市场竞争力的分析主要包括（　　）。

  A．市场占有率分析　　　　　B．市场资产质量分析

  C．市场覆盖率分析　　　　　D．市场开拓能力分析

  E．市场资产规模分析

9. 企业发展能力分析的目的在于平衡和评价企业的发展潜力，为企业调整战略目标提供信息，并为投资人和债权人投资决策提供信息。企业发展能力应当是（　　）的综合表现。

  A．企业竞争能力　　B．经营发展能力　　C．财务发展能力

  D．资产营运能力　　E．可持续增长率

10. 企业若想提高财务的增长率，增加股东财富，需要解决超过可持续增长所带来的财务问题，具体可以采取的措施包括（　　）。

  A．提高销售净利率　　　　　B．提高资产周转率

  C．提高股利支付率　　　　　D．提高负债比率

  E．提高利润留存率

11. 反映流动资产周转速度的指标有（　　）。

  A．应收账款周转期　　　　　B．生产设备产值率

  C．总资产产值率　　　　　D．存货周转率

  E．流动资产垫支周转率

12. 计算速动资产时，把存货从流动资产中扣除的原因有（　　）。

  A．存货的变现速度慢　　　　　B．存货的周转速度慢

  C．存货的成本与市价不一致　　D．部分存货可能已经报废

  E．部分存货可能已被抵押

13. 下列各项财务指标中，可以反映企业长期偿债能力的有（　　）。

  A．资产负债率　　B．产权比率　　C．利息保障倍数

  D．流动比率　　E．速动比率

三、判断题

1. 财务指标分析就是财务比率分析。（　　）

2. 净资产收益率是反映盈利能力的核心指标。（　　）

3. 对企业盈利能力的分析主要指对利润额的分析。（　　）

4. 企业现金比率越高，说明企业的短期偿债能力越强，盈利能力越好。（　　）

5. 在其他条件不变时，流动资产比重越高，总资产周转速度越快。（　　）

6. 资产周转次数越多，周转天数越多，表明资产周转速度越快。（　　）

7. 对任何企业而言，速动比率应该大于1才是正常的。（　　）

8. 从稳健角度出发，现金比率用于衡量企业偿债能力最为保险。（　　）

9. 企业资产增长率越高，则说明企业的资产规模增长势头一定越好。（　　）

10. 仅靠某一项发展能力指标，无法得出企业整体发展能力情况的结论。（　　）

11. 一般来说，营运资金越多的企业，流动比率越大。 （　　）

12. 市盈率用来估计股票的投资风险和收益水平，反映投资者为获取 1 元净利润所愿意支付的价格。 （　　）

13. 资产负债率越高，权益乘数越低，财务风险越大。 （　　）

14. 在财务分析中，企业经营者应对企业财务状况进行全面的综合分析，并关注企业财务风险和经营风险。 （　　）

15. 存货周转率不仅用于评价企业的营运能力，也与企业的短期偿债能力及盈利能力相关。 （　　）

四、名词解释题

1. 杜邦分析法

2. 基本每股收益

3. 市盈率

4. 营运能力

5. 营运资本

6. 近期支付能力系数

7. 已获利息保障倍数

8. 可持续增长率

9. 企业竞争力分析

10. 流动资产绝对节约额

11. 固定资产周转率

12. 资本积累率

五、简答题

1. 简述杜邦财务分析体系中主要指标之间的关系。

2. 简述每股收益对投资者的意义。

3. 流动资产节约额可分为绝对节约额和相对节约额两种形式，简述计算流动资产节约额的 3 种情况。

4. 简述影响总资产周转率的主要因素。

5. 试从企业各个利益关系人的角度评价资产负债率。

6. 简述提高可持续发展能力的主要途径。

7. 简述杜邦分析法的缺陷。

8. 简述运用市盈率指标时应注意的问题。

9. 简述如何根据现金营运指数判断企业盈利质量。

10. 简述影响企业短期偿债能力的内部因素和外部因素。

11. 简述企业可持续增长分析的 4 种策略。

12. 简述影响生产用固定资产产值率的因素。

六、计算分析题

1. 从 A 公司 20×9 年的财务报表中可以获得以下信息：20×9 年资产总额期初值、期末值分别为 2 400 万元、2 560 万元，负债总额期初值、期末值分别为 980 万元、1 280 万元；20×9 年度实现销售收入 10 000 万元，净利润为 600 万元。

要求：分别计算销售净利率、资产周转率、年末总资产负债率、年末产权比率。

2．A 公司 20×9 年营业收入为 1 500 万元，营业净利率为 20%。假定该企业流动资产仅包括速动资产与存货，非经营收益为 60 万元，非付现费用为 150 万元，经营活动现金净流量为 350 万元。A 公司所有者权益年初、年末余额分别为 715 万元和 720 万元。该公司适用的所得税税率为 25%。

要求：计算 A 公司的净收益营运指数、现金营运指数、净资产收益率、资本保值增值率。

3．B 公司的相关资料如下：20×9 年度营业收入为 18 000 万元，营业成本为 10 000 万元，净利润为 2 250 万元。B 公司 20×9 年年末资产总额为 60 000 万元，所有者权益总额为 25 000 万元，全年发行在外的普通股加权平均数为 10 000 万股，年末每股市价为 2.25 元。（计算中需要使用期初与期末平均数的，以期末数替代）要求：

（1）计算 B 公司 20×9 年年末的权益乘数；

（2）计算 B 公司的营业净利率；

（3）计算 B 公司的总资产净利率；

（4）计算 B 公司的总资产周转率；

（5）计算 B 公司的市盈率。

4．E 企业 20×8 年营业收入净额为 4 200 万元，流动资产平均余额为 1 000 万元，固定资产平均余额为 680 万元，全部资产由流动资产和固定资产两部分组成；20×9 年营业收入净额为 4 800 万元，流动资产平均余额为 1 250 万元，固定资产平均余额为 750 万元。

（1）计算 E 企业 20×8 年与 20×9 年的总资产周转率（次）、流动资产周转率（次）和资产结构（流动资产占总资产的百分比）；

（2）运用差额分析法计算 E 企业流动资产周转率与资产结构变动对其全部资产周转率的影响。

5．C 公司是一家创业板上市公司，20×9 年度营业收入为 20 000 万元，营业成本为 15 000 万元，财务费用为 600 万元（全部为利息支出），利润总额为 2 000 万元，净利润为 1 500 万元，非经营净收益为 300 万元。此外，资本化的利息支出为 400 万元。C 公司存货年初余额为 1 000 万元，年末余额为 2 000 万元，公司全年发行在外的普通股加权平均数为 10 000 万股，年末每股市价为 4.5 元。要求：

（1）计算营业净利率；

（2）计算利息保障倍数；

（3）计算净收益营运指数；

（4）计算存货周转率；

（5）计算市盈率。

6．某公司 20×8 年及 20×9 年的相关资料如下：20×9 年，工业总产值为 268 954 万元；营业收入为 275 368 万元，固定资产原值 94 370 万元，其中，生产用固定资产原值为 66 059 万元，生产设备原值为 39 635 万元；20×8 年，固定资产原值为 86 450 万元，其中，生产用固定资产原值为 58 786 万元，生产设备原值为 32 332 万元。要求：

（1）计算固定资产产值率指标；

（2）计算生产设备产值率指标；

（3）计算生产用固定资产产值率指标；

（4）计算固定资产收入率指标。

7．（1）某企业基期流动资产平均余额为 3 650 万元，产品销售收入为 14 600 万元，报告期产品销售收入增加到 16 425 万元，流动资产平均余额不变。试计算报告期流动资产相对节约额。

（2）某企业基期流动资产平均余额为 4 630 万元，产品销售收入为 13 890 万元，报告期产品销售收入不变，流动资产周转率为 3.4 次。试计算报告期流动资产绝对节约额。

（3）某企业基期流动资产平均余额为 2 438 万元，产品销售收入为 6 095 万元，报告期流动资产平均余额为 2 360 万元，产品销售收入为 7 316 万元。试计算报告期流动资产节约额。

（4）根据（3）的资料，计算流动资产周转加快对收入的影响。

8. 根据 F 公司 20×8 年和 20×9 年两个年度的资产负债表、利润表及其附表资料以及会计报表附注，给出表 9-1 所示的分析数据。

表 9-1　　　　　　　　　　　数据资料表

项目	20×8 年	20×9 年
平均总资产（百万元）	40 073	49 175
平均净资产（百万元）	14 510	16 309
利息支出（百万元）	522	491
利润总额（百万元）	2 109	3 247
所得税税率（%）	33	25

要求：用连环替代法计算各因素的变动对资本经营能力的影响程度。

9. A 公司 20×8 年和 20×9 年会计报表的部分资料如表 9-2 和表 9-3 所示。

表 9-2　　　　　　　　　　　利润表　　　　　　　　　　　单位：万元

项目	20×8 年	20×9 年
营业收入	590	600
营业成本	340	375
营业毛利	250	225
销售费用	133	141.5
财务费用	—	4
税前利润	117	79.5
所得税	46.8	31.8
税后利润	70.2	47.7

表 9-3　　　　　　　A 公司 20×9 年 12 月 31 日资产负债表　　　　　　单位：万元

资产	期初	期末	负债及所有者权益	期初	期末
流动资产：			流动负债：		
货币资金	16	2	短期借款		13
应收账款	51	78	应付账款	30	38
存货	74	118	其他应付款	44	44
			应交税费	40	24
流动资产合计	141	198	流动负债合计	114	119
固定资产	315	343.5	长期借款		25
			实收资本	250	250
			留存收益	128	147.5
资产合计	492	541.5	负债及所有者权益合计	492	541.5

要求：利用以上数据，分别计算 A 公司 20×8 年、20×9 年的总资产净利率、销售净利率、营业收入毛利率、资产负债率、流动比率、速动比率、应收账款周转率和存货周转率。

10. 已知 E 公司 20×8 年和 20×9 年的相关数据如表 9-4 所示。

表 9-4 相关数据 单位：万元

项目	20×8 年	20×9 年	项目	20×8 年	20×9 年
营业收入	280	350	资产总额	128	198
营业成本	108	120	其中：固定资产	59	78
管理费用	87	108	现金	21	39
财务费用	34	55	应收账款	8	14
销售费用	11	15	存货	40	67
营业利润	40	52	负债总额	55	88
净利润	30	41			

要求：运用杜邦分析体系计算 E 公司 20×8 年和 20×9 年的净资产收益率，并对净资产收益率的增减变动原因进行分析。（注：有关资产的平均余额均已替代）

11. G 公司主营业务利润明细如表 9-5 所示。

表 9-5 G 公司主营业务利润明细表 金额单位：千元

名称	销售量（件）		单位产品销售价格		单位产品成本		单位主营业务利润		主营业务利润	
	上年	本年	上年	本年	上年	本年	上年	本年	上年	本年
甲	700	750	100	100	85	79	15	21	10 500	15 750
乙	500	450	121	124	104	102	17	22	8 500	9 900
丙	200	250	200	200	149	153	51	47	10 200	11 750
合计									29 200	37 400

要求：请分析相关因素变动对主营业务利润的影响。

七、案例分析题

1. A 公司是上市公司，在我国多省都设立了子公司，经过多年的发展，现已成为集数码、生活家电等产业研发、生产、销售、服务为一体的多元化、综合性企业集团，并逐步成为在全球具有竞争力和影响力的数码、家电综合产品与服务供应商。摘取 A 公司近 3 年财务报告的部分数据，对 A 公司的财务状况和经营成果进行分析，资料如下。

材料一：A 公司 20×7 年~20×9 年财务状况及经营成果分别如表 9-6 和表 9-7 所示。

表 9-6 A 公司 20×7 年~20×9 年财务状况 单位：万元

项目	20×7	20×8	20×9
资产	1 430	1 560	1 695
流动资产	630	760	895
负债	830	910	1 045
流动负债	530	610	745
权益	600	650	650

表 9-7 A 公司 20×7 年~20×9 年经营成果 单位：万元

项目	20×7	20×8	20×9
营业收入	4 000	4 300	3 800
营业成本	3 200	3 600	3 300
息税前利润	650	445	228
利息费用	250	178	95

项目	20×7	20×8	20×9
所得税	100	67	33
净利润	300	200	100

假设该公司没有营业外收支和投资收益，且所得税率不变。

材料二：A 公司 20×7 年～20×9 年相关财务比率如表 9-8 所示。

表 9-8　　　　　　　　A 公司 20×7 年～20×9 年相关财务比率

项目	20×7	20×8	20×9
平均收现期（天）	18	22	27
存货周转率	8	7.5	5.5

材料三：该公司所在行业相关指标平均值：资产负债率为 40%，已获利息保障倍数为 3 倍；

材料四：为增加公司流动性，董事陈某建议发行公司债券筹资 10 000 万元；董事王某建议改变之前的现金股利政策，以后不再发放现金股利。

要求：

（1）计算该公司 20×9 年流动比率、资产负债率、已获利息保障倍数、总资产净利率。

（2）计算该公司 20×9 年权益乘数、销售净利率、总资产周转率、净资产收益率并验证杜邦分析体系。（注：为了简化计算，年度平均总资产由期末总资产替代）

（3）根据杜邦分析法来说明该公司运用资产获利能力的变化及其原因。

（4）结合该公司目前的偿债能力状况，分析董事陈某提出的建议是否合理并说明理由。

（5）假如你是该公司的财务经理，你将从哪些方面改善该公司的财务状况和经营业绩？

2. 资料一：某上市公司 20×9 年度的净利润为 5 016 万元，其中，应付优先股股东的股利为 176 万元。该公司 20×8 年年末的股本为 9 000 万股。20×9 年 2 月 12 日，经公司 20×8 年度股东大会决议，该公司以截至 20×8 年年末公司总股本为基础，向全体股东每 10 股送红股 5 股，工商注册登记变更完成后公司总股本变为 13 500 万股。20×9 年 6 月 1 日，该公司经批准回购本公司股票 2 400 万股。该上市公司 20×9 年年末股东权益总额为 24 400 万元，其中，优先股股东权益为 2 200 万元，每股市价为 7.2 元。

资料二：该上市公司 20×9 年 10 月 1 日按面值发行年利率 2% 的可转换公司债券，面值 10 000 万元，期限 6 年，利息每年年末支付一次，发行结束一年后可以转换股票，转换价格为每股 8 元。债券利息全部费用化，适用的所得税税率为 25%。假设不考虑可转换公司债券在负债成分和权益成分之间的分拆，且债券票面利率等于实际利率。

要求：

（1）计算该上市公司 20×9 年的基本每股收益和每股净资产；

（2）计算该上市公司 20×9 年年末的市盈率和市净率；

（3）假设可转换公司债券全部转股，计算该上市公司 20×9 年增加的净利润和增加的年加权平均普通股股数；

（4）假设可转换公司债券全部转股，计算增量股的每股收益，并分析可转换公司债券是否具有稀释作用；

（5）如果该可转换公司债券具有稀释作用，计算稀释每股收益。

3. B 公司是一家上市公司，为了综合分析上年度的经营业绩，公司董事会召开专门会议进行讨论。公司相关资料如下。

资料一：B 公司资产负债表简表如表 9-9 所示。

表 9-9 　　　　　　　　　　　　　　B 公司 20×9 年资产负债表简表 　　　　　　　　　　　单位：万元

资产	年末金额	负债和股东权益	年末金额
货币资金	4 000	流动负债合计	20 000
应收账款	12 000	非流动负债合计	40 000
存货	14 000	负债合计	60 000
流动资产合计	30 000	股东权益合计	40 000
非流动资产合计	70 000		
资产合计	100 000	负债和股东权益总计	100 000

资料二：B 公司及行业标杆企业部分财务指标如表 9-10 所示（财务指标的计算如需年初、年末平均数时使用年末数代替）。

表 9-10 　　　　　　　　　　　B 公司及行业标杆企业部分财务指标（2018 年）

项目	B 公司	行业标杆企业
流动比率	（A）	2
速动比率	（B）	1
资产负债率	（C）	50%
营业净利率	（D）	（I）
总资产周转率（次）	（E）	1.3
总资产净利率	（F）	13%
权益乘数	（G）	（J）
权益净利率	（H）	（K）

资料三：B 公司 20×9 年营业收入为 50 000 万元，净利润为 9 480 万元。

要求：（1）确定表 9-10 中英文字母代表的数值（不需要列示计算过程）。

（2）指出 B 公司与标杆企业在经营战略和财务政策上的差别。

（3）计算 B 公司 20×9 年权益净利率与行业标杆企业的差异，并使用因素分析法依次测算营业净利率、总资产周转率和权益乘数变动对权益净利率差异的影响。

4．A 公司是一个材料供应商，拟与 B 公司建立长期合作关系。为了确定对 B 公司采用何种信用政策，A 公司需要分析 B 公司的偿债能力和营运能力。为此，A 公司收集了 B 公司 20×9 年度的财务报表，如表 9-11 和表 9-12 所示。

表 9-11 　　　　　　　　　　　　　　　　资产负债表项目 　　　　　　　　　　　　　　　单位：万元

项目	年末金额	年初金额
流动资产合计	4 600	4 330
其中：货币资金	100	100
交易性金融资产	500	460
应收账款	2 850	2 660
预付账款	150	130
存货	1 000	980
流动负债合计	2 350	2 250

表9-12　　　　　　　　　　　　　　　　利润表项目　　　　　　　　　　　　　　　单位：万元

项目	本年金额	上年金额（略）
营业收入	14 500	
财务费用	500	
资产减值损失	10	
所得税费用	32.5	
净利润	97.5	

另外，A公司还获得了如下信息。

（1）B公司的生产经营存在季节性，每年3月至10月是经营旺季，11月至次年2月是经营淡季。

（2）B公司按照应收账款余额的5%计提坏账准备，20×9年年初坏账准备余额为140万元，20×9年年末坏账准备余额为150万元。最近几年B公司的应收账款回收情况不好，截至20×9年年末账龄3年以上的应收账款已经达到应收账款余额的10%。为了控制应收账款的增长，B公司在20×9年收紧了信用政策，减少了赊销客户的比例。

（3）B公司20×9年资本化利息支出100万元，计入在建工程。

（4）计算财务比率时，涉及的资产负债表数据均使用其年初和年末的平均数。

要求：

（1）计算B公司20×9年度的速动比率；评价B公司的短期偿债能力时，需要考虑哪些因素？具体分析这些因素对乙公司短期偿债能力的影响。

（2）计算B公司20×9年度的利息保障倍数；分析评价B公司的长期偿债能力。

（3）计算B公司20×9年度的应收账款周转次数；评价B公司的应收账款变现速度时，需要考虑哪些因素？具体分析这些因素对应收账款变现速度的影响。

5．材料一：A公司是一家日用品公司，部分财务数据如表9-13所示。

表9-13　　　　　　　　　　　　　　　A公司部分财务数据　　　　　　　　　　　　　单位：万元

项目	上年	本年
营业收入		31 420
营业成本		21 994
流动资产合计	13 250	13 846
其中：存货	6 312	6 148
应收账款	3 548	3 216

材料二：B公司20×8年和20×9年有关资料如表9-14所示。

表9-14　　　　　　　　　　　　B公司20×8年和20×9年有关资料　　　　　　　　　单位：万元

项目	20×8年	20×9年
销售收入	280	350
其中：赊销收入	76	80
全部成本	235	288
其中：销售成本	108	120
管理费用	87	98
财务费用	29	55
销售费用	11	15
利润总额	45	62

续表

项目	20×8 年	20×9 年
所得税	15	21
税后净利润	30	41
资产总额	128	198
其中：固定资产	59	78
现金	21	39
应收账款（平均）	8	14
存货	40	67
负债总额	55	88

材料三：C 公司 20×6 年～20×9 年的有关资料如表 9-15 所示。

表 9-15　　　　　　　　C 公司 20×6 年～20×9 年的有关资料　　　　　　　　单位：万元

项目	20×6	20×7	20×8	20×9
资产总额	1 369	1 649	2 207	3 103
股东权益	797	988	1 343	1 915
营业收入	4 576	6 194	8 671	12 413
营业利润	674	550	873	1 293
净利润	398	550	873	1 293

要求：

（1）根据材料一计算 A 公司的流动资产周转率、存货周转率以及应收账款周转率。

（2）根据材料二，运用杜邦分析法对该企业的净资产收益率以及增减变动原因进行分析。

（3）根据材料三，计算 C 公司的销售增长率，并分析其发展能力。

6．C 公司为一家上市公司，为了适应外部环境变化，拟对当前的财务政策进行评估和调整，董事会召开了专门会议，要求财务部对公司财务状况和经营成果进行分析，相关资料如下。

资料一：公司有关的财务资料如表 9-16 和表 9-17 所示。

表 9-16　　　　　　　　财务状况有关资料　　　　　　　　单位：万元

项目	20×8	20×9
股本（每股面值 1 元）	6 000	11 800
资本公积	6 000	8 200
留存收益	38 000	40 000
股东权益合计	50 000	60 000
负债合计	90 000	90 000
负债和股东权益合计	140 000	150 000

表 9-17　　　　　　　　经营成果有关资料　　　　　　　　单位：万元

项目	20×7	20×8	20×9
营业收入	120 000	94 000	112 000
息税前利润	*	7 200	9 000
利息费用	*	3 600	3 600
税前利润	*	3 600	5 400
所得税	*	900	1 350

项目	20×7	20×8	20×9
净利润	6 000	2 700	4 050
现金股利	1 200	1 200	1 200

说明："*"表示省略的数据。

资料二：该公司所处行业中，平均资产负债率为 40%，平均利息保障倍数（已获利息倍数）为 3 倍。

资料三：20×9 年 2 月 21 日，公司根据 20×8 年度股东大会决议，除分配现金股利外，还实施了股票股利分配方案，以 20×8 年年末总股本为基础，每 10 股送 3 股，工商注册登记变更后公司总股本为 7 800 万股，公司 20×9 年 7 月 1 日发行新股 4 000 万股。

资料四：为增加公司流动性，董事陈某建议发行公司债券筹资 10 000 万元；董事王某建议，改变之前的现金股利政策，不再发放现金股利。

要求：

（1）计算 C 公司 20×9 年的资产负债率、权益乘数、利息保障倍数、总资产周转率和基本每股收益。

（2）计算 C 公司在 20×8 年年末息税前利润为 7 200 万元时的财务杠杆系数。

（3）结合 C 公司目前偿债能力状况，分析董事陈某提出的建议是否合理并说明理由。

（4）C 公司 20×7 年、20×8 年、20×9 年执行的是哪一种现金股利政策？如果采纳董事王某的建议，即停发现金股利，对公司股价可能会产生什么影响？

练习题答案

一、单项选择题

1	2	3	4	5	6	7	8	9	10
D	A	B	B	B	A	A	C	C	B
11	12	13	14	15	16	17	18	19	20
A	C	B	D	B	B	D	A	D	A

二、多项选择题

1	2	3	4	5	6	7	8	9	10
ACDE	ACD	AC	AD	ACD	ACE	ABDE	ACD	ABCE	ABDE
11	12	13							
ADE	ACDE	ABC							

三、判断题

1	2	3	4	5	6	7	8	9	10
×	√	×	×	√	×	×	√	×	√
11	12	13	14	15					
×	√	×	√	√					

1. 改正：这句话改为"财务指标分析包括财务比率分析和其他非比率指标的分析，如比较法下与利润额和资产占用相关的分析都属于财务指标分析"。

3. 改正：这句话改为"对企业盈利能力的分析主要指对利润率的分析"。

4. 改正：这句话改为"现金比率能反映企业直接偿付流动负债的能力，现金比率越高说明企业的短期偿债能力越强，但现金比率过高则意味着企业过多资源占用在盈利能力较低的现金资产上从而影响了企业的盈利能力"。

6. 改正：这句话改为"资产周转次数越多，则周转天数越少，表明资产周转速度越快"。

7. 改正：这句话改为"对任何企业而言，速动比率标准不一定都大于1"。

9. 改正：这句话改为"只有在一个企业的销售增长、利润增长超过资产规模增长的情况下，这种资产规模的增长才是有效益的"。

11. 改正：这句话改为"营运资金=流动资产−流动负债，流动比率=流动资产÷流动负债，营运资金越多，只能说明流动资产和流动负债的差额越大，不能说明二者比值越大"。

13. 改正：这句话改为"权益乘数=1÷（1−资产负债率），资产负债率越高，则权益乘数越高"。

四、名词解释题

1. 杜邦分析法，是利用各种财务比率指标之间的内在联系构建的一个综合指标体系，是对企业财务状况和经济效益进行综合分析与评价的一种系统分析方法。它是由美国杜邦公司在 20 世纪 20 年代率先采用的一种财务分析方法，故称杜邦分析法或杜邦财务分析体系。它是一个以净资产收益率为核心指标，以资产净利率为主体，能够综合反映企业盈利能力、偿债能力和营运能力的较完整的财务指标分析体系。

2. 基本每股收益，是按照归属于普通股股东的当期净利润与当期实际发行在外的普通股加权平均数之间的比率，仅仅考虑当期实际发行在外的普通股股份。

3. 市盈率，也称为价格与收益比例，是普通股每股股价相当于每股收益的倍数。它可用来判断企业股票与其他企业股票相比潜在的价值。该指标反映投资者对每元净利润所愿意支付的价格，是用来估计股票的投资风险和收益水平的，是市场对公司的共同期望指标，是市场对该股票的评价。

4. 营运能力，是指企业基于外部市场环境的约束，通过内部生产资料和人力资源的配置组合而对实现企业目标所产生的作用。企业拥有或控制的各种生产资料表现为各项资产的占用，资产营运能力的强弱关键取决于资产的周转速度，即资产的产出额与资产占用额之间的比率。

5. 营运资本，是流动资产减去流动负债后的结果。当企业营运资本为正时，表明企业有超过流动负债的流动资产，且流动资产超过流动负债越多，企业的短期偿债能力越强。就保障偿债能力而言，企业经营者都希望营运资本为正数，且正数越大越好。当企业出现营运资本为负的情况时，表明企业流动资产不够偿还流动负债，企业短期偿债风险较大，很有可能出现财务危机。

6. 近期支付能力系数，是反映企业近期内有无足够的支付能力来偿还到期债务的指标。该指标是企业近期内能够用来支付的资金与企业近期内需要支付的各种款项之间的比值。其中，近期内能够用来支付的资金包括企业现有的货币资金、近期内能取得的营业收入和近期内确有把握收回的各种应收款项等。近期内需要支付的各种款项，包括各种到期或逾期应交款项和未付款项，如应付职工工资、应付货款、各项税金和银行借款等。

7. 已获利息保障倍数，又称利息保障倍数，是指企业生产经营所获得的息税前利润与利息费用的比率，反映企业经营收益相当于利息费用的多少倍，主要用于衡量企业用其经营收益偿付借款利息的能力。如果企业的营业收入补偿生产经营中的耗费之后的余额不足以支付利息费用，企业的再生产就会受到影响。该系数反映了企业用经营收益支付利息的能力。该比率越高，说明企业偿付利息的能力越强，债权人借贷本金的收回越有保障。

8. 可持续增长率，是衡量企业发展能力的最重要指标。美国财务学家罗伯特•希金斯认为，可持续增长率是指不增发新股并保持目前经营效率和财务政策条件下公司销售所能增长的最大比率。此处的经营效率指的是销售净利率和资产周转率。财务政策指的是股利支付率和资本结构。

9. 企业竞争力，是指在竞争性的市场中，一个企业所具有的能够比其他企业更有效地向市场提供产品和服务，并获得盈利和自身发展的综合素质。企业竞争力分析，包括市场竞争力分析、人力资源竞争力分析、资产竞争力分析、组织竞争力分析和财务竞争力分析等。

10．流动资产绝对节约额，是指企业由于流动资产周转加速，可以减少流动资产占用额，因而可能腾出一部分资金支付给企业所有者或还给债权人，即企业流动资产周转加快，而销售收入不变，所形成的节约额。

11．固定资产周转率，是指一定时期实现的产品销售收入与固定资产平均总值的比率。固定资产周转率意味着每一元的固定资产所产生的收入。

12．资本积累率，也称所有者权益增长率，是企业本期所有者权益增长额与期初所有者权益总额的比率。它反映企业当年资本的积累情况，也反映投资人投入资本的保全性和增值情况，更是企业扩大再生产的源泉，进而反映企业的发展潜力。

五、简答题

1．答：杜邦分析中各指标之间的关系有以下几点。

（1）净资产收益率是所有比率中综合性最强、最具有代表性的指标，是杜邦系统的核心。

（2）资产净利率是反映企业资产盈利能力的一项重要财务比率。

（3）权益乘数，又称业主权益乘数，反映所有者权益与总资产的关系，是所有者权益比率的倒数。

（4）销售净利率反映了企业净利润与营业收入之间的关系。销售净利率是提升企业盈利能力的关键。

（5）资产周转率是反映企业运用资产实现销售收入能力的指标。

2．答：每股收益对投资者的意义如下。

（1）每股收益可以用于比较不同企业，以评价相关企业相对的盈利能力。

（2）每股收益可以用于比较企业在不同时期的盈利能力，以了解企业盈利能力的变化趋势。

（3）每股收益可以用于盈利预测，以了解该企业的发展潜力。

3．答：计算流动资产节约额可分为以下几种情况。

（1）当企业流动资产周转加快而销售收入不变时，企业形成的节约额是绝对节约额。

（2）当企业流动资产周转加速而流动资产实际存量大于或等于基期流动资产存量时，企业形成的节约额就是相对节约额。

（3）当企业流动资产周转加快，同时销售收入增加，流动资产占用量减少时，企业形成的节约额既包括绝对节约额，又包括相对节约额。

4．答：影响总资产周转率的主要因素有以下两个。

（1）流动资产周转率。流动资产的周转速度要高于非流动资产的周转速度，加速流动资产周转，就会加快总资产周转速度。

（2）流动资产占总资产的比重。企业流动资产所占比例越大，总资产周转速度越快。

5．答：资产负债率是综合反映企业偿债能力的重要指标。不同的分析主体，对资产负债率的评价也有所不同。

（1）对于债权人而言，他们最关心的是贷给企业的款项是否能够按期足额地收回本金和利息，因此他们认为该指标越低越好。

（2）对于投资者而言，由于负债利息可以在计算所得税前扣除，因此负债高可以起到节税作用。对于投资者而言，只要债务成本率低于资产回报率，资产负债率越高越好。

（3）对于企业经理人而言，负债是一把双刃剑。经营者需要在保障资金需要和控制财务风险之间取得平衡。

6. 答：（1）增加权益资本。新增加的权益资本和利用财务杠杆增加的借款能力将为企业提供充足的发展资金。

（2）提高财务杠杆。提高财务杠杆就是扩大负债比例，增加负债额。但是我们应该记住财务杠杆的提高是有一个上限的。

（3）降低股利支付率。降低股利支付率与财务杠杆相反，股利支付率的降低有一个下限，即为零。

（4）非核心业务剥离。

（5）寻求外购。企业可以通过将一些活动交给外单位实施来增加企业的可持续增长。

（6）兼并。寻求一些有多余现金流量的企业或可提高活动效率和业务量的企业进行兼并，是一种较为有效地解决可持续增长问题的办法。

7. 答：（1）财务分析指标的内在不配比。杜邦分析法中的重要指标——资产净利率，为净利润与平均总资产的比率，其中，总资产是全部资产提供者享有的权利，包括股东、债权人等，而净利润是专门属于股东的。使用这两者的比值不能准确反映企业的基础盈利能力。销售净利率是净利润与营业收入的比值，其中，营业收入带来的是营业利润，而这仅是净利润的一部分，净利润还包括公允价值变动损益、资产减值损失等。因此，销售净利率不能够准确地反映企业的销售获利能力。

（2）忽视现金流信息。杜邦分析法主要采用了资产负债表和利润表的信息，但没有利用现金流量表的信息。因此，它不能够有效地反映企业的现金流状况。

（3）短期性和时效性的特点。由于杜邦分析法主要采用的指标是短期财务结果，有可能导致企业管理层过度关心短期行为，忽视企业的长远发展和长期价值创造。同样，由于财务指标主要反映过去，因此影响企业经营的新因素如无形资产等未被纳入分析体系。这也会导致企业忽视自身发展潜力和可持续发展。

8. 答：（1）若公司业绩不佳，每股收益可能近似零或负数，市盈率可能变得很大或为负数，此时市盈率无分析意义。

（2）该指标不能用于不同行业公司之间的比较，因为资金对不同行业的青睐程度是不同的。

（3）影响市盈率高低的因素是多方面的，我们必须结合这一指标变动的内在原因及其趋势予以综合考虑。

9. 答：现金营运指数是指经营活动现金净流量与经营活动现金毛流量的比率。如果现金营运指数大于 1，说明收益质量高；现金营运指数小于 1，说明一部分收益还没有取得现金，停留在实物或债权形态，而实物或债权资产的风险大于现金，因为应收账款是否足额变现是不确定的，存货也有贬值的风险，所以未收现的收益的质量远低于已收现的收益的质量。

10. 答：（1）内部因素主要有企业自身经营业绩、资产结构特别是流动资产结构、流动负债结构、融资能力、经营活动产生的现金流量水平、母子公司资金调拨情况和财务管理水平等。

（2）外部因素主要有宏观经济形势、证券市场的发育与完善程度、银行的信贷政策等。

11. 答：（1）如果每一年的经营效率和财务政策与上年相同，则在不增发新股的情况下，在资金方面可以永远持续发展下去，这种情况可称之为平衡增长。当然，外部条件是企业不断增加的产品能被市场接受。

（2）如果某一年的可持续增长率计算公式中的 4 个财务比率有一个或多个比率提高，则在不增发新股的情况下，实际增长率会超过上年的可持续增长率。

（3）如果某一年的计算公式中 4 个财务比率有一个或多个比率下降，则在不增发新股的情况下，实际增长率会低于上年的可持续增长率。企业对此要事先有所准备。如果企业不愿意接受这种现实，而继续勉强冲刺，则现金周转的危机很快就会来临。

（4）如果公式中 4 个财务比率已经达到企业的极限，则企业只有通过发行新股增加资金，才能提高销售增长率。

12．答：影响生产用固定资产产值率的因素如下。

（1）生产设备产值率的高低。除人的因素外，生产设备的利用效率是决定产品产量的最根本原因，只有提高设备利用率，才能创造出更多的产品，提高生产用固定资产产值率。

（2）生产设备占生产用固定资产的比重。该因素反映了固定资产的结构，生产设备的利用效率再高，如果固定资产结构不合理，生产设备所占比重低，生产用固定资产产值率也不会高。所以要想提高生产用固定资产的利用效率，就应在提高生产设备利用效率的同时，优化固定资产内部结构。

六、计算分析题

1．解：销售净利率=600÷10 000×100%=6%

资产周转率=10 000÷[(2 400+2 560)÷2]=4.03

年末资产负债率=1 280÷2 560×100%=50%

年末产权比率=1 280÷(2 560−1 280)=1

2．解：（1）净收益营运指数=经营活动净收益÷净收益=(1 500×20%−60)÷(1 500×20%)=0.8

（2）现金营运指数=经营活动现金净流量÷经营活动现金毛流量=350÷(1 500×20%−60+150)=0.9

（3）净资产收益率=1 500×20%÷[(715+720)÷2]×100%=41.81%

（4）资本保值增值率=720÷715×100%=100.7%

3．解：（1）权益乘数=总资产÷股东权益=60 000÷25 000=2.4

（2）营业净利率=净利润÷营业收入×100%=2 250÷18 000×100%=12.5%

（3）总资产净利率=2 250÷60 000×100%=3.75%

（4）总资产周转率=18 000÷60 000=0.3（次）

（5）市盈率=每股市价÷每股收益=2.25÷(2 250÷10 000)=10（倍）

4．解：（1）20×8 年流动资产周转率=营业收入÷流动资产平均余额=4 200÷1 000=4.2（次）

20×8 年总资产周转率=营业收入÷（流动资产平均余额+固定资产平均余额）

$$=4\ 200÷(1\ 000+680)=2.5（次）$$

20×8 年流动资产占总资产百分比=1 000÷1 680×100%=59.52%

20×9 年总资产周转率=4 800÷(1 250+750)=2.4（次）

20×9 年流动资产周转率=4 800÷1 250=3.84（次）

20×9 年流动资产占总资产百分比=1 250÷2 000×100%=62.5%

（2）总资产周转率总变动=2.4−2.5=−0.1（次）

20×8 年总资产周转率=流动资产周转率×流动资产占总资产百分比

$$=4.2×59.52%=2.5（次）$$

其中流动资产周转率降低对总资产周转率的影响=(3.84−4.2)×59.52%=−0.214（次）

资产结构变动对总资产周转率的影响=3.84×(62.5%−59.52%)=0.114（次）

由于流动资产比重增加导致总资产周转率提高 0.114 次，但是由于流动资产周转率的降低导致总资产周转率降低了 0.214 次，二者共同影响使总资产周转率降低 0.1 次。

5．解：（1）营业净利率=1 500÷20 000×100%=7.5%

（2）利息保障倍数=(2 000+600)÷(600+400)=2.6

（3）净收益营运指数=(1 500−300)÷1 500=0.8

（4）存货周转率=15 000÷[(1 000+2 000)÷2]=10（次）

（5）市盈率=4.5÷(1 500÷10 000)=30（倍）

6．解：（1）固定资产产值率=268 954÷[(86 450+94 370)÷2]×100%=297.48%

（2）生产设备产值率=268 954÷[(32 332+39 635)÷2]×100%=747.44%

（3）生产用固定资产产值率=268 954÷[(58 786+66 059)÷2]×100%=430.86%

（4）固定资产收入率=275 368÷[(86 450+94 370)÷2]×100%=304.58%

7．解：（1）流动资产相对节约额=16 425×[1÷(16 425÷3 650)−1÷(14 600÷3 650)]=−456.25（万元）

（2）流动资产绝对节约额=13 890×[1÷3.4−1÷(13 890÷4 630)]=−541.7（万元）

（3）流动资产节约额=7 316×[1÷(7 316÷2 360)−1÷(6 095÷2 438)]=−566.4（万元）

其中，绝对节约额=2 360−2 438=−78（万元）

相对节约额=−566.4−(−78)=−488.4（万元）

（4）营业收入增加额=2 438×(7 316÷2 360−6 095÷2 438)=1 462.8（万元）

8．解：相关因素如表 9-18 所示。

表 9-18   资本经营能力分析

项目	20×8 年	20×9 年
总资产报酬率	(2 109+522)÷40 073×100%=6.57%	(3 247+491)÷49 175×100%=7.60%
负债利率	522÷(40 073−14 510)×100%=2.04%	491÷(49 175−16 309)×100%=1.49%
净资产负债率	(40 073−14 510)÷14 510=1.761 8	(49 175−16 309)÷16 309×100%=2.015 2
净利润（百万元）	2 109×(1−33%)=1 431.03	3 247×(1−25%)=243 5.25
净资产收益率	[6.57%+(6.57%−2.04%)×1.761 8]×(1−33%)=9.75%	[7.60%+(7.60%−1.49%)×2.015 2]×(1−25%)=14.93%

分析对象（净资产收益率差异）：

$$14.93\%-9.75\%=5.18\%$$

采用连环替代法计算如下：

20×8 年：

$$[6.57\%+(6.57\%-2.04\%)×1.761\ 8]×(1-33\%)=9.75\%$$

第一次替代（总资产报酬率）：

$$[7.60\%+(7.60\%-2.04\%)×1.761\ 8]×(1-33\%)=11.66\%$$

第二次替代（负债利率）：

$$[7.60\%+(7.60\%-1.49\%)×1.761\ 8]×(1-33\%)=12.30\%$$

第三次替代（净资产负债率）：

$$[7.60\%+(7.60\%-1.49\%)×2.015\ 2]×(1-33\%)=13.34\%$$

第四次替代（所得税税率）：

$$[7.60\%+(7.60\%-1.49\%)×2.015\ 2]×(1-25\%)=14.93\%$$

20×9 年：

$$[7.60\%+(7.60\%-1.49\%)×2.015\ 2]×(1-25\%)=14.93\%$$

总资产报酬率变动的影响为：11.66%−9.75%=1.91%

负债利率变动的影响为：12.30%−11.66%=0.64%

资产结构变动的影响为：13.34%−12.30%=1.04%

税率变动的影响为：14.93%−13.34%=1.59%

9．解：计算过程如表 9-19 所示。

表 9-19　　　　　　A 公司 20×8 年和 20×9 年的相关数据计算表

财务指标	20×8 年	20×9 年
总资产净利率	70.2÷492×100%=14.27%	47.7÷541.5×100%=8.81%
销售净利率	70.2÷590×100%=11.9%	47.7÷600×100%=7.95%
营业收入毛利率	250÷590×100%=42.37%	225÷600×100%=37.5%
资产负债率	114÷492×100%=23.17%	(119+25)÷541.5×100%=26.59%
流动比率	141÷112=1.24	198÷119=1.66
速动比率	(16+51)÷114=0.59	(2+78)÷199=0.67
应收账款周转率	590÷51=11.57	600÷78=7.69
存货周转率	340÷74=4.59	375÷118=3.18

10．解：（1）E 公司相关数据计算如表 9-20 所示。

表 9-20　　　　　　　　　　E 公司相关数据计算表

财务指标	20×8 年	20×9 年
销售净利率	30÷280×100%=10.71%	41÷350×100%=11.71%
资产周转率	280÷128=2.19	350÷198=1.77
资产负债率	55÷128×100%=42.97%	88÷198×100%=44.44%
权益乘数	1÷(1−42.97%)=1.75	1÷(1−44.44%)=1.8

20×8 年净资产收益率=销售净利率×资产周转率×权益乘数=10.71%×2.19×1.75=41.05%

20×9 年净资产收益率=11.71%×1.77×1.8=37.31%

该企业 20×9 年的净资产收益率比 20×8 年降低了 3.74%。

（2）分析如下。

① 销售净利率增加了 1%，主要是因为 20×8 年的营业收入毛利率和营业费用利润率都比 20×9 年提高了。

20×8 年营业收入毛利率=营业毛利÷营业收入=(280−108)÷280×100%=61.43%

20×9 年营业收入毛利率=(350−120)÷350×100%=65.71%

20×8 年营业费用利润率=营业利润÷营业费用=40÷(108+87+34+11)×100%=16.67%

20×9 年营业费用利润率=52÷(120+108+55+15)×100%=17.45%

② 资产周转率降低了 0.42，主要是由于 20×9 年存货周转率、应收账款周转率、固定资产周转率的下降。

20×8 年存货周转率=108÷40=2.7；

20×9 年存货周转率=120÷67=1.79

20×8 年应收账款周转率=280÷8=35；

20×9 年应收账款周转率=350÷14=25

20×8 年固定资产周转率=280÷59=4.7；

20×9 年固定资产周转率=350÷78=4.49

③ 权益乘数增加了 0.05，主要是因为资产负债率有所提高，虽然带来了较多的财务杠杆利益，但也带来了一定的财务风险。

综合以上情况，虽然销售净利率和权益乘数都有所增加，但二者增加的幅度小于资产周转率下降的幅度，因此该企业 20×9 年的净资产收益率比 20×8 年有所降低。

11．解：确定分析对象：37 400−29 200=8 200（千元）

（1）销售量变动对利润的影响：

产品销售量完成率=(750×100+450×121+250×200)÷(700×100+500×121+200×200)×100%

$$=105.25\%$$

销售量变动对主营业务利润的影响=29 200×105.25%−29 200=1 533（千元）

（2）产品品种构成变动对主营业务利润的影响：

$$750×15+450×17+250×51−30\ 733=31\ 650−30\ 733=917（千元）$$

（3）销售价格变动对主营业务利润的影响：

$$450×(124−121)=1\ 350（千元）$$

（4）产品销售成本变动对主营业务利润的影响：

$$750×(85−79)+450×(104−102)+250×(149−153)=4\ 400（千元）$$

七、案例分析题

1．解：（1）流动比率=1.20，资产负债率=0.62，已获利息保障倍数=2.4。

（2）权益乘数=2.63，销售净利率=0.026，总资产周转率=2.24，净资产收益率=0.15。

验证：由公式"净资产收益率=总资产周转率×销售净利率×权益乘数"可以得出。

（3）提示思路：①该公司总资产净利率在平稳下降，说明其运用资产获利的能力在降低，其原因是资产周转率和销售净利率都在下降；②总资产周转率也在下降，原因是平均收现期延长和存货周转率下降；③销售净利率下降的原因是销售毛利率在下降。

（4）不合理。公司目前的资产负债率已经远超过行业平均资产负债率，且公司的已获利息保障倍数小于行业平均利息保障倍数 3，可见该公司偿债能力较差。如果再增发债券筹资，会进一步降低企业的偿债能力，加大企业的财务风险。

（5）提示思路：从扩大销售、降低存货、降低应收账款、降低进货成本等角度来考虑。

2．解：（1）基本每股收益=(5 016−176)÷(9 000+9 000×50%−2 400×7÷12)=0.40（元）

每股净资产=(24 400−2 200)÷(13 500−2 400)=2（元）

（2）市盈率=7.2÷0.40=18（倍）

市净率=7.2÷2=3.6（倍）

（3）假设可转换公司债券全部转股，所增加净利润=10 000×2%×3÷12×(1−25%)=37.5（万元）

假设可转换公司债券全部转股，所增加年加权平均普通股股数=10 000÷8×3÷12=312.5（万股）

（4）增量股的每股收益=37.5÷312.5=0.12（元），由于增量股的每股收益小于原基本每股收益，所以可转换公司债券具有稀释作用。

（5）稀释每股收益=(5 016−176+37.5)÷(9 000+9 000×50%−2 400×7÷12+312.5)=0.39（元）

3．解：（1）相关数据计算如表 9-21 所示。

表 9-21　　　　　　　　　B 公司及行业标杆企业部分财务指标

项目	戊公司	行业标杆企业
流动比率	（A）1.5	2
速动比率	（B）0.8	1
资产负债率	（C）60%	50%
营业净利率	（D）18.96%	（I）10%
总资产周转率（次）	（E）0.5	1.3
总资产净利率	（F）9.48%	13%
权益乘数	（G）2.5	（J）2
权益净利率	（H）23.7%	（K）26%

B 公司：

流动比率=30 000÷20 000=1.5

速动比率=(4 000+12 000)÷20 000=0.8

资产负债率=60 000÷100 000×100%=60%

营业净利率=9 480÷50 000×100%=18.96%

总资产周转率=50 000÷100 000=0.5

总资产净利率=9 480÷100 000×100%=9.48%

权益乘数=100 000÷40 000=2.5

权益净利率=9 480÷40 000=23.7%

行业标杆：

营业净利率=13%÷1.3=10%

权益乘数=1÷(1−50%)=2

净资产收益率=13%×2=26%

（2）从经营战略看，B 公司属于高盈利低周转模式，其营业净利率虽然比标杆公司高，但 B 公司的资产周转效率低，导致 B 公司的经营效率总体较低（B 的总资产净利率为 9.48%低于标杆公司的总资产净利率 13%）；从财务政策来看，B 公司权益乘数明显高于标杆公司，说明 B 公司利用了较高的财务杠杆来提高权益净利率，企业财务风险较大，表明企业经营效率较低，试图利用高杠杆提高权益净利率。

（3）B 公司 20×9 年权益净利率与行业标杆企业的差异=23.7%−26%=−2.3%

10%×1.3×2=26%

18.96%×1.3×2=49.3%

18.96%×0.5×2=18.96%

18.96%×0.5×2.5=23.7%

营业净利率变动对净资产收益率的影响=49.3%−26%=23.3%

总资产周转率变动对净资产收益率的影响=18.96%−49.3%=−30.34%

权益乘数变动对净资产收益率的影响=23.7%−18.96%=4.74%

4．解：（1）速动比率=速动资产平均余额÷流动负债平均余额

=(100+100+500+460+2 850+2 660)÷(2 350+2 250)=1.45

评价 B 公司的短期偿债能力，需要考虑应收账款的变现能力。B 公司按照应收账款余额的 5%计提坏账准备，20×9 年年末账龄三年以上的应收账款已达到应收账款余额的 10%，实际坏账很可能比计提的坏账准备多。这将降低 B 公司的短期偿债能力。

B 公司的生产经营存在季节性，报表上的应收账款金额不能反映平均水平，即使使用年末和年初的平均数计算，仍然无法清除季节性生产企业年末数据的特殊性。B 公司年末处于经营淡季，应收账款、流动负债均低于平均水平，计算结果可能不能正确反映 B 公司的短期偿债能力。

（2）利息保障倍数=息税前利润÷利息费用=(97.5+32.5+500)÷(500+100)=1.05

B 公司的利息保障倍数略大于 1，说明自身产生的经营收益勉强可以支持现有的债务规模，由于息税前利润受经营风险的影响，存在不稳定性，而利息支出却是固定的，B 公司的长期偿债能力仍然较弱。

（3）应收账款周转次数=营业收入÷应收账款平均余额=14 500÷[(2 850+150+2 660+140)÷2]=5

计算应收账款周转次数时，应使用赊销额。在无法取得赊销数据而使用营业收入计算时，应收账款周转次数会被高估。B 公司 20×9 年减少了赊销客户比例，现销比例增大，会使应收账款变现速度被进一步高估。

B 公司的生产经营存在季节性，报表上的应收账款余额不能反映平均水平，即使使用年末和年初的平均数计算，仍然无法消除季节性生产企业年末数据的特殊性。B 公司年末处于经营淡季，应收账款余额低于平均水平，计算结果会高估应收账款变现速度。

5．解：（1）流动资产周转率=31 420÷[13 250×13 846]÷2]=2.32

存货周转率=21 994÷[(6 312+6 148)÷2]=3.53

应收账款周转率=31 420÷[(3 548+3 216)÷2]=9.29

（2）20×8 年：

净资产收益率=销售净利率×资产周转率×权益乘数

=(30÷280)×(280÷128)×[1÷(1−55÷128)]

=0.11×2.19×1.75=0.42

20×9 年：

净资产收益率=销售净利率×资产周转率×权益乘数

=(41÷350)×(350÷198)×[1÷(1−88÷198)]

=0.12×1.77×1.79=0.37

20×9 年的净资产收益率比 20×8 年有所下降，主要原因是资产周转率的显著降低，从相关资料中可以分析出：20×9 年的总资产明显增大，导致资产周转率降低。本年负债比例有所上升，因而权益乘数上升。综合以上分析可以看出，本年净资产收益率降低了。

（3）C 公司销售增长率如表 9-22 所示。

表 9-22 C 公司销售增长率计算表

项目	20×6	20×7	20×8	20×9
营业收入（万元）	4 576	6 194	8 671	12 413
营业收入增长额（万元）	—	1 618	2 477	3 742
销售增长率（%）	—	35.36	40.00	43.16

根据表 9-22 的计算结果，我们可以得出，公司的营业收入规模不断扩大，销售增长率呈现不断上升的趋势，且销售增长率均高于 20%，保持着较高的比率，因而可以初步判断该公司的销售成长性良好，产品正处于成长期。

6．解：（1）20×9 年资产负债率=90 000÷150 000×100%=60%

20×9 年权益乘数=150 000÷60 000=2.5

20×9 年利息保障倍数=9 000÷3 600=2.5

20×9 年总资产周转率=112 000÷[(140 000+150 000)÷2]=0.77

20×9 年基本每股收益=4 050÷(7 800+4 000×6÷12)=0.41（元/股）

（2）财务杠杆系数=7 200÷(7 200−3 600)=2

（3）不合理。资料二显示，行业平均资产负债率为 40%，而 C 公司已达到 60%；行业平均利息保障倍数为 3 倍，而 C 公司只有 2.5 倍。这反映了 C 公司的长期偿债能力较差，如果再发行公司债券，会进一步提高资产负债率，也会加大 C 公司的财务风险。

（4）从表 9-17 来看，C 公司 20×7 年、20×8 年和 20×9 年三年的现金股利相等。这表明 C 公司这三年执行的是固定股利政策。由于固定股利政策本身的信息含量，稳定的股利向市场传递着公司正常发展的信息，有利于公司树立良好的形象，有利于增强投资者对公司的信心，有利于稳定公司股票的价格。如果采纳王某的建议停发现金股利，可能会导致公司股价下跌。

财务综合分析 | 第10章

知识点回顾

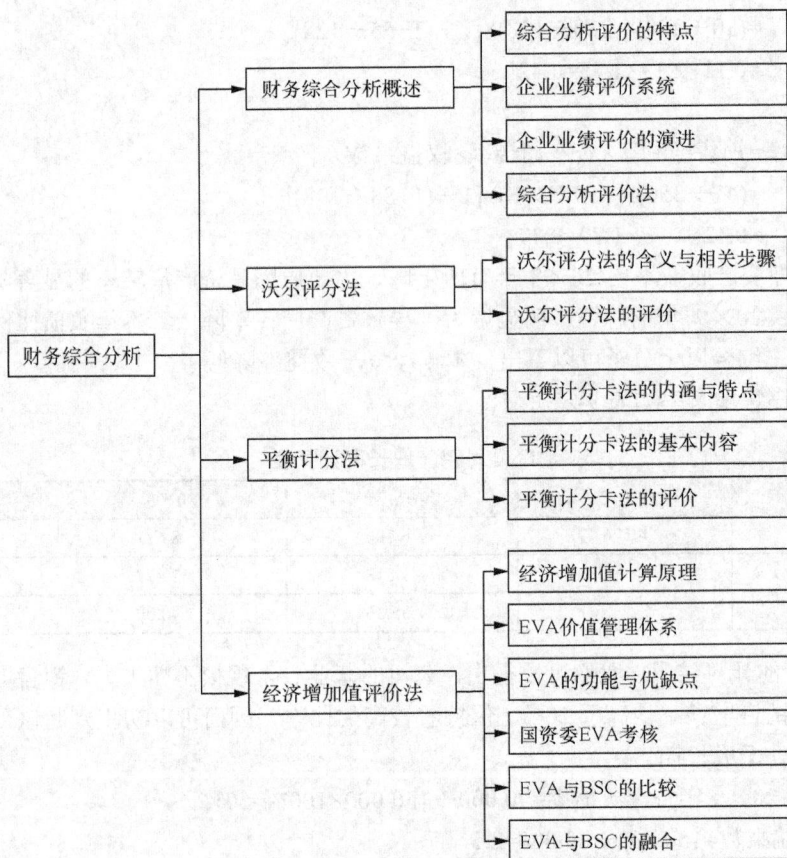

练习题

一、单项选择题

1. 下列关于资产负债率、权益乘数和产权比率之间关系的表达式中，正确的是（　　）。

  A. 资产负债率+权益乘数=产权比率　　 B. 资产负债率−权益乘数=产权比率

  C. 资产负债率×权益乘数=产权比率　　 D. 资产负债率÷权益乘数=产权比率

2. 净资产收益率=资产周转率×权益乘数×（　　）。

  A. 资产净利率　 B. 销售毛利率　 C. 销售净利率　 D. 成本利润率

3. 利用相关财务比率的内在联系构建一个综合的指标体系，来考察企业整体财务状况和经营成果的分析方法称为（　　）。

  A. 沃尔评分法　 B. 杜邦分析法　 C. 预警分析法　 D. 比率分析法

4．在沃尔分析法中，各比率相对值与比率权重的乘积为（　　　）。

    A．指标实际值   B．指标标准值   C．指标得分   D．指标相对值

5．甲公司下属某部门今年部门税后经营利润为 500 万元，平均净经营资产为 2 500 万元。若投资中心要求的税前报酬率为 9%、加权平均税前资本成本为 12%、平均所得税税率为 25%，则该部门今年的经济增加值为（　　　）万元。

    A．180   B．275   C．340   D．255

6．从平衡计分法的角度组织 SWOT 矩阵，其中 "S" 是指（　　　）。

    A．优势   B．劣势   C．机会   D．威胁

7．从平衡计分法的角度组织 SWOT 矩阵，其中 "O" 是指（　　　）。

    A．优势   B．劣势   C．机会   D．威胁

8．有效的战略执行需要员工的积极参与，以便达成公司战略。下列表述中，错误的是（　　　）。

    A．向员工传授和沟通战略

    B．协同个人培训和发展计划，培养员工执行战略所学的知识、技能和能力

    C．将员工的个人目标和激励与战略相连接

    D．强调员工的执行力，以执行代替沟通

9．下列选项中，不是战略管理办公室的角色定位的是（　　　）。

    A．战略管理流程的构建者   B．流程管理者

    C．流程整合者   D．流程决策者

10．下列选项中，不属于细化愿景目标角度的是（　　　）。

    A．财务角度   B．客户角度   C．流程角度   D．技术角度

11．在央企全面推行经济增加值考核，标志着央企负责人经营业绩考核工作即将进入以（　　　）为主的新阶段。

    A．经营管理   B．价值管理   C．财务管理   D．业绩考核管理

12．下列公式选项中，哪一项是正确的经济增加值计算公式？（　　　）

    A．经济增加值=税后净营业利润-资本占用-加权平均资本成本率

    B．经济增加值=税后净营业利润-资本占用×加权平均资本成本率

    C．经济增加值=税后净营业利润+资本占用×加权平均资本成本率

    D．经济增加值=税后净营业利润-资本占用÷加权平均资本成本率

13．EVA 管理体系是一套完整的（　　　）。

    A．战略管理体系和管理机制   B．复杂的计算公式

    C．指标管理体系   D．薪酬管理体系

14．资本占用可以理解为公司的全部资产减去（　　　）后的净值。

    A．银行信用债务   B．银行信用权益   C．商业信用权益   D．商业信用债务

15．以下关于经济增加值（Economic Value Added，EVA）的说法错误的是（　　　）。

    A．经济增加值是指企业税后净营运利润减去包括股权、债务等全部投入资本的机会成本后的所得

    B．经济增加值是企业经过调整的营业净利润扣除其全部所用资本的机会成本后的剩余利润

    C．经济增加值就是低于资本成本的投资回报

    D．经济增加值强调企业经营所使用的资本和债务是有成本的，把机会成本和实际成本结

合起来，强化了提高资本使用效率这个目标

16. 平衡计分卡可以应用于以下哪类企业？（　　　）
   A. 以营利为目的的企业　　　　　　　B. 非营利企业
   C. 营利和非营利企业均可　　　　　　D. 营利和非营利企业均不能使用

17. 平衡计分卡是一种（　　　）管理工具。
   A. 薪酬　　　　　　B. 绩效　　　　　　C. 人员　　　　　　D. 质量

18. 下列关于平衡计分卡的描述中，不正确的是（　　　）。
   A. 平衡计分卡是一种平衡四个不同角度的衡量方法，该方法平衡了短期与长期业绩、外部与内部的业绩、财务与非财务业绩以及不同利益相关者的角度
   B. 平衡计分卡最大的优点是能够把内部流程列为四个角度中的一个
   C. 平衡计分卡可以激励管理层的行为，使之符合企业战略的要求。由于其应用的广泛性，它可以被用来作为企业变革的修正动因
   D. 平衡计分卡不能为企业战略管理提供强有力的支持

19. EVA 考核方案失败的主要原因是（　　　）。
   A. 财务人员不理解　　　　　　　　　B. 非财务人员不理解
   C. 考核体系不严密　　　　　　　　　D. 财务人员落实不够彻底

20. 以下选项中，不属于沃尔评分法选择财务比率的原则的是（　　　）。
   A. 所选择的比率要具有全面性
   B. 所选择的比率要具有代表性
   C. 所选择的比率最好具有变化方向的一致性
   D. 所选择的比率变化方向没有要求

二、多项选择题

1. 财务综合分析的方法包括（　　　）。
   A. 比率分析法　　　B. 沃尔评分法　　　C. 杜邦财务分析法　　　D. 趋势分析法

2. 与单项分析相比，财务报表综合分析具有（　　　）。
   A. 实务性　　　　　B. 抽象性　　　　　C. 综合性　　　　　D. 全面性

3. 下列关于沃尔评分法的说法中，正确的有（　　　）。
   A. 沃尔评分法的优点是简单易用，便于操作
   B. 财务比率的标准值通常是行业平均水平
   C. 企业的综合得分如果明显超过 100 分，则说明企业的综合财务状况优于标准水平
   D. 在沃尔评分法的各个步骤中，最为关键的是各项财务比率权重和标准值的确定

4. 在沃尔评分法下（　　　）。
   A. 所选择的比率要具有全面性
   B. 所选择的比率要具有代表性
   C. 在选择反映偿债能力的比率时最好选择资产负债率
   D. 在选择反映偿债能力的比率时最好选择股权比率

5. 下列各项中，与净资产收益率密切相关的有（　　　）。
   A. 销售净利率　　　B. 总资产周转率　　　C. 总资产增长率　　　D. 权益乘数

6. 平衡计分卡的创始人是（　　　）。
   A. 彼得·德鲁克　　　　　　　　　　B. 罗伯特·卡普兰

C. 戴维·诺顿　　　　　　　　　　　D. 迈克尔·波特

7. 经济增加值的核心理念主要体现在（　　）。

  A. 资本是有成本的

  B. 资本是有纪律的

  C. 有利润的企业不一定创造价值，有价值的企业一定能够创造利润

  D. 价值创造提倡股东与利益相关者"共赢"

8. 企业负责人经营业绩考核以企业经济效益和经济增加值为核心，实行（　　）。

  A. 主要考核指标与辅助考核指标相结合

  B. 定量考核与定性考核相结合

  C. 考核结果与企业工资总额、领导班子收入相挂钩

  D. 考核结果与奖惩相挂钩的考核制度

9. 税后营业利润衡量的是企业的盈利状况，是公司的营业收入减去（　　）后的净值，反映了公司主业资产的盈利能力。

  A. 生产成本　　　　B. 生产费用　　　　C. 非经常性收益　　　　D. 经常性收益

10. 做好经济增加值考核应重点关注（　　）。

  A. 必须高度重视经济增加值考核的实施工作

  B. 必须制定符合本企业实际的经济增加值考核方案

  C. 必须抓紧处置不良资产，不属于企业核心主业、长期回报过低的业务，坚决压缩，及时退出

  D. 必须将经济增加值的理念融入企业生产经营全过程

三、判断题

1. 某行业股权比率的平均值为 60%，但通常认为该行业的股权比率超过 80%就太高了，那么如果某企业的股权比率实际值超过了 80%，应采用实际值除以标准值再乘以权重分数的方法来计算其得分。（　　）

2. 企业利润率低于资本成本也能为股东创造价值。（　　）

3. 国务院国有资产监督管理委员会制定的《央企经济增加值考核实施方案》，按 3 个阶段实施，分别是引入阶段、强化阶段、完善阶段。（　　）

4. 经济增加值考核的实施，没有从真正意义上实现全成本核算。（　　）

5. 关于 EVA 的会计调整，本着简便、易行的原则，只考虑了研发费用、无息流动负债、在建项目和非经常性收益等影响重大的因素。（　　）

6. 所有的投资决策都应以价值指标来衡量，确保投资项目回报率小于资本成本率。（　　）

7. 平衡计分卡从财务、客户、内部业务流程、学习与成长 4 个维度进行业绩评价，评价更为全面和科学。（　　）

8. 在现代的沃尔评分法中，总资产报酬率的评分值为 18 分，标准比率为 5.5%，行业最高比率为 15.8%，最高评分为 30 分，最低评分为 10 分，A 企业的总资产报酬率的实际值为 10%，则 A 企业的该项得分为 24.37 分。（　　）

9. 采用财务比率综合评分法进行财务分析，因为通过分数来评价企业的财务状况，因此具有客观性，不存在主观因素对分析结果的影响。（　　）

10. 沃尔评分法的最大缺陷是没有证明为何选取 7 项财务指标，也没有说明各项财务指标所占权重是如何确定的。（　　）

11．在现代的沃尔评分法中，总资产报酬率的评分值为 18 分，标准比率为 5.5%，行业最高比率为 15.8%，最高评分为 30 分，最低评分为 10 分，A 企业的总资产报酬率的实际值为 10%，则 A 企业的该项得分为 24.37 分。   （　　）

12．企业只有税后利润高于资本成本时才能为股东创造价值。   （　　）

13．推行 EVA 考核的技术问题不难解决，更具挑战性的是企业管理理念的根本转变。

    （　　）

14．加权平均资本成本率是债务资本和股权资本的平均成本率，与在同等风险条件下投资者在股票和债务组合上所获得的最低收益率相等。   （　　）

15．经济增加值考核的实施，没有从真正意义上实现全成本核算。   （　　）

四、名词解释题

1．业绩评价

2．沃尔评分法

3．平衡计分卡

4．经济增加值

5．税后净营业利润

6．资本占用

7．资本成本

8．内部业务流程

9．学习与成长

10．财务综合分析

五、简答题

1．财务单项分析的局限性有哪些？与单项分析相比，财务综合分析具有哪些特点？

2．简述构成企业业绩评价系统的七要素。

3．在沃尔评分法下，评价企业业绩时，需要遵循哪些步骤？如何评价该方法？

4．与单纯的财务指标评价相比，平衡计分卡具有哪些优点？

5．经济增加值取决于哪些变量？这些变量是如何调整获得的？

6．经济增加值价值管理体系主要包括哪些方面？

7．经济增加值法与平衡计分卡法相比有哪些差异？如何对这两种方法进行融合？

8．平衡计分卡评价方法有哪些缺陷？

9．经济增加值法有哪些优点？

10．经济增加值法有哪些缺陷？

六、计算分析题

1．某公司 20×9 年只经营一种商品，息税前利润总额为 90 万元，每股收益 3.8 元，变动成本率为 40%，债务筹资的利息为 40 万元，单位变动成本为 100 元，销售数量为 10 000 台，预计下一年度年息税前利润会增加 10%。

要求：（1）计算该公司 20×9 年的经营杠杆系数、财务杠杆系数和复合杠杆系数。

（2）预计下一年该公司的每股收益。

2．某企业 20×8 年和 20×9 年的相关财务指标如表 10-1 所示。

表 10-1   某企业 20×8 年和 20×9 年的相关财务指标

指标	20×9 年	20×8 年
销售净利率（%）	25	20
总资产周转率（%）	90	85
权益乘数（%）	110	120
净资产收益率（%）	24.75	20.4

要求：（1）根据以上资料，以 20×8 年为基期，进行连环替代分析。

（2）根据以上资料，以 20×8 年为基期，进行差额计算分析。

3．为民公司 20×8 年销售净利率为 8%，总资产周转率为 1.3，平均资产负债率为 41%；20×9 年年初，资产总额为 900 万元，负债总额为 350 万元，年末资产总额为 1 000 万元，负债总额为 400 万元；20×9 年，销售收入为 1 200 万元，实现净利为 120 万元。

要求：（1）计算 20×8 年净资产收益率。

（2）计算 20×9 年销售净利率、资产周转率、平均资产负债率、加权平均净资产收益率。

（3）运用杜邦分析原理，定性分析说明该公司净资产收益率变动的原因。

（注：上述计算结果保留四位小数）

4．某公司为中央企业，20×9 年实现的净利润为 612 万元，财务费用中的利息支出为 195 万元，"管理费用"项目下的"研究与开发费"和当期确认为无形资产的研究开发支出为 300 万元，本年无息流动负债为 954 万元，上年无息流动负债为 742.5 万元，平均所有者权益为 3 330 万元，平均负债合计为 4 140 万元，平均在建工程为 119.25 万元，其中包含的资本化利息为 19.25 万元。该公司适用的所得税税率为 25%。

要求：按简化办法确定该公司 20×9 年的经济增加值。

5．在现代的沃尔评分法中，总资产报酬率的评分值为 18 分，标准比率为 5.5%，行业最高比率为 15.8%，最高评分为 30 分，最低评分为 10 分，A 企业的总资产报酬率的实际值为 10%。

要求：计算 A 企业的总资产报酬率的得分。

6．A 公司是一家处于成长阶段的上市公司，正在对 20×8 年的业绩进行计量和评价，有关资料如下。

（1）A 公司 20×8 年的销售收入为 2 500 万元，营业成本为 1 340 万元，销售及管理费用为 500 万元，利息费用为 236 万元。

（2）A 公司 20×8 年的平均总资产为 5 200 万元，平均金融资产为 100 万元，平均经营负债为 100 万元，平均股东权益为 2 000 万元。

（3）目前资本市场上等风险投资的权益成本为 12%，税前净负债成本为 8%。

（4）A 公司适用的企业所得税税率为 25%。

要求：

（1）计算 A 公司的净经营资产净利率、权益净利率。

（2）计算 A 公司的披露的经济增加值。计算时需要调整的事项如下：为扩大市场份额，A 公司 20×9 年年末发生营销支出 200 万元，全部计入销售及管理费用，计算应披露的经济增加值时要求将该营销费用资本化（提示：调整时按照复式记账原理，同时调整税后经营净利润和净经营资产）。

7．某企业全部资本成本为 2 000 万元（其中负债总额为 1 100 万元，年利率为 8%），年销售额为 7 200 万元，固定成本为 840 万元，变动成本率为 60%。

要求：

（1）计算经营杠杆系数，财务杠杆系数和总杠杆系数。

（2）若下年销售额增长 15%，请预计息税前利润。

8．W 公司的销售收入为 2 900 万美元，资产总额为 1 750 万美元，债务总额为 630 万美元。假设利润率为 8%。

要求：计算净利润、ROA 和 ROE。

9．某企业的资本总额为 1 亿元人民币，其中，长期负债占 40%（平均利率为 6%），所有者权益占 60%。评估时，五年期国债的年利率为 5.5%，社会平均投资收益为 7%，该企业的所得税税率为 33%。该企业的 β 系数估计为 1.5。计算该企业的加权平均资本成本。

七、案例分析题

平衡计分卡法案例分析

《财富》杂志的一期封面报道指出，大多数企业（70%以上）失败的真正原因不是因为策略不好，而是贯彻执行不到位。为什么企业有了良好的战略却会在实施过程中遇到困难呢？最重要的问题是它们没有一个有效的基础架构来更好地推动战略的成功实施。而平衡计分卡能够帮助企业把愿景和战略转化为具体的运作目标。罗伯特·S.卡普兰（哈佛商学院的领导力开发课程教授）和大卫·P.诺顿（复兴全球战略集团创始人兼总裁）对在绩效测评方面处于领先地位的 12 家公司进行为期一年的研究后，发明了平衡计分卡法，并最早发表于《哈佛商业评论》中。最初，平衡计分卡法作为一种新的绩效管理模式，用来解决很多企业面临的考核问题。

过去 10 年来，一些勇于创新的企业已经对平衡计分卡架构进行了扩展和运用。这些企业将平衡计分卡法作为企业的战略管理工具，帮助企业取得了巨大成功。平衡计分卡法在企业内的应用已越来越广泛。

根据 Gartner Group 调查表明，在《财富》杂志公布的世界前 1 000 位公司中有 70%的公司采用了平衡计分卡系统。Bain & Company 调查也指出，50%以上的北美企业已采用它作为企业内绩效评估的方法。平衡计分卡所揭示的非财务考核方法也被广泛运用于员工奖金计划的设计与实施中。

1．用平衡计分卡支撑战略

以前许多公司用形形色色的具体业务指标来评价活动，但这些局部性的测评指标是由下而上产生的，并来自特定程序。而平衡计分卡测评指标来源于组织的战略目标和竞争需要，而且平衡计分卡法要求经理从 4 种角度用财务、顾客、内部程序以及成长和提高活动的绩效测评指标补充传统的财务指标，通过一一选择数量有限的关键指标，把注意力集中到战略远景上来。

现在的平衡计分卡超越了发明者最初仅仅把它作为评估公司绩效工具的想法。它可以作为新的战略管理体系的基石，为经理人员提供一个全面框架，以把公司的战略目标转化为一套系统的绩效测评指标。

平衡计分卡法不只是单纯地进行衡量，它还是一种在产品、程序、顾客和市场开发等关键领域有助于企业取得突破性进展的管理体系。它解决了传统管理体系的一个严重缺陷：不能把公司的长期战略和短期行动联系起来。

但是，单一平衡计分卡法不适合所有企业或整个行业。不同的市场地位、产品战略和竞争环境，要求有不同的平衡计分卡法。各单位应当设计出各具特点的平衡计分法，以便使之与自己的使命、战略、技术和企业文化相符。实际上，检验平衡计分卡法是否成功的关键在于其透明度：一个观察者通过 15～20 个平衡计分指标，应该能够看清该单位的竞争战略。这里我们用一个合资食品公司的平衡计分卡案例来说明。

2．案例背景

某跨国食品公司在我国生产和销售自己的国际品牌产品，在过去 4 年里业务取得了飞速增长。他们的产品定位是高端市场、高价格、高质量。通过努力，公司在第 3 年实现了盈亏平衡，第 4 年开始盈利。

公司在平衡计分卡项目刚启动的时候面临的挑战非常大，不仅有来自其他跨国食品公司日益加剧的竞争，而且本地的竞争对手也生产出类似的产品，质量也不错，且价格低很多。很显然，如果公司不制定一个有效的策略来应对竞争，公司现有产品的增长将会放慢。

一方面，高级管理层意识到销售自己的核心产品对公司保持成功很重要，公司需要降低报价以保持市场竞争力，同时需要降低运作成本以保证利润率。另一方面，管理层也清醒地知道打"价格战"并不能使公司取得长期成功，关键是要有新产品，通过本地队伍的创新或把海外的技术转化为本地所用，生产出竞争对手不能提供的产品。

至此，管理层心中已经有了以下比较清晰的战略。

（1）公司需要实施优异运作战略，以降低运营成本，从而使现有产品的价格具备市场竞争力；

（2）公司需要实施产品领先战略，继续开发满足顾客需求的新产品。

然而，新战略出台后 6 个月，管理层没有看到任何成本降低或产品开发方面的成果。相反，一件重要的新产品开发周期被延后了，成本和去年同期相比上升了。到底哪里不对呢？

3．问题与分析

我们和高级管理层一起工作，找出了以下一些比较重要的问题。

（1）新战略没有被清晰地传达给公司内的每一个人；

（2）没有具体的实施计划；

（3）一些主管没有全力投入战略执行上，因为他们要忙于处理销售和日常管理事务；

（4）公司的绩效标准和目标没有与战略紧密连接；

（5）缺少一个有效的绩效考评系统来跟踪、考查目标绩效；

（6）员工不知道他们哪些地方需要改变；

（7）没有一个有效的基础架构来考查绩效并根据变革来调整战略和重组组织。

要求：（1）根据以上案例，该公司应该如何明确企业的愿景和战略？

（2）为了实现公司战略，该公司在考评方法和行动计划上需要注意哪些方面的问题？

（3）如何展开平衡计分卡的 4 个维度？

（4）如何将平衡计分卡落实至公司各个层面？

（5）平衡计分卡绩效管理系统与传统绩效管理系统的区别有哪些？

练习题答案

一、单项选择题

1	2	3	4	5	6	7	8	9	10
C	C	B	C	B	A	C	D	D	D
11	12	13	14	15	16	17	18	19	20
B	B	A	D	C	C	B	D	B	D

二、多项选择题

1	2	3	4	5	6	7	8	9	10
BC	CD	ABCD	ABD	ABD	BC	ABCD	ABCD	AC	ABCD

三、判断题

1	2	3	4	5	6	7	8	9	10
×	×	√	√	×	×	√	×	×	√

11	12	13	14	15
×	√	√	√	×

1．改正：将"应采用实际值除以标准值再乘以权重分数的方法来计算其得分"改为"再乘以权重分数的方法来计算其得分。也应按80%除以标准值这样可以减少异常值对评分的影响"。

2．改正：这句话改为"企业利润率低于资本成本将使股东财富发生减损"。

5．改正：这句话改为"经济增加值指标的调整项目需要全面考虑相关影响指标"。

6．改正：这句话改为"所有的投资决策都应以价值指标来衡量，确保投资项目回报率大于资本成本率"。

8．改正：将"A 企业的该项得分为 24.37 分"改为"A 企业的该项得分为 30 分。10%÷5.5%×18=32.72，按最高分 30 分计算"。

9．改正：这句话改为"采用财务比率综合评分法进行财务分析，虽然通过分数来评价企业的财务状况具有客观性，但是在涉及指标比重分配等问题时还是存在主观因素对分析结果的影响"。

11．改正：将"则 A 企业的该项得分为 24.37 分"改为"总资产报酬率每分比率的差=(15.8%-5.5%)÷(30-18)=0.86%，A 企业的该项得分=18+(10%-5.5%)÷0.86%=23.23（分）"。

15．改正：这句话改为"经济增加值考核的实施，真正意义上实现全成本核算"。

四、名词解释题

1．业绩评价，就是按照企业目标设计相应的评价指标体系，根据特定的评价标准，采用特定的评价方法，对企业一定经营期间的经营业绩做出客观、公正和准确的综合判断。

2．沃尔评分法，是指通过对选定的多项财务比率进行评分，然后计算综合得分，并据此评价企业综合的财务状况，以此来评价企业的信用水平的方法。

3．平衡计分卡，也称为综合计分卡，是一种以信息为基础、系统考虑企业业绩驱动因素、多维度平衡评价的一种战略业绩评价系统。同时，它又是一种将企业战略目标与企业业绩驱动因素相结合、动态实施企业战略的战略管理系统。

4．经济增加值，是一种把盈利基础和市场基础结合起来的企业业绩考核指标和综合分析与业绩评价方法。它建立在经济利润基础上，不但要将所有运营费用计入成本，还要将所有的资本成本计入成本。

5．税后净营业利润，等于税后净利润加上利息支出部分（如果税后净利润计算中已经扣除少数股东权益，应加上），也就是公司的销售收入减去利息支出以外的全部经营成本和费用（包括所得税）后的净值。

6．资本占用，是指所有投资者投入公司经营的全部资金的账面价值，包括债务资本和股本资本。

7．资本成本，是指企业在使用资本的过程中所要支付的代价，通常包括资金使用费用和筹资费用两部分内容。

8．内部业务流程是一种新的流程，是遵循以销定产的规则的同时要创造新的流程。它遵循着"调研和寻找市场—产品研发—营运过程—销售与售后服务"的轨迹进行。

9．学习与成长主要关注如何培养企业中的员工的学习与创新能力以及如何将员工的学习和创新能力转化为企业的创新能力。

10．财务综合分析是将各项财务指标作为一个整体，系统、全面、综合地对企业财务状况和经营情况进行剖析、解释和评价。

五、简答题

1. 答：财务能力分析通常是从某一特定的角度，就企业某方面的财务活动所做的单项分析。单项分析虽然能够反映企业财务某方面的状况，但是很难据此分析得出有关企业总体的财务状况和财务绩效的综合结论。

综合分析具有以下 4 个特点。（1）通过归纳总结，在分析的基础上从总体上把握企业的财务状况；（2）具有高度的抽象性和概括性，着重从整体上概括财务状况的本质特征；（3）侧重于企业的整体发展趋势；（4）区分主要指标和辅助指标，在着重分析主要指标的基础上，再对其他辅助指标进行分析。

2. 答：企业业绩评价系统的构成要素包括评价主体、评价目标、评价客体、评价指标、评价标准、评价方法和评价报告。

企业业绩评价系统的主体是指谁对评价客体进行评价。一般情况下，最为典型的评价主体是企业权益资本的投资者——股东。但从理论上来说，每一位利益相关者都会出于某种目的对企业的业绩进行评价。业绩评价的目标是根据评价主体的需要而确立的。企业业绩评价的目标要服从于企业的目标。一般来讲，业绩评价的客体是企业，但与不同的评价主体相对应，也会有不同的评价客体。对于企业业绩的评价必须依赖一些指标，也就是通常所说的关键性成功因素。评价标准即评价的"参照物"，就是对评价对象业绩优劣进行评判的依据。评价方法是企业进行业绩评价时所采用的具体手段。评价报告是企业经营业绩评价的综合性评性报告，具有一定的格式和编写要求。

3. 答：运用沃尔评分法对企业业绩进行综合评价的步骤包括：选取指标、设定标准比率、计算实际比率、计算相对比率、计算各项相对比率的综合系数和综合评价。

沃尔评分法虽然能够综合反映企业的整体业绩，但是该种方法从理论上讲存在一个致命的弱点，即没有证明为什么要选择这 7 个指标，而不是大于或者少于 7 个，或者为何不选取其他财务指标。此外，该方法未能证明每个财务指标所占权重是如何合理确定出来的。同时需要指出的是，沃尔评分法从技术上讲也存在一个很大的问题，也就是当某个指标严重异常时，会对综合评分产生不合逻辑的重大影响。

4. 答：平衡计分卡的优点如下：平衡计分卡将财务指标与非财务指标结合起来进行综合评价，弥补了单纯依靠财务指标进行评价的不足；平衡计分卡反映了企业短期评价和长期评价的统一；平衡计分卡能反映企业价值创造的动因；平衡计分卡能够形成一种有效的竞争机制；平衡计分卡能够提高管理效率；平衡计分卡能使企业各方面平衡发展，防止某方面发展的不足；平衡计分卡能全面反映企业的经营单位战略。

5. 答：经济增加值取决于 3 个基本变量：税后净营业利润、资本占用和加权平均资本成本。税后净营业利润用来衡量公司的盈利状况；资本占用是公司投入的有息债务资本和股权资本之和；加权平均资本成本反映公司各种资本的资本成本的加权平均数。税后净营业利润和资本占用需要根据企业财务报表计算得出。

6. 答：经济增加值价值管理体系主要包括 4 个方面：评价指标（Measurement）、管理体系（Management）、激励制度（Motivation）和理念体系（Mindset）。EVA 价值管理体系从业绩考核、管理体系、激励制度和理念体系 4 个方面提出如何建立使公司内部各级管理层的管理理念、管理方法和管理行为都致力于股东价值最大化的管理机制，最终目标是协助公司提升价值创造能力和核心竞争力。

7. 答：两者的差异主要表现在理论基础差异和功能差异上。理论基础方面，EVA 和平衡计分卡立足的理论基础是不同的。EVA 以财务管理理论为基础，而平衡计分卡的理论基础则包含了传统的战略管理理论和核心竞争力理论。功能差异方面，EVA 是一种以结果驱动过程的作用机制。而平衡计分卡是通过建立有效的战略反馈机制来对因果关系进行动态的调整。

EVA 平衡计分卡，将 EVA 放置在平衡计分卡的顶端（处于平衡计分卡中因果关系的最终链条），以创造 EVA 为导向，其他所有战略和指标都围绕其运行，各部门的活动必须融入提升 EVA 的活动中。同时，EVA 平衡计分卡引入了时间维度。企业对未来 EVA 的预算包括次年预算、中期预算和长期预算。

8．答：平衡计分卡的缺点如下：平衡计分卡的 4 个方面中对指标的选定存在问题；平衡计分卡中评价指标的量化问题；平衡计分卡中评价指标的目标设定问题；4 个方面的权重以及各方面中指标权重的分配问题。

9．答：经济增加值法的优点：（1）经济增加值法能够使企业树立成本意识，能够真实反映企业的经营业绩。（2）结束了多目标引起的混乱，着眼于长远的可持续发展和风险防范。（3）经济增加值法能够将经营者的报酬和股东财富的增加协调在一起，正确引导经营者的努力方向。（4）经济增加值展现了一种新型的企业价值观念。

10．答：经济增加值法的缺陷：（1）从来源来看，经济增加值法仍然是根据会计数据调整来的。（2）从应用过程来看，经济增加值的计算过程相对复杂。（3）经济增加值业绩评价体系缺乏统一性，并不适合所有的公司，每个企业应根据自身的性质和战略目标进行调整。（4）不同企业的经济增加值由于规模不同，可能无法进行简单的比较。（5）经济增加值指标反映的事后情况，不能反映事前和事中的情况。

六、计算分析题

1．解：（1）根据题目给出的变动成本率和变动成本求出销售单价 $P=100\div40\%=250$（元/台），然后求出边际贡献 $CM=p\times x-b\times x=250\times10\,000-100\times10\,000=1\,500\,000$（元）；经营杠杆系数 $DOL=1\,500\,000\div900\,000=1.67$；财务杠杆系数=息税前利润÷（息税前利润-利息），即 $DFL=EBIT\div(EBIT-I)$。

根据题意，求出 $DFL=900\,000\div(900\,000-400\,000)=1.8$。

联合杠杆系数=营业杠杆系数×财务杠杆系数，即 $DCL=DOL\times DFL=1.67\times1.8=3.01$。

（2）每股收益增长=息税前利润增长率×财务杠杆系数

$\qquad$ =息税前利润增长率×息税前利润÷（息税前利润-利息）

$\qquad$ =10%×1.8=18%

预计下一年度年每股收益=3.8×18%+3.8=4.48（元）

2．解：（1）分析对象=24.75%-20.4%=4.35%

基期指标体系：20%×85%×120%=20.4%

替代第一因素：25%×85%×120%=25.5%

替代第二因素：25%×90%×120%=27%

替代第三因素：25%×90%×110%=24.75%

销售净利率的影响：25.5%-20.4%=5.1%

总资产周转率的影响：27%-25.5%=1.5%

权益乘数的影响：24.75%-27%=-2.25%

验证分析结果：5.1%+1.5%-2.25%=4.35%

（2）分析对象=24.75%-20.4%=4.35%

基期指标体系：20%×85%×120%=20.4%

销售净利率的影响：(25%-20%)×85%×120%=5.1%

总资产周转率的影响：25%×(90%-85%)×120%=1.5%

权益乘数的影响：25%×90%×(110-120)%=-2.25%

验证分析结果：5.1%+1.5%-2.25%=4.35%

3．解：（1）净资产收益率＝销售净利率×总资产周转率×权益乘数

由于：

平均资产负债率=41%

所以：

权益乘数=1÷(1-平均资产负债率)=1÷(1-41%)=1.694 9

净资产收益率=销售净利率×总资产周转率×权益乘数

$$=8\%×1.3×1.694\ 9$$

$$=17.63\%$$

（2）20×9 年销售净利率=净利润÷销售收入=120÷1 200×100%=10%

20×9 年平均资产额=(900+1 000)÷2=950（万元）

20×9 年资产周转率=销售收入÷平均资产额=1 200÷950=1.263 2

20×9 年平均负债额=(350+400)÷2=375（万元）

20×9 年平均资产负债率=负债平均额÷资产平均额=375÷950×100%=39.47%

20×9 年加权平均净资产收益率=净利润÷平均净资产=120÷(950-375)×100%=20.87%

或者：

权益乘数=[1÷(1-39.47%)]=1.652 1

净资产收益率=销售净利率×总资产周转率×权益乘数

$$=10\%×1.263\ 2×1.652\ 1$$

$$=20.87\%$$

（3）20×8 年净资产收益率=销售净利率×总资产周转率×权益乘数

$$=8\%×1.3×1.694\ 9$$

$$=17.63\%$$

20×9 年净资产收益率=销售净利率×总资产周转率×权益乘数

$$=10\%×1.263\ 2×1.652\ 1$$

$$=20.87\%$$

该公司 20×9 年的净资产收益率比 2018 年的净资产收益率上升了 3.24%，主要原因是 20×9 年的销售净利率比 20×8 年的销售净利率上升了 2%，虽然总资产周转率和权益乘数 20×9 年比 20×8 年均有所下降，但由于销售净利率的提高抵销了这种不利的影响，最终导致 20×9 年的净资产收益率高于 20×8 年的净资产收益率。

由于该公司的综合得分接近 100 分，说明企业的综合财务状况接近行业的平均水平。

4．解：税后净营业利润=净利润+(利息支出+研究开发费用调整项)×(1-25%)

$$=612+(195+300)×(1-25\%)=983.25（万元）$$

调整后资本=平均所有者权益+平均负债合计-平均无息流动负债-平均在建工程

$$=3\ 330+4\ 140-(954+742.5)÷2-119.25=6\ 502.5（万元）$$

经济增加值=税后净营业利润-调整后资本×平均资本成本率

$$=983.25-6\ 502.5×5.5\%=625.61（万元）$$

5．解：总资产报酬率每分比率的差=(15.8%−5.5%)÷(30−18)=0.86%

A 企业的该项得分=18+(10%−5.5%)÷0.86%=23.23（分）

6．解：（1）税后经营净利润=(2 500−1 340−500)×(1−25%)=495（万元）

平均净经营资产=5 200−100−100=5 000（万元）

净经营资产净利率=495÷5 000×100%=9.9%

税后利息费用=236×(1−25%)=177（万元）

净利润=495−177=318（万元）

权益净利率=318÷2 000×100%=15.9%

（2）市场基础的加权平均资本成本=12%×2÷5+8%×(1−25%)×3÷5=8.4%

调整后的税后经营利润=495+200×(1−25%)=495+150=645（万元）

调整后的投资资本=5 000+150=5 150（万元）

披露的经济增加值=645−5 150×8.4%=212.4（万元）

7．解：（1）变动成本=7 200×60%，则 EBIT=7 200−840−7 200×60%=2 040

利息 I=1 100×8%=88，

DOL=（EBIT+F）÷EBIT=(2 040+840)÷840=3.428 5

DFL=EBIT÷(EBIT−I)=2 040÷(2 040−88)=1.045 1

DTL= DOL×DFL=3.583 1

（2）7 200×(1+15%)×3.428 5=28 388

8．解：净利润=销售收入×利润率=2 900×8%=232（万美元）

ROA=净利润÷资产总额=232÷1 750×100%=13.26%

ROE=净利润÷(资产总额−债务总额)=232÷(1 750−630)×100%=20.71%

9．解：权益资本成本率=7%+1.5×(7%−5.5%)=9.25%；

加权平均资本成本=60%×9.25%+40%×(1−33%)×6%=7.16%

七、案例分析题

解：（1）首先举办一个战略研讨会，会上解答如下与愿景和战略相关的问题。

① 公司的优势在哪里？公司的长久的竞争优势是什么？

② 要成功实施商业战略，哪些方面需改进？

③ 什么是我们可能的机会？

④ 哪些是我们应该聚焦的关键业务区？

⑤ 运用波特与竞争模型，分析 5 种竞争力量如何防止重要的威胁？

⑥ 我们未来的战略重点应该是什么？

（2）在开发公司战略目标、考评方法、考评目标和行动计划的时候，我们尽量做到以下几点。

① 精确反映影响公司战略成功的主要因素；

② 揭示每个指标之间的因果联系，指明非财务指标是如何影响长期财务目标的。这些指标如下。

a．成果和驱动指标，其中，成果指标用于说明战略结果，一般属于滞后指标，它告诉管理人员发生了什么；驱动指标属于超前指标（或领先指标），它揭示实施战略时关键领域的进展，并用于影响组织中的行为。b．财务和非财务指标。c．内部和外部指标。

（3）平衡计分卡的 4 个角度实施的具体内容如下。

① 财务角度。

第一，由于新产品开发是公司的关键战略要素，因此高级管理层没有把总营业额作为一个关键的平衡计分指标，而是特别指定了现有产品和新产品的营收比例作为一个财务指标，同时还包括了每一类产品的预期营业额和增长目标。

第二，将考评指标和人均创收相关联，不仅指出了公司员工的成本意识和效率意识的重要性，而且把员工的精力集中放在了那些能够为公司带来价值的活动上，比如新产品开发和销售活动。新产品的价格可以适当定高，为公司带来更高收入。这样，人均创收值也相应提高。

第三，高级管理层设定了一个适度的利润目标以便他们可以把资金用于那些能够引领公司走向长期成功的活动上。他们意识到，过去几年他们盈利心切，设定的利润目标过高，从而忽略了对研发和市场调研活动的投入。结果导致由于市场信息不充分和研发力量不够，延长了产品开发周期。

② 客户角度。

第一，高级管理层意识到要维持现有产品的市场份额，他们需要提高客户满意度以留住老客户。他们对 20÷80 原则理解得很透彻。因此，从客户角度来看，客户保持率和满意度就是两个重要的战略目标。管理层先设定了考评指标，然后又就产品÷服务品质、客户关系和公司品牌÷形象几个方面制定了几个行动方案，以实现目标。

第二，由于公司的战略是产品领先，因此新产品的市场份额是公司的一个重要战略目标。

③ 内部流程角度。

第一，公司为每一项产品都设定了开发周期。新产品进入市场的时间仍然是公司战略的一个关键因素。

第二，其余 3 个指标可以帮助公司降低成本和提高客户满意度，同时也揭示了它们和财务以及客户两个角度的考评指标之间的因果关系。

④ 学习÷成长角度。

第一，这个角度的重点是那些能够驱动公司学习和成长的目标与考评指标，指明了公司需要在哪些地方优于竞争对手，以实现业绩突破。

第二，其余 3 个指标显示了管理层在保留关键员工、发展员工能力以及改进信息系统方面的工作重点。

（4）公司战略明确了，平衡计分卡也开发出来了。但是，平衡计分卡只停留在公司层面的话，公司的战略实施是不会成功的。

开发出公司包含有关键考评指标的平衡计分卡后，必须把这些目标逐层分解、落实到各个部门和每一位员工。部门根据公司的平衡计分卡设定部门平衡计分卡，每位员工再根据部门的平衡计分卡设定自己的计分卡。这个方法帮助公司所有员工清楚公司目前的状态，并激发他们实现公司既定目标的积极性。

第二步就是开发或重新设计公司的绩效管理系统，使其和平衡计分卡、能力发展模型和薪酬体系相结合。绩效管理系统包括两个评估方面：平衡计分卡目标和能力发展目标。绩效管理系统还需要和浮动薪酬相挂钩。这样，员工将会更多地关注部门绩效，在平时的工作中，逐步朝着正确目标去发展，明白自己的努力将会帮助企业达到目标。

平衡计分卡是一个管理系统，而非只是一个考核系统，它能使组织清晰地规划远景和战略，并落实成具体的行动计划。它为内部业务流程和外部客户提供及时的反馈，以持续改进战略绩效和成果。系统完全配置后，平衡计分卡就把战略规划从一个学术型演习转化成了企业的神经中枢。

（5）平衡计分卡绩效管理系统与传统绩效管理系统的区别如下。

① 平衡计分卡把企业战略和绩效管理系统联系起来，是企业战略执行的基础架构；

② 平衡计分卡从 4 个方面落实公司的战略目标，即财务、客户、内部流程和个人学习÷成长；

③ 传统的绩效考核一年只做一两次，和企业的战略执行脱节；

④ 平衡计分卡帮助公司及时考评战略执行的情况，根据需要（每月或每季度）实时调整战略、目标和考核指标；

⑤ 平衡计分卡能够帮助公司有效地推进跨部门团队合作，促进流程的顺利进行；

⑥ 平衡计分卡考评体系也可以为其他管理工具的实施提供参考。

平衡计分卡方法不是一个新概念，也不难理解。许多跨国公司多年来一直把它当作主要的管理工具。然而，要成功地实施它却不是一件容易的事。在实际运用中，平衡计分法的实施需要适应我国的国情，建立可以跟踪和衡量的绩效考评指标，缩短操作时间。

前景分析篇

财务危机预警分析 | 第11章

知识点回顾

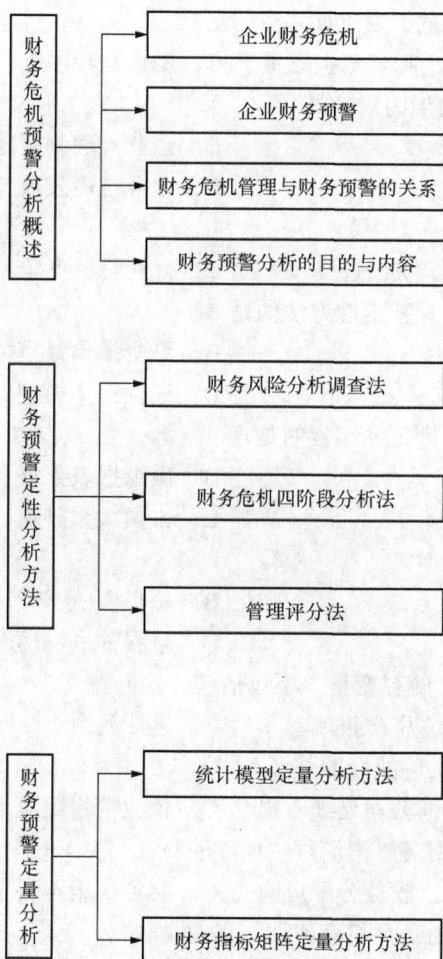

财务危机预警分析概述
- 企业财务危机
- 企业财务预警
- 财务危机管理与财务预警的关系
- 财务预警分析的目的与内容

财务预警定性分析方法
- 财务风险分析调查法
- 财务危机四阶段分析法
- 管理评分法

财务预警定量分析
- 统计模型定量分析方法
- 财务指标矩阵定量分析方法

练习题

一、单项选择题

1. 下列选项中，属于影响企业财务风险的因素是（   ）。
   - A. 材料价格上涨
   - B. 产品质量下降
   - C. 银行借款增加
   - D. 产品销售量减少

2. 公司进行财务重整决策时，优先考虑的条件是（   ）。
   - A. 所处的经营环境是否有利于公司摆脱困境，保证重整成功
   - B. 债权人是否确信公司的重整计划有把握实现
   - C. 法院是否确认公司的重整计划具备公平性和可行性
   - D. 重整价值是否大于清算价值

3. 属于企业管理层原因导致的财务风险是（   ）。
   - A. 银企关系异常
   - B. 组织结构过于复杂
   - C. 高管人员舞弊
   - D. 财务指标发生重大变化

4. 下列选项中，属于财务危机发生期特点的是（   ）。
   - A. 盲目进行扩张
   - B. 利息负担过重
   - C. 资金周转困难
   - D. 丧失偿债能力

5. 属于 A 计分法中经营错误因素的是（   ）。
   - A. 没有财务预算
   - B. 企业管理制度陈旧
   - C. 应变能力差
   - D. 企业过度发展

6. 财务危机的内部诱因是（   ）。
   - A. 经济不景气
   - B. 负债过度
   - C. 行业恶性竞争
   - D. 对外提供担保

7. 下列选项中，属于财务预警定性方法的是（   ）。
   - A. 财务风险分析调查法
   - B. 单变量预警模型
   - C. 多变量预警模型
   - D. 线性概率模型

8. 下列选项中，不属于破产征兆因素的是（   ）。
   - A. 财务报表数据不佳
   - B. 操纵报表数据
   - C. 应变能力差
   - D. 人员大量外流

9. Z 计分模型的 5 个变量不包括（   ）。
   - A. 营运资本/总资产
   - B. 总负债/总资产
   - C. 留存收益/总资产
   - D. 息税前利润/总资产

10. ZETA 模型选取了 7 个解释变量，不包括（   ）。
    - A. 利息保障倍数
    - B. 资产报酬率
    - C. 累计盈余
    - D. 资产周转率

11. 衡量企业财务危机最准确的标准是（   ）。
    - A. 企业破产
    - B. 公司连续亏损
    - C. 企业销售明显下降
    - D. 应收账款大幅增加

12. 下列选项中，不属于财务管理流程中风险的是（   ）。
    - A. 缺乏财务预测
    - B. 收益分配风险
    - C. 财务决策不科学
    - D. 财务控制不力

13. 下列选项中，不属于财务危机潜伏期特点的是（   ）。
    - A. 盲目进行扩张
    - B. 企业流动性差
    - C. 自有资本不足
    - D. 经营秩序混乱

14. 下列关于管理评分法的评价标准中，正确的是（   ）。
    - A. 总分小于 15 分，企业处于安全状态

B. 15～25 分是企业管理的"黑色区域"

C. 总分超过 25 分，表明企业正面临失败的风险

D. 总分超过 30 分，表明企业已处于严重的危机之中

15. 下列选项中，不属于财务预警统计模型定量分析方法的是（   ）。

A. 经营损益预警模型　　　　　　B. 联合预警模型

C. 多变量预警模型　　　　　　　D. 线性概率模型

二、多项选择题

1. 当企业出现财务危机时，可以采取的法律措施是（   ）。

A. 债务展期　　B. 债务和解　　C. 合并

D. 重组　　　　E. 破产清算

2. 企业经济业务中的财务风险包括（   ）。

A. 筹资风险　　B. 投资风险　　C. 汇率风险

D. 经营亏损风险　　　　　　　　E. 收益分配风险

3. 财务危机四阶段分析法包括（   ）。

A. 财务危机潜伏期　　　　　　　B. 财务危机发生期

C. 财务危机成长期　　　　　　　D. 财务危机恶化期

E. 财务危机实现期

4. A 计分法把企业的风险因素分为（   ）。

A. 经营缺点因素　　B. 经营错误因素　　C. 破产征兆因素

D. 财务缺点因素　　　　　　　　E. 财务错误因素

5. Z 计分模型的指标包括（   ）。

A. 流动性　　　　B. 获利能力　　　C. 发展能力

D. 偿债能力　　　E. 周转能力

6. 财务危机的应对措施包括（   ）。

A. 拓展融资渠道　　B. 处置闲置资产　　C. 盘活存量资产

D. 保持合理的现金流量　　　　　E. 建立财务监控体系

7. 财务预警定量分析方法包括（   ）。

A. A 计分法　　　　　　　　　　B. Z 计分模型

C. 单变量预警模型　　　　　　　D. 多变量预警模型

E. 联合预警模型

8. 比弗的研究表明，对企业失败最具有预测能力的指标是（   ）。

A. 现金流量/总负债　　　　　　B. 总负债/总资产

C. 净利润/总资产　　　　　　　D. 营运资本/总资产

E. 息税前利润/总资产

9. 下列选项中，下列属于财务危机表现形式的是（   ）。

A. 产销严重脱节，销售利润明显下降

B. 应收账款大幅增加，产品库存迅速上升

C. 丧失偿还到期债务的能力

D. 缺乏偿还即将到期债务的现金流

E. 利息负担过重

10. 企业经济业务中的财务风险包括（　　）。

  A．筹资风险   B．投资风险

  C．汇率风险   D．企业经营亏损风险

  E．企业诉讼风险

三、判断题

1．企业产生财务失败的主要原因在于企业经营者决策失误。（　　）

2．Z 计分模型是一种单变量财务失败预警模型。（　　）

3．对跨国公司和跨国经营企业而言，在投资经营过程中，如果东道国货币发生贬值，其在东道国的资产和实际收益价值就会降低，从而造成损失。（　　）

4．财务危机管理研究如何构建企业管理系统的防错、纠错机制和扭转逆境的管理系统内容。（　　）

5．债务到期违约不支付属于财务危机实现期的特点。（　　）

6．A 计分法评分总分小于 18 分，企业处于安全状态。（　　）

7．一般来说，对于经历长期经营损失的公司，其营运资产相对于总资产将有所缩减。这是公司是否将面临停止运营的最好指示器之一。（　　）

8．Z 计分模型中 Z 大于 2.99 的区域为破产区域。（　　）

9．资金协调性预警模型构建了营运资本、营运资金需求和现金支付能力 3 个重要的财务指标。（　　）

10．经营安全率大于零，资金安全率小于零，说明企业财务状况良好，但经营销售存在问题。（　　）

11．关于财务危机，目前国内外学界尚无统一的定义。（　　）

12．对于跨国公司而言，如果东道国货币发生升值，其在东道国的资产和实际收益价值就会降低，从而造成损失。（　　）

13．财务危机的外部诱因可能包括经济不景气、行业恶性竞争、对外提供信用担保过的和资产周转缓慢。（　　）

14．财务预警失灵是财务危机发生期的特征之一。（　　）

15．就单变量分析的统计方法而言，既考虑到变量的集中趋势，也考虑到变量的离散程度。（　　）

四、名词解释题

1．财务危机预警

2．A 计分法

3．Z 计分模型

4．经营损益预警

5．经营安全预警模型

6．财务危机管理

五、简答题

1．简述财务预警系统的功能。

2．简述财务预警系统的设计原则。

3．简述财务预警分析的目的和内容。

4．简述常用的财务预警定性分析方法。

5. 简述常用的财务预警定量分析方法。

6. 简述企业经济业务中的财务风险包括的内容。

7. 简述企业财务管理流程中的风险包括的内容。

8. 简述财务危机的表现形式。

六、计算分析题

1. A 公司是一家从事家用电器制造的公司，近 4 年有关财务数据如表 11-1 所示。

表 11-1 　　　　　　　　　A 公司 20×5 年～20×8 年的有关财务资料　　　　　　　　　单位：元

指标	20×5 年	20×6 年	20×7 年	20×8 年
流动资产	4 862 868 408	6 033 869 860	7 513 785 536	2 868 356 029
总资产	7 656 539 329	9 432 791 214	11 160 351 150	5 369 712 592
流动负债	4 068 730 484	5 779 561 003	8 145 024 920	6 146 159 429
未分配利润	−1 211 930 161	184 436 195	−88 877 490	−3 800 717 444
盈余公积	343 742 703	114 580 901	114 580 901	114 580 901
税前利润	103 919 721	220 003 504	−232 535 800	−3 782 339 728
主营业务收入	4 878 257 017	6 168 109 963	7 923 000 768	6 978 371 717
财务费用	75 536 164	100 397 258	127 457 832	166 678 614
负债总额	4 859 319 183	6 386 693 815	8 231 710 320	6 220 082 854
每股市价	6.74	6.68	4.47	2.13
股数	992 006 560	992 006 560	992 006 560	992 006 560

要求：采用 Z 计分模型计算 A 公司的 Z 值，对 A 公司进行财务预警。

2. B 公司是一家客车生产企业，近几年开始出现业绩下滑，主营业务利润由 20×5 年的 9 394.38 万元骤降至 2 878.82 万元，降幅高达 69.4%。该公司 20×6 年、20×7 年和 20×8 年连续三年亏损。B 公司 20×5 年～20×8 年的基本财务数据如表 11-2 所示。

表 11-2 　　　　　　　　　B 公司 20×5 年～20×8 年的基本财务数据　　　　　　　　　单位：元

指标	20×5 年	20×6 年	20×7 年	20×8 年
资产总额	1 161 830 022	1 245 957 842	1 219 438 056	1 110 226 136
其中：流动资产	630 155 979	707 054 865	698 117 712	650 279 604
负债总额	523 280 469	758 090 026	802 770 804	804 159 886
其中：流动负债	510 775 465	758 090 026	802 770 804	804 159 886
股东权益	638 549 552	480 302 247	411 041 072	301 168 983
其中：留存收益	39 673 764	−120 634 142	−189 895 317	−301 657 016
息税前利润	30 405 671	−143 339 783	−59 370 211	−96 427 260
股票市价	7.90	5.72	3.91	2.45
期末股东权益的市价	910 902 325	671 827 853	515 838 628	353 062 988
销售收入	876 543 604	798 720 285	795 288 770	787 529 753
净利润	21 298 565	−147 557 580	−69 261 174	−111 761 699
折旧	21 261 495	19 258 273	20 809 092	20 327 967
利息	−3 325 504	−5 720 335	−9 879 382	−14 641 507
经营活动净现金流量	−111 409 463	−137 249 226	−47 764 596	−112 428 655

要求：采用比弗的单变量预警模型对 B 公司进行财务预警分析。

七、案例分析题

1993 年 12 月 6 日，济南轻骑在上海证券交易所上市，成为我国摩托车行业的第一家上市公司。1997 年 5 月 23 日，济南轻骑又成功发行 2.3 亿股 B 股，成为国内该行业及山东省第一家同时拥有 A、B 股股票的上市公司。从 1993 年到 1997 年的 4 年中，济南轻骑从证券市场上共募集了 16 亿元资金，为公司迅速发展壮大提供了源源不断的资金。与此同时，济南轻骑的主营业务收入从 19 亿元增长到 33 亿元，增幅达 42%；净利润从 1.1 亿元增长到 4.7 亿元，增长近 5 倍；每股收益连续 5 年在 0.48 元以上，被誉为绩优上市公司。在 1998 年全国最有价值品牌评比中，"轻骑"价值 31 亿元。

1998 年，济南轻骑业绩开始下滑，2000 年亏损-2.58 亿元。会计师事务所对该公司出具了持保留意见的审计报告。由于公司 2000 年和 2001 年连续两个会计年度经营亏损，自 2002 年 4 月 29 日起，公司股票实行特别处理，简称"ST 轻骑"（A 股）、"ST 轻骑 B"（B 股）。2002 年，ST 轻骑一年亏损了 34 亿元，每股亏损-3.5 元，创我国股市有史以来（当时）单个上市公司亏损额之最。ST 轻骑因连续三年亏损，于 2003 年 5 月 19 日起被暂停上市。2003 年上半年扭亏为盈，于 9 月 5 日向上海证券交易所提出了公司股票恢复上市的申请，并于 9 月 10 日接到通知，其恢复上市申请被上海证券交易所受理。

2003 年 9 月 20 日，济南市光华包装厂由于 ST 轻骑应付该厂欠款 311 万多元人民币无法偿还，直接向济南市中级人民法院申请 ST 轻骑破产偿债。该院于 2003 年 9 月 23 日受理了该厂对 ST 轻骑破产偿债的申请。ST 轻骑于法定期限提交了债务和解申请并被受理。2004 年 2 月 20 日，该院认可并公告了上述和解协议。ST 轻骑积极履行和解协议，从 2004 年 4 月 19 日起开始付款，截至 2004 年 4 月 26 日已履行完和解协议应承担的义务，向法院申请终结破产程序。2004 年 4 月 26 日，该院经审查后终审裁定终结 ST 轻骑破产程序。2004 年 7 月 28 日，ST 轻骑的股票恢复上市流通，破产危机暂时解除。

2006 年，济南轻骑 3.97 亿股国有股份被划拨给中国兵装集团，由此成为这家央企的子公司，但其经营和财务状况一直未得到改善。2010 年 9 月，中国兵器装备集团公司决定置出 ST 轻骑的摩托资产，置入其全资子公司中国长安控股的湖南天雁机械有限责任公司。2011 年 8 月，*ST 轻骑发布公告称，该公司重组方案获得高票通过。按此重组方案，*ST 轻骑将被湖南天雁机械股份有限公司"借壳"，原有摩托车业务退出 A 股市场。2012 年 5 月 16 日，*ST 轻骑发布公告称，因为连续 3 年亏损，公司股票自 2012 年 5 月 23 日起暂停上市。2013 年 7 月 5 日，停牌 1 年多的 ST 轻骑恢复上市交易。2014 年 1 月 29 日，ST 轻骑名称变更为湖南天雁股份有限公司，公司住所和经营范围也随之变更。2014 年 5 月 5 日，由 ST 轻骑更名而来的湖南天雁复牌上市，济南轻骑正式告别中国资本市场。

回首济南轻骑的上市历程，财务状况不佳一直是困扰该公司的一个突出问题。该公司也因此屡次陷入暂停上市甚至破产的境地。分别对 ST 轻骑 1999 年～2003 年、2009 年～2013 年的财务报表数据进行整理计算后，得出 Z 计分模型各参数值分别如表 11-3、表 11-4 所示。

要求：采用 Z 计分模型计算 ST 轻骑的 Z 值，对其进行财务预警和分析。

表 11-3　　　　　　　ST 轻骑 1999 年至 2003 年 Z 计分模型计算表

年份	X_1	X_2	X_3	X_4	X_5
1999	0.497 8	0.244 5	−0.001 2	1.488 7	0.234 2
2000	0.467 2	0.128 2	−0.104 2	1.257 1	0.119 6

续表

年份	X_1	X_2	X_3	X_4	X_5
2001	0.454 7	−0.085 2	−0.214 0	0.925 2	0.022 3
2002	−0.004 1	−0.844 6	−0.698 9	0.458 5	0.062 58
2003	0.110 8	−1.161 9	0.016 20	0.611 3	0.203 7

表 11-4　　　　　　　ST 轻骑 2009 年～2013 年 Z 计分模型计算表

年份	X_1	X_2	X_3	X_4	X_5
2009	−0.383 2	−0.845 5	−0.087 7	8.068	1.315 6
2010	−0.336 8	−0.899 7	−0.067 3	8.068	1.239
2011	−0.430 6	−1.156 2	−0.123 9	4.265	1.34
2012	0.448 1	−0.802 5	0.076 6	12.712	0.915 1
2013	0.476 9	−0.735 1	0.067 2	11.565	0.631 8

练习题答案

一、单项选择题

1	2	3	4	5	6	7	8	9	10
C	D	C	B	D	B	A	C	B	D
11	12	13	14	15					
A	B	C	C	A					

二、多项选择题

1	2	3	4	5	6	7	8	9	10
CDE	ABCDE	ABDE	ABC	ABDE	ABCDE	BCDE	ABC	ABCD	ABCDE

三、判断题

1	2	3	4	5	6	7	8	9	10
×	×	√	×	×	√	√	×	√	×
11	12	13	14	15					
√	×	×	√	×					

1．改正：这句话改为"企业产生财务失败的原因是多方面的，企业经营者决策失误有可能是其中的一个原因。"

2．改正：这句话改为"Z 计分模型是一种多变量财务失败预警模型。"

4．改正：这句话改为"财务预警管理研究如何构建企业管理系统的防错、纠错机制和扭转逆境的管理系统内容。"

5．改正：这句话改为"债务到期违约不支付属于财务危机恶化期的特点。"

8．改正：这句话改为"Z 计分模型中，Z 大于 2.99 的区域为非破产区域。"

10．改正：这句话改为"经营安全率小于零，资金安全率大于零，说明企业财务状况良好，但经营销售存在问题。"

12．改正：这句话改为"对跨国公司而言，如果东道国货币发生贬值，其在东道国的资产和实际收益价值就会降低，从而造成损失。"

13．改正：删除"和资产周转缓慢。"

15．改正：这句话改为"就单变量分析的统计方法而言，只考虑到变量的集中趋势，没有考虑到变量的离散程度。"

四、名词解释题

1．财务危机预警，是指通过对企业日常财务运行情况进行连续有效的监测，来防范企业财务恶化给债权人和投资者造成的损失。

2．A 计分法，是一种对财务危机定性因素通过赋值量化，然后进行综合评分的方法。这种方法首先把企业的风险因素分为经营缺点因素、经营错位因素和破产征兆因素三类，然后进一步分解为17 个风险小项，每一项都给出标准分值。在评分时，每一项得分或者是零分，或者是满分，但不允许给中间分。所给的分数反映了企业管理不善的程度，分数越高，企业的处境越差。在理想状态下，这些分数应该为零。

3．Z 计分模型，是美国的奥特曼（E.I.Altman）构建的用于预测财务危机的多变量模型。首先选定一定数量特定时期发生财务危机的公司和未发生财务危机的健康公司为样本，其次是对每类公司收集一套财务比率数据，接着再从这些比率中选出预测破产最有用的财务比率作为自变量，运用多元判别分析技术建立判别函数。

4．经营损益预警采用企业利润表中的有关项目，分别计算经营收益、经常收益和期间收益三个经营损益类财务指标，然后按照亏损和盈利两种情形组合为 6 种状态类型。企业通过计算其三项财务指标数值，就可以找到所在的状态类型，进而判断出企业的未来前景。

5．经营安全预警模型通过构建两个安全率指标来分析企业财务经营结构现状，寻求企业财务状况的改善。这两个指标分别是经营安全率和资金安全率。

6．财务危机管理是企业为了预防、摆脱、转化危机而采取的一系列维护企业生产经营正常运行，使企业摆脱逆境，避免或减少财产损失，将危机转化为转机的一种积极主动的企业管理行为。

五、简答题

1．答：一个有效的企业财务危机预警系统应具有的功能如下。第一，预知财务危机的征兆。当可能危害企业财务状况的关键因素出现时，财务预警系统能预先发出警告，提醒企业管理者、投资者、债权人和其他相关者早做准备或采取对策以减少财务损失。第二，预防财务危机发生或阻止其进一步扩大。当财务危机征兆出现时，有效的财务预警系统不仅能预知并预告，还能及时寻找导致企业财务状况进一步恶化的原因，使企业管理者、投资者、债权人和其他相关者不仅知其然，更知其所以然，以实施有效措施，阻止财务状况进一步恶化，避免企业发生严重的财务危机。第三，避免类似的财务危机再次发生。有效的财务预警系统不仅能及时避免潜在的财务危机，而且能通过系统详细地记录此前财务危机的发生缘由、解决措施、处理结果，并及时提出建议，弥补企业现有财务管理及经营中的缺陷，完善财务预警系统，从根本上消除隐患。

2．答：为了提高企业财务预警管理的效率和效果，企业在建立财务预警系统的过程中必须坚持如下原则：实用性原则，即所建立的预警系统必须真正起到预警的作用；系统性原则，必须从客户出发，把企业作为一个有机整体来考虑；重要性原则，应抓住企业财务管理的主要矛盾和矛盾的主要方面，应注重成本效益的要求，预警指标不宜过多；前馈性原则，在建立财务预警系统的过程中，不要仅仅依赖会计信息和财务信息，还应把更多的精力放在过程管理中，以防微杜渐；前瞻性原则，必须坚持发展的眼光，所建立的预警系统具有一定的前瞻性、动态性和适应性；客观量化的原则，在处理指标的过程中，应尽量减少迭代层次，因为中间过程层次越多，越容易失真，同时还应该注意数据挖掘和最优停止点的问题，指标数据的挖掘和利用宜适可而止。

3．答：财务预警分析的目的主要有 4 点：为企业预警，使企业及时应对财务危机、避免破产；为投资者和债权人预警，使其做出正确的投资决策；为政府机构服务，使其做出合理的优化资源配置的决策；为企业客户预警，使其做出恰当的购买和销售决策。

财务危机预警分析的内容可概括为两个方面。第一，发现财务危机的征兆，建立财务预警机制。财务管理人员可以通过公司的财务结构是否恶化、财务经营信誉是否降低、自由现金流量是否充足、经营主业是否明显下降等征兆来识别财务危机，同时通过建立单变量和多变量财务预警模型来判断财务危机的存在及其严重程度。第二，发现财务危机的内外部诱因，提出财务危机的应对措施。财务管理人员在识别财务危机之后，应进一步分析公司财务危机的内外部诱因，并在此基础上提出财务危机的应对措施。财务危机的内部诱因可能包括负债过度、资产周转缓慢、扩张速度过快等。外部诱因可能包括经济不景气、行业恶性竞争、关联方倒闭、对外提供信用担保等。财务危机的应对措施可能包括拓展融资渠道、处置闲置资产、盘活存量资产、保持合理的现金流量、建立财务监控体系等。

4. 答：财务预警定性分析方法，主要有财务风险分析调查法、财务危机四阶段分析法和管理评分法等三种。

第一，风险分析调查法，是由专业人员、咨询公司和管理专家对企业内外部环境进行分析，辨别企业是否存在引起财务危机发生的原因，找出财务危机发生的征兆，以此预测财务危机发生的可能性。第二，财务危机四阶段分析法是根据企业财务危机的形成过程，把财务危机分为财务危机潜伏期、财务危机发生期、财务危机恶化期和财务危机实现期。不同的阶段有不同的危机症状表现。第三，管理评分法也称 A 计分法，是一种对财务危机定性因素通过赋值量化，然后进行综合评分的方法。这种方法首先把企业的风险因素分为经营缺点因素、经营错位因素和破产征兆因素三类，然后进一步分解为 17 个风险小项，每一项都给出标准分值。在评分时，每一项得分或者是零分，或者是满分，但不允许给中间分。所给的分数反映了企业管理不善的程度，分数越高，企业的处境越差。在理想状态下，这些分数应该为零。

5. 答：财务预警定量分析，主要有统计模型定量分析方法和财务指标矩阵定量分析方法两大类。统计模型定量分析，主要有单变量预警模型、多变量预警模型、线性概率模型、多元逻辑斯蒂预警模型、人工神经网络预警模型和联合预警模型等六种。统计模型定量分析方法由于技术性较高且相关理论艰深，多为学术界研究人员所使用，在企业财务预警的实务分析中很少被采用。

财务指标矩阵定量分析方法，只要采用较少的财务指标建立指标矩阵，然后将相关企业的财务数值进行对照以确定相应的矩阵区间，即可以对企业的财务危机前景进行预警分析。由于方法简单，操作方便，该方法在企业的实际分析中被广泛使用。财务指标矩阵定量分析方法主要有经营损益预警模型、经营安全预警模型和资金协调性预警模型。

6. 答：企业经济业务中的财务风险主要包括 4 种：筹资风险、投资风险、汇率风险和其他风险。第一，筹资风险。筹资风险主要和资本结构、财务杠杆相关。第二，投资风险。投资风险指的是企业制定的投资决策的最终效果具有不确定性。第三，汇率风险。汇率风险是指由于汇率的变动而蒙受损失和将丧失预期收益的可能性。第四，其他风险。企业生产经营过程中还有可能发生诸如企业经营亏损风险、财产跌价损失风险、企业员工人身风险、收益分配等风险。

7. 答：企业财务管理流程中的风险主要包括如下四个方面。第一，财务信息不能满足管理要求。第二，缺乏财务预测。第三，财务决策缺乏科学性和合理性。第四，财务控制不力。

8. 答：财务危机至少有 4 种表现形式：从企业的经营情况看，表现为产销严重脱节，企业销售额和销售利润明显下降，多项绩效评价指标出现严重恶化；从企业的资产结构看，表现为应收账款大幅增长，产品库存迅速上升；从企业的偿债能力看，表现为丧失偿还到期债务的能力；从企业的现金流量看，表现为缺乏偿还即将到期债务的现金流。

六、计算分析题

1．解：A 公司的 Z 值计算结果如表 11-5 所示。

表 11-5　　　　　　　　A 公司 20×5 年～20×8 年 Z 值计算表

	20×5 年	20×6 年	20×7 年	20×8 年
X_1	0.1	0.03	−0.06	−0.61
X_2	−0.11	0.03	0.00	−0.69
X_3	0.02	0.03	−0.01	−0.67
X_4	1.38	1.04	0.54	0.34
X_5	0.64	0.65	0.71	1.3
$Z=1.2\times X_1+1.4\times X_2+3.3\times X_3+0.6\times X_4+1.0\times X_5$	1.51	1.47	0.94	−2.41

由此可见，其实早在 20×5 年 A 公司的 Z 值就在 1.81 以下，且逐年连续下降，存在严重的财务危机。20×8 年，A 公司 Z 值直线下降到-2.41，破产可能性极大。

2．解：B 公司预警指标计算值如表 11-6 所示。

表 11-6　　　　　　　B 公司 20×5 年～20×8 年各项预警指标计算值

项目	20×5 年	20×6 年	20×7 年	20×8 年
每股经营活动现金净流量（元）	−0.58	−0.72	−0.25	−0.59
经营活动现金净流量÷负债总额	−0.22	−0.18	−0.059	−0.14
流动比率	1.23	0.93	0.87	0.81
资产负债率	44.1%	60.8%	65.83%	72.43%
销售现金比率	−0.13	−0.17	−0.06	−0.14
净资产收益率	3.5%	−30.7%	−16.85%	−37.11%

由表 11-6 发现 B 公司的现金流指标均为负数；流动比率、资产负债率尚属正常；销售现金比率指标均是负数，说明 B 公司的经营业绩堪忧；净资产收益率指标下降幅度很大，20×6 年起均为较大负数，净资产收益率作为企业盈利能力的核心指标，说明该企业的盈利状况不容乐观，由此可以推断 B 公司的财务状况不容乐观。

上述分析预示着 B 公司将会陷入财务困境，说明单变量预警指标在预测企业发生财务危机可能性时有一定的价值，但单变量预警指标只能从某一角度说明问题，不能从总体上进行比较明确的判断，对其运用应持谨慎。

七、案例分析题

解：ST 轻骑 1999 年～2003 年的 Z 值如下。

（1）1999 年：0.252 3。

（2）2000 年：0.130 9。

（3）2001 年：0.025 1。

（4）2002 年：0.030 3。

（5）2003 年：0.192 7。

按照 Z 计分模型的判断标准，从 1999 年起，ST 轻骑各年的 Z 值均大大小于 1.81，预测结论均属于破产。Z 计分模型更强调的是资产的利用效果和企业的经营效益，因为良好的资产利用效果和经营效益是企业摆脱危机、赖以生存的基础。丧失了这一基础，即使能够暂时性地摆脱困境，也无法改变最终结局。从现实结果来看，ST 轻骑自 1999 年危机显现以来，经营状况不断恶化，直到 2003 年，虽有好转但并无实质性的转变，从而导致了破产危机的出现。

ST 轻骑 2009 年～2013 年的 Z 值如下。

（1）2009 年：4.223 5。

（2）2010 年：4.193。

（3）2011 年：1.354 7。

（4）2012 年：8.208 1。

（5）2013 年：7.335 8。

ST 轻骑在 2009 年～2011 年三年再次陷入连续亏损的状况。从 Z 值计算结果来看，Z 计分模型中的 X_1、X_2、X_3 三个指标在这三年均出现连续的负数结果，表明公司的流动性、获利能力不佳。公司的偿债能力指标 X_4 数值较大，主要是由于公司的股本规模及市价相对于总债务账面价值而言较大所致。总体而言，在 2009 年～2013 年这五年中，除 2011 年的 Z 值小于 1.81 时公司存在破产可能外，Z 值指标均大于 2.99，说明公司的财务状况在近年来随着重组的推进得到了明显改善。

前景预测与价值评估 | 第12章

知识点回顾

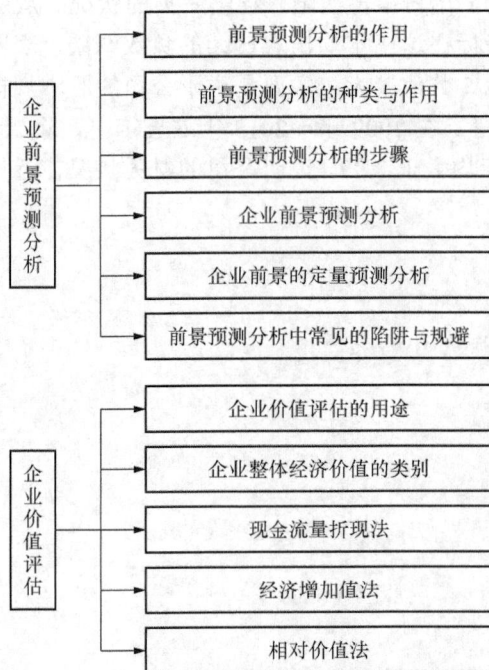

练习题

一、单项选择题

1. 企业价值评估的一般前提是企业的（　　）。

   A．独立性　　　　B．持续经营性　　　C．整体性　　　　D．盈利性

2. 证券市场上将企业价值评估作为投资重要依据的是（　　）。

   A．消极投资者　　B．积极投资者　　　C．趋势型投资者　　D．价值型投资者

3. 企业价值评估模型是将（　　）根据资本加权平均成本进行折现。

   A．预期自由现金流量　　　　　　　　　B．预期股权现金流量

   C．股利　　　　　　　　　　　　　　　D．利润

4. 运用市盈率作为乘数评估出的是（　　）。

   A．资产价值　　　B．投资价值　　　　C．股权价值　　　D．债权价值

5. 在企业被收购或变换经营者的可能性较大时，适宜选用（　　）模型进行估价。

   A．股利折现　　　B．股权现金流量　　C．预期自由现金流量　D．净利润

6. 被评估企业未来 5 年收益现值之和为 2 000 万元,折现率及资本化率同为 10%,第六年企业预期收益为 600 万元,并一直持续下去。企业的整体评估值为 (   )。

    A. 5 000 万元   B. 5 387 万元   C. 8 000 万元   D. 5 725 万元

7. 评估企业价值最直接的方法是 (   )。

    A. 价格指数法   B. 重置成本法   C. 收益现值法   D. 清算价格法

8. 企业实体现金流量是企业价值评估中最重要的概念之一。下列表述中,正确的是 (   )。

    A. 它是一定期间企业提供给投资人(包括债权人和股东)的全部税前现金流量

    B. 它是企业全部现金流入扣除成本费用和必要的投资后的剩余部分

    C. 它是一定期间企业分配给股权投资人的现金流量

    D. 它通常受企业资本结构的影响而改变现金流量的数额

9. 下列关于股权现金流量的表述中,正确的是 (   )。

    A. 税后净利+折旧

    B. 经营活动产生的现金流量净额

    C. 经营活动产生的现金流量净额+投资活动产生的现金流量净额+筹资活动产生的现金流量净额

    D. 企业履行了所有财务责任和满足了再投资需要以后的净额

10. 根据相对价值法计算出来的价值是目标企业价值的 (   )。

    A. 内在价值   B. 账面价值   C. 清算价值   D. 相对价值

11. 使用最广泛、理论上最健全的企业价值评估方法是 (   )。

    A. 现金流量折现法   B. 经济增加值法

    C. 相对价值法   D. 市盈率估价法

12. 下列关于长期前景预测分析的说法中,不正确的是 (   )。

    A. 预测结果很难精确   B. 适宜进行定量预测

    C. 许多不确定性因素难以预料   D. 需要根据最新资料修改和完善

13. 企业实体价值是指 (   )。

    A. 股权价值与债权价值之和   B. 股权的公平市场价值

    C. 债务的公平市场价值   D. 股权和债务的账面价值

14. 从超过投资者要求的报酬率中得来的价值指的是 (   )。

    A. 股权价值   B. 经济增加值   C. 自由现金流量   D. 相对价值

15. 利用同一时期有关因素的相互关系资料进行的前景预测分析指的是 (   )。

    A. 短期前景预测分析   B. 定量前景预测分析

    C. 静态前景预测分析   D. 多项前景预测分析

二、多项选择题

1. 企业价值的表现形式有 (   )。

    A. 企业资产价值   B. 企业投资价值   C. 企业股东权益价值

    D. 企业债务价值   E. 企业债权价值

2. 企业的投资价值是 (   )。

    A. 企业所有的投资人所拥有的对于企业资产索取权价值的综合

    B. 企业的资产价值减去无息流动负债价值

    C. 代表了股东对企业资产的索取权,等于企业的资产价值减去负债价值

D. 权益价值加上付息债务价值

E. 企业所拥有的所有资产包括各种权益和负债的价值总和

3. 进行企业的整体价值评估时，应该考虑的因素有（　　）。

    A. 企业全部资产价值   B. 企业所属行业的收益

    C. 市场竞争因素   D. 企业的经营管理水平

    E. 企业的外部环境

4. 在评估企业价值时，如果在待评估企业与可比企业之间的资本结构有较大差异时，则应选择（　　）。

    A. 价值/重置成本比率   B. 市盈率

    C. 价格/销售收入比率   D. 价格/账面价值比率

    E. 价值/息税折旧前收益比率

5. 运用（　　）作为乘数评估出的是企业股权价值。

    A. 价值/重置成本比率   B. 市盈率

    C. 价格/销售收入比率   D. 价格/账面价值比率

    E. 价值/息税折旧前收益比率

6. 企业进行前景预测分析时，对未来宏观环境进行分析时需要考虑（　　）。

    A. 国内外经济形势   B. 经济周期

    C. 宏观调控政策   D. 国家产业政策

    E. 行业市场结构

7. 下列选项中，属于财务前景定量预测分析方法的是（　　）。

    A. 销售百分比法   B. 线性回归分析法

    C. 平滑指数法   D. 固定比例计算法

    E. 财务预算法

8. 按预测分析对象的不同，前景预测分析可分为（　　）。

    A. 单项前景预测分析   B. 多项前景预测分析

    C. 成本预测分析   D. 收入预测分析

    E. 投资预测分析

9. 企业价值评估常见的基本方法主要有（　　）。

    A. 企业自由现金流量折现法   B. 股权自由现金流量折现法

    C. 经济增加值法   D. 相对价值法

    E. 财务预算法

10. 企业整体经济价值具体可以指（　　）。

    A. 实体价值   B. 持续经营价值   C. 清算价值

    D. 少数股权价值   E. 控股权价值

三、判断题

1. 由于价值评估具有科学性和客观性，所以其结论对企业来讲具有长远的意义。（　　）

2. 企业价值评估的一般对象是企业的持续经营价值。资产负债表的"资产总计"是单项资产价值的合计，即企业作为整体的价值。（　　）

3. 按前景预测分析的性质，可分为定性前景预测分析和定量前景预测分析。（　　）

4. 前景预测就是编制企业预测性财务报表。（　　）

5．除非特别指明，企业价值评估的"价值"是指未来现金流量的现值。 （　　）

6．企业实体价值是股权价值与债务价值之和。股权价值在这里是指所有者权益的账面价值。
（　　）

7．在采用销售百分比法对资产负债表进行预测时，所有项目都按照销售百分比来预测。
（　　）

8．资产的公平市场价值就是未来现金流入的现值。 （　　）

9．相对价值法以可比企业价值为基准，用可比企业的价值衡量目标企业的内在价值。 （　　）

10．市盈率估价法假设股票市价是每股净利的一定倍数。每股净利越大，则股票价值越大。
（　　）

11．定量前景预测分析一般与短期预测相结合，为短期财务决策和日常经营管理服务。
（　　）

12．单项前景预测分析往往用于短期前景预测分析、定量前景预测分析。 （　　）

13．资产负债表的预测是企业财务预测分析的关键，是进行全面预测的起点。 （　　）

14．现时市场价值是按现行市场价格计量的资产价值。它可能是公平的，也可能是不公平的。
（　　）

15．企业自由现金流量折现法明确计算了股东所得到的自由现金流量，并同时考虑了企业与债权人之间往来的各种支付。 （　　）

四、名词解释题

1．前景预测分析

2．投资预测分析

3．情景分析

4．敏感性分析

5．自由现金流量

6．动态前景预测分析

7．持续经营价值

8．实体价值

9．经济增加值

10．相对价值法

五、简答题

1．简述前景预测分析的步骤。

2．简述如何进行企业前景定性分析。

3．简述前景预测分析的作用。

4．简述企业价值评估的目的。

5．简述企业整体经济价值。

6．简述敏感性分析的目的。

7．简述企业价值评估与项目价值评估的区别。

8．简述市盈率估价法的优缺点。

六、计算分析题

1．A 公司现准备以 100 万元收购目标企业 B，有关资料如下：去年 B 企业销售额 1 000 万元，预计收购后有 5 年的自由现金流量：在收购后，第一年的销售额在上年基础上增长 5%，第二年、第三年、第四年分别在上一年基础上增长 10%，第五年与第四年相同；销售利润率为 4%，所得税税率为 33%；固定资本与营运资本追加额分别占销售增长额的 10% 和 5%。市场无风险报酬率、风险报酬率（溢价）分别为 5% 和 2%，A 公司和 B 企业的 β 系数分别为 2 和 1.5。

要求：

（1）计算 B 企业在被收购后各年的自由现金净流量。

（2）计算自由现金流量现值。

（3）根据贴现现金流量法评价 A 公司是否应收购 B 企业。

2．C 公司和 D 企业流通在外的普通股分别为 3 000 万股和 600 万股，现有净利润分别为 6 000 万元和 900 万元，市盈率分别为 15 和 10。C 公司拟采用增发普通股的方式收购 D 企业，并计划支付给 D 企业高于其市价 20% 的溢价。

要求：

（1）计算股票交换比率和 C 公司需增发的普通股股数。

（2）如果两企业并购后的收益能力不变，新 C 公司的市盈率不变，则合并对原企业股东每股收益有何影响？股票市价交换比率为多少？该合并对哪一方有利？能否发生？

（3）如果两企业并购后的收益能力不变，新 C 公司的市盈率上升为 16，则其每股市价为多少？

（4）如果合并后新 C 公司的市盈率不变，使并购前后每股收益相等的股票交换比率、股票市价交换比率和增发的股数分别为多少？

3．E 公司是 2018 年 1 月 1 日成立的高新技术企业。为了进行以价值为基础的管理，该公司采用股权现金流量模型对股权价值进行评估。评估所需的相关数据如下。

（1）E 公司 2018 年的销售收入为 1 000 万元。根据目前市场行情预测，其 2019 年、2020 年的增长率分别为 10%、8%；2021 年及以后年度进入永续增长阶段，增长率为 5%。

（2）E 公司 2018 年的经营性营运资本周转率为 4，净经营性长期资产周转率为 2，净经营资产净利率为 20%，净负债/股东权益=1/1。公司税后净负债成本为 6%，股权资本成本为 12%。假设以后年度上述指标均保持不变。

（3）E 公司未来不打算增发或回购股票。为保持当前资本结构，E 公司采用剩余股利政策分配股利。

要求：

（1）计算 E 公司 2019 年至 2021 年的股权现金流量。

（2）计算 E 公司 2018 年 12 月 31 日的股权价值。

4．甲企业今年的每股净利润是 0.5 元，分配股利 0.35 元/股。该企业净利润和股利的增长率都是 6%，β 值为 0.75。政府长期债券利率为 7%，股票市场的平均风险附加率为 5.5%。

要求：

（1）计算该企业的本期市盈率和预期市盈率。

（2）如果乙企业与甲企业是类似企业，今年的实际每股收益为 1 元，未来每股收益增长率是 6%，分别采用本期市盈率和预期市盈率计算乙企业的股票价值。

5．A 公司目前处于稳定增长阶段，本年度的税后利润为 4 000 万元，假设没有非营业收入，发行在外的股数为 2 000 万股，资本支出为 2 000 万元，折旧和摊销为 1 800 万元；本年度比上年度净经营性营运资本增加 800 万元。按照经济预期，长期增长率为 5%。该公司的负债比率目前为 20%，预计将来继续保持这一比率。经估计，该公司的股权成本为 10%。

要求：计算该公司当前的每股价值。

七、案例分析题

甲公司拟横向兼并同行业的乙公司，假设两公司的长期负债利率均为 10%，所得税税率为 33%。按照甲公司现行会计政策对乙公司的财务数据进行调整后，甲、乙两公司 20×8 年 12 月 31 日简化的资产负债表如表 12-1 所示。

表 12-1　　　　　　　　　甲、乙公司 20×8 年 12 月 31 日简化资产负债表　　　　　　　　单位：万元

资产	甲公司	乙公司	负债及股东权益	甲公司	乙公司
流动资产	6 000	2 000	流动负债	2 000	1 000
			长期负债	2 000	400
长期资产	4 000	1 000			
			股本	4 000	1 200
			留存收益	2 000	400
			股东权益合计	6 000	1 600
资产总计	10 000	3 000	负债及股东权益合计	10 000	3 000

甲、乙公司 20×8 年度的经营业绩及其他指标如表 12-2 所示。

表 12-2　　　　　　　　　　　甲、乙公司 20×8 年经营业绩及其他指标表

20×8 年度经营业绩	甲公司	乙公司
息税前利息（万元）	1 400	240
减：利息（万元）	200	40
税前利润（万元）	1 200	200
减：所得税（万元）	396	66
税后利润（万元）	804	134
其他指标		
资本收益率	17.5%	12%
利润增长率	22%	18%
近三年的平均利润		
税前利润（万元）	400	130
税后利润（万元）	240	80
市盈率	20	14

甲公司选择自身市盈率为标准市盈率。

要求：

（1）选用乙公司最近一年的税后利润作为估价收益指标，计算乙公司的价值；

（2）选用乙公司近三年税后利润的平均值作为估价收益指标，计算乙公司的价值；

（3）假设乙公司并购后能够获得与甲公司相同的资本收益率，依此计算出乙公司并购后税后利润，并将税后利润作为收益估价指标，计算乙公司的价值。

练习题答案

一、单项选择题

1	2	3	4	5	6	7	8	9	10	11	12	13	14	15
B	D	A	C	B	D	C	B	D	D	A	B	A	B	C

二、多项选择题

1	2	3	4	5	6	7	8	9	10
ABC	ABD	ABCDE	AE	BCD	ABC	ABCDE	CDE	ABCD	ABCDE

三、判断题

1	2	3	4	5	6	7	8	9	10
×	×	√	×	√	×	×	√	×	√

11	12	13	14	15					
√	×	×	√	×					

1．改正：这句话改为"企业价值受企业经营状况和市场状况的影响，随时都会变化。价值评估依赖的企业信息和市场信息也在不断波动，新信息的出现随时可能改变之前的结论。因此，企业价值评估提供的结论具有很强的时效性。"

2．改正：这句话改为"企业价值评估的一般对象是企业整体的经济价值，整体经济价值又分为实体价值和股权价值、持续经营价值和清算价值、少数股权价值和控股权价值等。资产负债表的'资产总计'是单项资产价值的合计，而不是企业作为整体的价值。"

4．改正：这句话改为"前景预测是否编制预测性财务报表、如何编制、编制的侧重点和详细程度如何要视情况而定，视需要而定。"

6．改正：这句话改为"企业实体价值是股权价值与债务价值之和。股权价值在这里不是所有者权益的账面价值，而是股权的公平市场价值。"

7．改正：这句话改为"资产负债表中与销售直接相关的项目可采用销售百分比来预测，另外与销售不直接相关的项目则通过其他方法来预测。"

9．改正：这句话改为"相对价值法以可比企业价值为基准，用可比企业的价值衡量目标企业的价值。这时的价值是一种相对价值，而非目标企业的内在价值。"

12．改正：这句话改为"多项前景预测分析往往用于短期前景预测分析、定量前景预测分析。"

13．改正：这句话改为"利润表的预测是企业财务预测分析的关键，是进行全面预测的起点。"

15．改正：这句话改为"股权自由现金流量折现法明确计算了股东所得到的自由现金流量，并同时考虑了企业与债权人之间往来的各种支付。"

四、名词解释题

1．前景预测分析是预测分析人员根据企业过去一段时期财务活动的历史资料，依据现实条件并考虑企业的发展趋势，运用定量和定性分析法及预测分析人员的主观判断，对企业未来一定时期的财务状况、经营成果和现金流量所进行的分析、测算或估计。

2．投资预测分析主要是预测分析企业的投资环境、投资项目的投资额、现金流量及风险条件下的投资收益。

3．情景分析通过考虑各种可能发生的结果及影响，帮助决策者做出更明智的选择。对财务分析人员而言，其意义不在于准确地预测现金流量的未来状态，而是对不同趋势条件下可能出现的不同现金流量状态进行考察、分析和比较，从而对企业的获利能力、偿债能力做出更科学的预测，并对可能出现的最坏情景做出提前应对。

4．敏感性分析是一种单因素分析，也就是对单一假设条件的变化所产生的影响进行分析，其意义在于从众多不确定性因素中找出对企业未来现金流量有重要影响的敏感性因素，并分析、测算其对企业偿债能力、获利能力的影响程度，进而判断企业承受财务风险的能力。

5．自由现金流量是企业可以向所有投资者（包括债权人和股东）支付的现金流量。企业的自由现金流量等于企业当前和未来投资产生的自由现金流量之和。

6．动态前景预测分析是指利用前后若干时期的时间序列资料进行的前景预测分析。

7．持续经营价值是由营业所产生的未来现金流量的现值。

8．实体价值是企业全部资产的总体价值，包括股权和债务的公平市场价值之和。

9．经济增加值是指超过投资者要求的报酬率中得来的价值。

10．相对价值法是将目标企业与可比企业对比，用可比企业的价值衡量目标企业的价值。

五、简答题

1．答：企业前景预测分析主要有 4 个步骤。

（1）确定预测目标：确定预测目标是搞好预测分析的首要前提。它是制定预测工作计划、确定资料来源、选择预测方法和组织预测人力的重要依据。

（2）搜集整理资料：预测目标确定后，就应着手搜集相关资料。搜集的资料是否真实、可信和全面，对预测的准确性起着决定性的作用。

（3）选择预测方法：应根据预测目标、内容和所掌握的资料，选择最恰当的预测方法，有时还可以把几种预测方法结合起来使用。

（4）综合预测分析：综合预测分析是以企业的内外环境分析、会计分析和财务分析为基础，对企业的利润表、资产负债表和现金流量表展开的全面预测，预测结果可以用列报、制图或文字形式来表达。

2．答：我们对企业进行的前景定性预测分析，应当主要从未来宏观环境、行业景气度、企业战略、未来收益与现金流量趋势等四个方面来把握。

第一，未来宏观环境分析。基于当前的发展情况，我们应对未来一段时期内对企业盈利影响十分重要的经营环境因素进行概述分析，包括国内外经济、金融形势、经济周期的阶段性判断、宏观调控政策的变化等。

第二，行业景气度分析。行业景气度分析主要是对国家产业政策调整、行业发展规划、行业周期、行业市场结构、区域产业政策、行业成长性等进行判断。

第三，企业战略分析。企业战略分析要结合企业发展战略、竞争优劣势、价值驱动因素和企业内在资源的分析，形成企业销售规模及其增长、毛利率大小、成本费用结构、盈利长期趋势等的基本判断。

第四，未来收益与现金流趋势分析。在对上述三方面进行预测分析的基础上，我们可进一步形成对企业在产业链上的控制力的基本判断，依据企业产、供、销的形势，参照当前企业的收益和现金流水平，可形成企业未来收益的大小和稳定性以及未来现金流的基本预计，从而定性判断企业偿还已有短期和长期债务的基础是否安全稳定，并对企业的再融资或额外举债的潜力或支撑能力、企业整体财务状况、盈利能力、发展能力等得出大体的判断。

3．答：一般说来，企业前景预测分析的作用表现在以下 4 个方面。第一，前景预测分析有助于企业改善投资决策。第二，前景预测分析有助于增强企业的应变能力。第三，前景预测分析是企业经营活动顺利进行的基础。第四，前景预测分析是企业进行价值评估的基础。

4．答：企业价值评估的主要用途表现在以下 3 个方面。第一，价值评估可以用于投资分析。第二，价值评估可以用于战略分析。第三，价值评估可以用于以价值为基础的管理。

5．答：企业的整体价值观念主要体现在以下 4 个方面。

第一，整体不是各部分的简单相加。第二，企业整体价值来源于要素的结合方式。第三，部分只有在整体中才能体现出它的价值，一旦离开整体，这个部分就失去了作为整体中一部分的意义。

第四，整体价值只有在运行中才能体现出来。

6. 答：敏感性分析是一种单因素分析，也就是对单一假设条件的变化所产生的影响进行分析。财务分析人员进行敏感性分析可以达到以下 3 个目的：一是确定因某一假设条件发生变化时，会对企业现金流量产生多大影响，从而找出最为关键的假设条件；二是弄清楚某一假设条件发生多大程度的变化时，才会导致企业有足够的现金流量来满足投资项目所需或拟新增借款的还款义务；三是针对特定的、小概率事件对企业还款能力等的影响做压力测试。

7. 答：企业价值评估与项目价值评估有许多明显区别。第一，投资项目的寿命是有限的，而企业的寿命是无限的，因此要处理无限期现金流量折现问题。第二，典型的项目投资有稳定的或下降的现金流量，而企业通常将收益再投资并产生增长的现金流量。第三，项目产生的现金流量属于项目投资者，而企业产生的现金流量仅在管理层决定分配它们时才流向所有者。

8. 答：市盈率估价法的优点是：计算市盈率的数据容易取得，并且计算简单；市盈率把价格和收益联系起来，直观地反映投入和产出的关系；市盈率涵盖了风险补偿率、增长率、股利支付率的影响，具有很高的综合性。市盈率估价法的局限性在于：如果收益率是负值，市盈率就失去了意义；市盈率除了受企业本身基本面的影响之外，还受整个经济景气程度的影响。

六、计算分析题

1. 解：（1）B 企业被收购后各年的自由现金净流量如表 12-3 所示。

表 12-3　　　　　　　　　　　B 企业被收购后各年的自由现金流量表　　　　　　　　　　　单位：万元

	第一年	第二年	第三年	第四年	第五年
销售额	1 050	1 155	1 270.5	1 397.55	1 397.55
销售利润	42	46.2	50.82	55.9	55.9
所得税	13.86	15.25	16.77	18.45	18.45
固定资本增加	3	10.5	11.55	12.71	0
营运资本增加	1.5	5.25	5.78	6.35	0
自由现金流量	23.64	15.20	16.72	18.39	37.45

（2）预期股本成本率=5%+2%×1.5=8%

自由现金流量现值 $=23.64(P/S,8\%,1)+15.20(P/S,8\%,2)+16.72(P/S,8\%,3)+18.39(P/S,8\%,4)+37.45(P/S,8\%,5)=87.20$（万元）

（3）由于收购后 B 企业各年自由现金流量的现值之和为 87.20 万元，小于 100 万元，即目标企业的价值小于收购价值，故根据贴现现金流量法不应收购 B 企业。

2. 解：（1）合并前：C 公司每股收益=6 000÷3 000=2（元）

C 公司每股市价=15×2=30（元/股）

D 企业每股收益=900÷600=1.5（元/股）

D 企业每股市价=10×1.5=15（元/股）

股票交换比率=15×(1+20%)÷30=0.6

C 公司需增发股数=600×0.6=360（万股）

（2）合并后新 C 公司每股收益=(6 000+900)÷(3 000+360)=2.05（元/股），高于合并前 C 公司每股收益，使其股东在每股收益方面获得好处。

合并后原 D 企业股东实际每股收益=2.05×0.6=1.23（元），低于合并前 D 企业每股收益。股票市价交换比率=30×0.6÷15=1.2>1，说明合并可使 D 企业股东在每股市价方面获得好处，对 D 企业有利。

综上所述，只要合并后市盈率不降低，特别是提高时，合并可提高原 C 公司股东的每股收益，并使原 D 企业股东在每股市价方面获得好处，故能成交。

（3）合并后新 C 公司每股市价=16×2.05=32.8（元／股），比原 C 公司每股市价高 2.8(32.8−30)元/股。

（4）设股票交换比率为 R，则 2=(6 000+900)÷(3 000+600R)，解得 R=0.750。股票市价交换比率=30×0.75÷15=1.5。

C 公司需增发股数=600×0.75=450（万股）。

3．解：（1）2018 年经营营运资本=1 000÷4=250（万元）

2018 年净经营性长期资产=1 000÷2=500（万元）

2018 年净经营资产=250+500=750（万元）

2018 年税后经营净利润=750×20%=150（万元）

2018 年净负债=750÷2=375（万元）

2018 年股东权益=750÷2=375（万元）

2018 年税后利息费用=375×6%=22.5（万元）

2018 年净利润=150−22.5=127.5（万元）

2019 年股权现金流量=127.5×(1+10%)−375×10%=102.75（万元）

2020 年股权现金流量=127.5×(1+10%)×(1+8%)−375×(1+10%)×8%=151.47−33=118.47（万元）

2021 年股权现金流量=127.5×(1+10%)×(1+8%)×(1+5%)−375×(1+10%)×(1+8%)×5%=159.043 5−22.275=136.77（万元）

（2）股权价值=102.75×(P/F,12%,1)+118.47×(P/F,12%,2)+136.77/(12%−5%)×(P/F,12%,2)

　　　　　　=102.75×0.892 9+118.47×0.797 2+1 953.857 1×0.797 2

　　　　　　=91.745 5+94.444 3+1 557.614 8=1 743.804 6（万元）

4．解：（1）甲企业股利支付率=每股股利/每股净利=0.35÷0.5×100%=70%

甲企业股权资本成本=无风险利率+β×股票市场平均风险附加率=7%+0.75×5.5%=11.125%

甲企业本期市盈率=[股利支付率×(1+增长率)]÷(股权资本成本−增长率)=[70%×(1+6%)]÷(11.125%−6%)=14.48

甲企业预期市盈率=股利支付率÷(资本成本−增长率)

　　　　　　　　=70%÷(11.125%−6%)

　　　　　　　　=13.66

（2）采用本期市盈率计算：

乙公司股票价值=目标企业本期每股收益×可比企业本期市盈率=1×14.48=14.48（元/股）

采用预期市盈率计算：

乙公司股票价值=目标企业预期每股净利×可比企业预期市盈率=1.06×13.66=14.48（元/股）

5．解：净投资=总投资−折旧摊销

　　　　　　=(资本支出+净经营性营运资本增加)−折旧摊销

　　　　　　=(2 000+800)−1 800=1 000（万元）

股权现金流量=净利润−净投资×(1−负债率)=4 000−1 000×(1−20%)=3 200（万元）

每股现金流量=3 200÷2 000=1.6（元/股）

每股价值=1.6÷(10%−5%)×(1+5%)=33.6（元/股）

七、案例分析题

解：（1）乙公司最近一年的税后利润为 134 万元

乙公司价值=134×20=2 680（万元）

（2）乙公司近三年税后利润平均值为 80 万元

乙公司价值=80×20=1 600（万元）

（3）乙公司资本额=400+1 600=2 000（万元）

并购后乙公司资本收益 350(2 000×17.5%)

减：利息 40(400×10%)

税前利润 310

减：所得税 102.3

税后利润 207.7

乙公司价值=207.7×20=4 154（万元）